幼儿园多元智能游戏活动
教师指导用书

大班（上）

学前教研中心　编

中国农业出版社
北　京

编写人员

（按姓氏音序排列，排名不分先后）

常文梅　陈巧仙　邓晓红　董晓蓉　杜美钰

付彩琴　巩永萍　郭海敏　郭筱霞　韩肖琴

韩晓霞　胡晋莉　霍宏娟　贾海霞　贾英姿

剌　艳　李翠芝　李建平　李俊丽　李仙荣

李晓红　李小燕　李月琴　梁艳平　刘惠玲

吕广增　马秋梅　马雪丽　孟晓红　明培云

彭海虹　任雅莉　孙利平　王国燕　王红梅

王　辉　王　蕊　王晓霞　王秀灵　王宗毛

吴慧玲　武丽俊　武纯贤　武雅红　闫海丽

闫灵春　燕春明　张海峰　张俊平　张丽花

赵　霞　赵小芳　赵作姣　朱丽华　朱秋莲

朱润鱼

出 版 说 明

这套《幼儿园多元智能游戏活动》依据《幼儿园教育指导纲要（试行）》（以下简称《纲要》）的基本精神，参照最新颁布的《3～6岁儿童学习与发展指南》（以下简称《指南》）的基本要求，借鉴加德纳的多元智能理论，以游戏的学习方式为主，给幼儿提供动手的机会和条件，让幼儿在游戏中建构新的知识结构。

特色1　以多元智能理论为依托，具有深厚的理论基础和实践基础。

多元智能理论自20世纪后期由加德纳提出，他将人类智能分为八项，这为每个幼儿富有个性的发展提供了理论基础。本套游戏活动对个体幼儿的智能组合提供适宜的教育指导，激发幼儿巨大无比的智力潜能。

由于幼儿在发展水平、能力、经验、学习方式等方面存在个体差异，因此，通过多方面、多层次的互动游戏，从多元的角度发展其智能水平，发现和发展幼儿的智能强项，促进幼儿全面发展。

特色2　以五大领域为主线，从七个方面开展主题式教学，根据不同领域的特点发展幼儿的核心能力和核心经验。

本套游戏活动以五大领域为主线，把内容相对划分为七个方面，即语言与交流、健康与运动、社会与情感、数学与思维、科学与探究、艺术与创造、生活与安全。根据各领域的发展目标和教学要求，结合幼儿的年龄特点和已有经验，选择生活中常见的事物和现象，发展幼儿的核心能力和核心经验。同时，注重各个领域内容的相互渗透，强调主题的多元化、游戏性，通过多种途径、方法促进幼儿不同智能发展，从而理解、掌握同一概念或知识。

特色3　以游戏活动为支撑，通过动手、动脑的操作，在亲自感知、体验中获得知识。

游戏是促进幼儿认知发展的有效手段，游戏中有动作，有情节，有游戏材料，符合幼儿认知的特点，能唤起幼儿的兴趣和注意力，激发幼儿积极的感知、观察、注意、记忆和想象等，在轻松、愉快的氛围中实现着幼儿多元智能的发展。

在设计游戏活动时，将知识点融入到主题活动和情景设置中，引导幼儿主动、独立思考，提升其解决问题的能力，通过尽可能多的互动、探究形式进行学习。

特色4　一线教师积极参与，资深专家指导，保证活动设计的科学性和系统性。

在紧贴《纲要》和《指南》要求的基础上，幼教专家和幼儿园骨干教师依据多年的实践，结合自身积累的教学经验和丰硕的科研教学成果，从感知生活、积累经验、培养能力、创新思维、探究实践等几方面入手，通过丰富的、可操作性材料，全面提升幼儿多元智能的发展，传递全新、科学的教育理念，提供系统化的教学指导。

　　本套操作材料的框架设计为七个学习领域，分别为：语言与交流、健康与运动、社会与情感、数学与思维、科学与探究、艺术与创造、生活与安全。根据幼儿身心发展的特点，按照循序渐进的原则，每一个学习领域里的幼儿操作材料均分为小班（上册、下册）、中班（上册、下册）、大班（上册、下册），即每学期每名幼儿使用7本操作材料，全年使用14本。每一个学习阶段都配有一套教师指导用书（上册、下册），与幼儿操作材料配套使用。本套操作材料的教师指导用书配有二维码，可以扫码看视频、听音乐，同时还有配套的多媒体教学软件。同时，还有《家园联系册》、配套《教学挂图》等，供全国一线幼儿园选用。

目 录

社会与情感

数学与思维

科学与探究

概　述

　　近年来，在中国幼儿教育改革的大背景下，幼儿教育理论研究和实践不断深入，幼儿园教育越来越重要，它不仅能为幼儿个体的终身发展奠定全面的基础，而且也为幼儿进入小学阶段学习做好了准备。因此，促进幼儿核心能力和核心经验的发展，全面提升幼儿的多元智能发育就显得尤为重要。

　　2012年10月《3～6岁儿童学习与发展指南》（以下简称《指南》）正式颁布实施。它指出，要"以为幼儿后继学习和终身发展奠定良好素质基础为目标，以促进幼儿体、智、德、美各方面的协调发展为核心，通过提出3～6岁各年龄段儿童学习与发展目标和相应的教育建议，帮助幼儿园教师和家长了解3～6岁幼儿学习与发展的基本规律和特点，建立对幼儿发展的合理期望，实施科学的保育和教育，让幼儿度过快乐而有意义的童年。"学前教研中心依据这一精神，同时借鉴加德纳的多元智能理论，研发了本套课程，希望通过游戏活动发展幼儿的核心能力和核心经验，全面提升幼儿的各项智能发展水平。

一、理论基础

多元智能理论

　　20世纪80年代加德纳的多元智能理论及其开展的"多彩光谱项目"研究，为我们理解儿童心理发展开启了一扇大门，改变了以往只重视幼儿语言、数理逻辑等传统认知领域的发展而忽视其他智能培养的倾向。

　　多元智能理论认为，每个正常的人与生俱来都拥有语言、数理逻辑、音乐、运动、空间、人际交往、自省和自然观察八项智能的潜能。而每种智能在幼儿发展过程中都起到了不同的作用，也使幼儿的个体发展存在差异和独特的发展规律。即使是同一个年龄班的幼儿，每个幼儿也都有自己相对的强项和弱项，很少有人能同时具备较强的八项智能。

　　因此，幼儿早期启蒙教育应针对幼儿不同智能的发展特点，针对不同的个体智能结构，选择适宜的方式和方法，发现和强化每个幼儿的"强项智能领域"，使幼儿的各项智能得到充分的开发和合理的建构。

　　各领域的活动既要紧紧围绕该领域的核心能力和核心经验设计，为幼儿提供创造性的、独特自我展现的机会，从而获得自信、自尊和对幼儿园及教师的积极情感，将强项智能与其他技能相联系，促进幼儿整体能力的发展，又可以通过某一领域的具体活动或解决实际问题的方式，开发幼儿多种智能，让多种智能同时参与，相互配合，不孤立某一智能，而是全面发展，体现了智能的多元性。我们设计这套教材正是体现了这一观点，将发展儿童多元智能贯穿到每个教学活动中，设计了各领域活动的重点目标，加强了各领域之间的整合与渗透。

游戏化教学

幼儿教育活动中，以幼儿动手操作、探究为主，通过游戏化的教学形式，激发幼儿主动、自觉地探究的兴趣，变被动学习为主动学习。通过各领域下的主题活动，为幼儿提供了丰富的感性经验，增强了幼儿自信心，满足了他们的求知欲望和好奇心，最重要的是积累了相关的知识，提升了动手、动脑的能力，在"玩中学""做中学"的过程中，感受到学习的快乐。

二、教育策略

《指南》中要求，在幼儿教育上把握以下几个方面：

1.关注幼儿学习与发展的整体性。儿童的发展是一个整体，要注重领域之间、目标之间的相互渗透和整合，促进幼儿身心全面、协调发展，而不应片面地追求某一方面或某几方面的发展。

2.尊重幼儿发展的个体差异。幼儿的发展是一个持续、渐进的过程，同时也表现出一定的阶段性特征。每个幼儿在沿着相似进程发展的过程中，各自的发展速度和到达某一水平的时间不完全相同。要充分理解和尊重幼儿发展进程中的个体差异，支持和引导他们从原有水平向更高水平发展，按照自身的速度和方式达到《指南》所呈现的发展"阶梯"，切忌用一把"尺子"衡量所有幼儿。

3.理解幼儿的学习方式和特点。幼儿的学习是以直接经验为基础，在游戏和日常生活中进行的。要珍视游戏和生活的独特价值，创设丰富的教育环境，合理安排一日生活，最大限度地支持和满足幼儿通过直接感知、实际操作和亲身体验获取经验的需要，严禁"拔苗助长"式的超前教育和强化训练。

4.重视幼儿学习品质的培养。幼儿在活动过程中表现出的积极态度和良好行为倾向是终身学习与发展所必需的宝贵品质。要充分尊重和保护幼儿的好奇心和学习兴趣，帮助幼儿逐步养成积极主动、认真专注、不怕困难、敢于探究和尝试、乐于想象和创造等良好的学习品质。忽视幼儿学习品质培养，单纯追求知识、技能学习的做法是短视而有害的。

三、发展目标

幼儿园多元智能游戏活动分为语言与交流、健康与运动、社会与情感、科学与探究、数学与思维、艺术与创造、生活与安全七个领域。

语言与交流

语言与交流，注重发展幼儿的倾听与表达、阅读与书写的能力。幼儿期是语言发展，特别是口语发展的关键期。幼儿通过运用语言交流的同时，也发展倾听与理解的能力，只有这样才能更好地与成人、与同伴沟通，表达自己的想法和意见。同时，通过对材料、图片的阅读，提升幼儿的阅读与书写能力，通过丰富的、适宜的低幼读物，培养幼儿的阅读兴趣和良好的阅读习惯，通过看图书、讲故事，提升理解能力和语言表达能力，提升语言

学习的经验，借助多种活动丰富生活经验和话题内容。

健康与运动

健康与运动，注重发展幼儿身体、心理和社会适应方面的能力。幼儿除了要有健康、良好的身体发育和机能发展之外，还要形成良好的生活习惯，拥有基本的生活技能和一定的自理能力，通过愉快的情绪调节与自省能力，保持积极、乐观的心理，学会与他人沟通、合作，具有良好的人际交往能力，能感受亲情和关爱，具有同情心、同理心，最终形成使其终身受益的生活能力和健康的生活方式。

社会与情感

社会与情感，注重发展人际交往和社会适应能力。幼儿在发展社会性方面，学习对自我和他人的正确、客观评价，能与人友好相处，初步尝试人际交往的各种方式和方法，为奠定和完善健全的人格打下良好的基础。在积极的人际关系中获得安全感和信任度，发展自信、自尊以及诚实、守信的品质，能遵守社会公共秩序，有公德心和同情心，关心自己、家人和朋友，对集体有基本的认同感和归属感。

科学与探究

科学与探究，注重发展科学的学习方法和探究能力。幼儿在探究周围具体事物和现象的过程中，尝试发现事物间的联系和异同，初步尝试运用观察、分析、比较、判断、推理、操作、实验等科学探究的方法，获得丰富的感性经验，最终获得发现问题、分析问题和解决问题的能力。

数学与思维

数学与思维，注重发展数学逻辑思维和解决实际问题的能力。幼儿通过具体的实物操作去分析、思考、发展逻辑数理能力，并运用数学解决实际生活中的问题。同时，通过对数、量、数量、形状与空间方面的学习，获得初步的数学经验，提升数学思维能力，形成终身受益的学习态度和能力。

艺术与创造

艺术与创造，注重发展感受美、表现美和创造美的能力。幼儿通过独特的笔触、动作和语言，表达自己对美的感受和体验，表达自己对周围世界的认识和情绪、态度，充分发挥自己的想象力和创造力，具有独特的艺术气质。在这一过程中，丰富了幼儿的审美体验，提升了艺术审美与表现的能力。

生活与安全

生活与安全，注重培养自我保护的意识和能力。在生活、学习和游戏中，幼儿通过安全教育活动，增长安全知识，认识常见的安全标志，学习简单的自救和求救方法，提升遇险自救的能力。

四、大班上学期教学计划表

月份	周次	星期一	星期二	星期三	星期四	星期五
9月	第1周	语言：奇特的生日礼物	社会：独一无二的我	科学：小小收藏家	数学：一起开火车	语言：祝福你们一路平安
		健康：小身体 大健康	数学：秋天的菊花	艺术（美术）：好朋友手拉手	安全：认识绿色安全食品	艺术（音乐）：拉拉钩
	第2周	社会：我是爸妈的小帮手	健康：你会吃东西吗	艺术（美术）：落叶的故事	科学：四季的变化	数学：写写数字1~5
		语言：去奶奶家喽	安全：吃鱼要小心	数学：树叶落下来	艺术（音乐）：拍手唱歌笑呵呵	社会：谁对谁不对
	第3周	语言：猜猜着谁	科学：小动物的家	数学：开心派对	健康：食物去旅行	数学：收集食物
		艺术（美术）：纸杯动物园	社会：蚂蚁大家族	艺术（音乐）：狮王进行曲	安全：小心食物中毒	语言：小羊过桥
	第4周	科学：滚动的世界	数学：照顾蚁宝宝	健康：秋天大丰收	艺术（音乐）：青蛙呱呱	科学：虫虫的世界
		艺术（美术）：蛋壳小人	语言：蜂	社会：我长大以后	数学：开饭啦	安全：谁对谁不对
10月	第1周	健康：食物营养大比拼	数学：整理储藏室	艺术（美术）：蔬菜来画画	社会：不同的民族	数学：写写数字6~10
		语言：鹅过河	科学：动物宝宝	安全：运动安全要记牢	艺术（音乐）：瑶族舞曲	健康：森林游艺会
	第2周	语言：颠倒歌	科学：滚动的世界	数学：乘车去郊游	健康：换牙啦	数学：来到池塘边
		艺术（音乐）：胡说歌	艺术（美术）：美丽的烟花	社会：游名山古寺	安全：药物不能随便吃	健康：食物运回家（1）
	第3周	数学：海边堆沙堡	科学：手影戏	社会：今天，我过生日	数学：拍照片	艺术（音乐）：金蛇狂舞
		艺术（美术）：我设计的古陶	语言：嫦娥奔月	社会：感恩的心	安全：小标志 本领大	健康：超级啦啦队
	第4周	科学：滚动的世界	社会：逛逛来市场	语言：古朗月行	健康：一起做运动	数学：算一算
		艺术（音乐）：圆圈舞	数学：卖菜喽	科学：美丽的夜晚	艺术（美术）：树叶印画	安全：安全的做法

（续）

月份	周次	星期一	星期二	星期三	星期四	星期五
11月	第1周	艺术（美术）：我的梦	数学：发生了什么事	健康：小朋友怎么了	数学：好吃的蛋糕	艺术（音乐）：拍手唱歌笑呵呵
		语言：被吃掉的坏梦	社会：热闹的大街	健康：心情变好的秘密	社会：中华面食文化	科学：和影子做游戏
	第2周	科学：光与影	社会：不同的民族	科学：春夏秋冬奏什么	艺术（美术）：泥贴瓶子	语言：颠倒词语
		语言：月亮船	艺术（音乐）：挤奶舞	数学：伸出左手和右手	健康：食物运回家（2）	健康：食物运回家（3）
	第3周	语言：小鸟音乐会	数学：在小区里玩	数学：星期和月历	艺术（美术）：两姐妹	健康：食物运回家（4）
		艺术（音乐）：阿佤人民唱新歌	社会：不一样的家	科学：自制小汽车	语言：过年	安全：大家来排队
	第4周	数学：大家比一比	社会：我向长辈问声好	健康：好朋友一起玩（1）	数学：动手动脑量一量	艺术（音乐）：倒霉的狐狸
		安全：远离陌生小动物	艺术（美术）：亡羊补牢	科学：衣服是怎么来的	安全：火灾逃生	健康：食物运回家（5）
12月	第1周	数学：玩游戏	语言：好朋友一起玩（2）	科学：奇怪的服装	数学：看谁跳得远	数学：小真和小可的家
		艺术（音乐）：龟兔赛跑	语言：送贺卡	安全：横穿马路有危险	艺术（音乐）：爬长城	安全：不给陌生人开门
	第2周	数学：搭积木	艺术（音乐）：同侪舞	数学：涂色小游戏	科学：衣服脏了	健康：森林游艺会
		艺术（音乐）：爬长城	数学：圣诞大餐	社会：山西名吃	健康：快乐去装扮	安全：地震来了
	第3周	语言：小羊过桥	健康：谁对谁不对	艺术（音乐）：听	数学：企鹅钟表	安全：下雪了
		安全：逛公园	健康：我是金牌厨师	科学：奇妙的声音	社会：涂鸦日记	艺术（音乐）：堆雪人
	第4周	艺术（美术）：会变魔术的线	数学：小真和小可的一天	科学：玩声音	健康：过新年	语言：过新年
		语言：拜大年		语言：拜年吉利话	安全：鞭炮、烟花我不玩	艺术（美术）：老鼠嫁女

语言与交流

一、领域说明

1.教育价值

语言是人类表达思想和情感的媒介之一，而幼儿期正是语言发展的关键期。因此，幼儿语言教育就是要有目的地引导幼儿学习语言，促进幼儿语言能力的发展。同时，促进幼儿心理、认知、情感等方面的发展。

（1）促进认知能力及概括能力的发展。

通过语言学习，幼儿对外界事物的认识不再停留在感知事物、获得认识上，而是开始借助语言，获得事物整体、全面、概括性的认识，从而获得新的概念。

（2）掌握倾听与表达的能力。

能够认真听并听懂他人所要表达的意思，分享他人对周围世界的理解和看法，并从他人的言语中获得自己所需要的信息。同时，通过语言与他人交流思想、信息和情感，用合适的语言发表自己的知识经验、想法、要求及表达自己的情绪与情感。能做到想说、敢说、喜欢说，使幼儿有充分交往和自由表达的机会。

（3）提升早期阅读能力。

早期阅读为幼儿创设了书面语言学习的环境。幼儿通过书面材料符号、标记、图画、文字等的阅读，获得初步运用书面语言的能力，激发其对书面材料的兴趣和敏感性，提升从书面材料中获得知识和经验的技能。同时，也为幼儿通过书面语言形式的表达，展现自己的想法、情绪、要求等。

（4）促进幼儿心理健康。

在语言教育中，幼儿可以通过移情、表演等方式，获得关爱、快乐、悲伤等多种情感体验。与成人及同伴交往，可以帮助幼儿建立与他人良好、亲密的人际关系，从而获得积极的情感体验，促进心理健康、良性的发展。文学作品蕴含积极向上的价值观和优美的语言，能陶冶幼儿的道德情操，使幼儿获得审美体验。

2.教育策略

（1）提供宽松、自由的语言环境。

教师应充分利用日常生活和游戏活动中的各个环节，增加幼儿集体交流、小组交流、个别交流的机会，通过谈话、讲述、语言游戏、联欢和节日活动等让幼儿自由交往、自由交谈，为幼儿提供丰富的话题，不受形式、时间、地点的限制，让幼儿在自由、宽松的语言环境中充分地表达与展现自己的想法。

（2）注重培养幼儿倾听和交往能力。

在日常生活中，如常规活动、游戏活动等，培养幼儿倾听的能力，让幼儿听指令做动作。当幼儿与教师、同伴交谈时，提醒他们要注意倾听别人说话，不要急着插话或打断别人说话，训练幼儿倾听的技巧，如抓住主要信息等。能围绕某一话题进行交谈，学会不跑

题、轮流交谈等交往技能，通过对语言流畅、灵活的运用，强化讲述、语言表达的能力。对于胆小的幼儿可以先从与同伴对话开始，减轻心理压力，然后再将谈话对象扩大到小组、集体面前，鼓励幼儿主动讲述、表达。

（3）引导幼儿学会欣赏文学作品。

通过阅读绘本、古诗、散文、故事、儿歌等，提升幼儿文学审美，理解故事情节、语言结构、主题等，引导幼儿利用文学语言表达和想象，提高欣赏文学作品的能力。

3.教育目标与内容

（1）语言领域教育总目标

①倾听与表达

目标1 认真听并能听懂常用语言。

目标2 愿意讲话并能清楚地表达。

目标3 具有文明的语言习惯。

②阅读与书写准备

目标1 喜欢听故事，看图书。

目标2 具有初步的阅读理解能力。

目标3 具有书面表达的愿望。

（2）大班语言领域教育目标：

◎在集体中能注意倾听教师或他人讲话。

◎听不懂或有疑问时能主动提问。

◎能结合情境理解一些表示因果、假设等相对复杂的句子。

◎愿意与他人讨论问题，敢于在众人面前说话。

◎会说本民族或本地区的语言和普通话，发音准确、清晰。少数民族聚居地区幼儿基本会说普通话。

◎能有序、连贯、清楚地讲述一件事情。

◎讲述时能使用常见的形容词、同义词等，语言比较生动。

◎别人讲话时能积极、主动地回应。

◎能根据谈话对象和需要，调整说话的语气。

◎懂得按次序轮流讲话，不随意打断别人。

◎能依据所处情境使用恰当的语言。如在别人难过时，会用恰当的语言安慰别人。

◎专注地阅读图书。

◎喜欢与他人一起谈论图书和故事的有关内容。

◎对图书和生活情境中的文字、符号感兴趣，知道文字表示一定的意义。

◎能说出所阅读的幼儿文学作品主要内容。

◎能根据故事的部分情节或图书画面的线索猜想故事情节的发展，续编、创编故事。

◎对看过的图书、听过的故事能说出自己的看法。

◎能初步感受文学语言的美。

◎愿意用图画和符号表现事物或故事。

◎会正确书写自己的名字。

◎写字时姿势正确。

（3）大班上学期语言领域教育内容：

◎观察画面，讨论、猜测、理解故事的主要内容，了解故事出奇不意的结尾。

◎了解绕口令的特点，能快速、流利地朗诵绕口令，读准"河""鹅"的发音。

◎了解秋天的主要特征，理解散文的意境美、优美的语言及拟人化的表现手法。

◎了解谜语的特点，能按动物的主要特征猜谜，尝试自己创编谜语。

◎初步掌握打电话的技巧和常识，能根据图片提供的线索进行讲述。

◎感受语言的节奏韵律，了解《颠倒歌》"故错"的手法，尝试仿编《颠倒歌》。

◎欣赏儿歌式的成语故事，体会儿歌押韵的节奏及其叙事性的表现手法。

◎通过民间传说故事了解过年的来历，以及春节的习俗。

◎注意倾听他人谈论，能围绕话题谈论自己的感受，能在集体面前大胆地交流关于梦的经验。

◎理解散文内容，欣赏散文中的优美语言，萌发对亲人美好祝福的情感。

◎体会古诗的韵律和诗词的意境，理解古诗所表达的意思，并尝试背诵。

◎能看图说话，学习动词"吹、弹、敲、唱、跳"，并会用"有的……有的……还有的……"句式讲述。

◎喜欢民间故事的文学形式，通过欣赏民间故事，了解中秋节的由来和习俗。

◎理解故事内容，通过辩论得出最终结论，大胆地创编角色对话，提高口语表达能力。

◎了解颠倒词的特点，体会词语颠倒前后所表达的意思不同。

◎能听懂并理解提示性文字的意思，并按指令做相应动作。

◎了解顶针式儿歌的节奏和特点，尝试创编顶针式儿歌。

◎欣赏快板，感知快板的特点，尝试表演快板，体会语言的节奏感和韵律。

◎知道过年时，可以打电话拜年，会讲不同的恭贺语，表达美好的祝福。

二、课程内容

主题一 秋天的森林

活动一 奇特的生日礼物

扫码看视频2-1

活动目标

1.通过听故事，感受过生日时朋友聚会的欢乐气氛。

2.观察画面，讨论、猜测、理解故事的主要内容；了解故事出奇不意的结尾。

3.学会与朋友分享快乐，了解朋友的喜好，送出适合朋友的礼物。

活动准备

1.经验准备：生活中，有过生日、朋友聚会、送生日礼物、吃蛋糕等活动经历。

2.物质准备：故事中动物角色的图片和与之相匹配的食物卡片。

活动重点

引导幼儿了解故事情节的发展变化及出奇不意的结尾。

活动难点

观察画面，进行猜测、理解故事的主要内容。

活动过程

1.出示恰恰兔图片，引导幼儿猜测故事中的主要角色，激发幼儿阅读的兴趣。

（1）教师：今天是恰恰兔的生日，有很多小动物给它过生日。请你猜一猜，有哪些小动物？（幼儿自由猜测）

（2）教师出示相关小动物图片，揭示故事中的主要角色，让幼儿说一说小动物的名字。

2.教师分段讲述，请幼儿猜测、讨论故事情节，逐步了解故事出奇不意的结尾。

（1）出示图一，教师引导幼儿边观察画面边讲述故事。

当讲到"这不是最好的礼物吗"时，教师：你们猜猜，滴滴狐想送给恰恰兔什么礼物？（幼儿猜测并大胆讲述）

（2）出示图二、图三，教师接着讲述。

当讲到"恰恰兔有点难过"时，教师：你们知道辘轳鼠在哪儿吗？（和果子在一起；在果子里面藏着……）

教师：恰恰兔为什么难过？（因为恰恰兔以为辘轳鼠没有来参加自己的生日宴会，所以它很难过）

（3）出示图四，教师继续讲述直至结束。教师：辘轳鼠参加恰恰兔的生日宴会了吗？（参加了）

教师：恰恰兔生日这一天，大家觉得最有趣的是什么？（辘轳鼠藏在果子里来参加恰恰兔的生日宴会）

3.教师引导幼儿观察图片，完整讲述故事。

教师：请大家想一想，为这个有趣的故事起个名字吧！

教师：生日宴会上，恰恰兔准备了好多食物招待好朋友。请你说一说，这些食物都应该分给谁？

超级链接

奇特的生日礼物

文/安武林

恰恰兔要过生日了，朋友们都在往恰恰兔家里赶。

轱辘鼠在经过一个大坡的时候，不小心摔了个跟头，骨碌骨碌，就从坡上滚下去了。

这时，一阵秋风吹来，很多果子从果树上掉下来，顺着山坡滚了下去。

可爱的滴滴狐站在山坡下面，正在想给恰恰兔送什么礼物呢，恰好轱辘鼠和许多果子一起滚了下来。

"哈哈！"滴滴狐大笑，"这不是最好的礼物吗？"

这时，趴趴熊赶到了。趴趴熊说："嘿，你怎么走得这么慢啊？我都追上你了。走走走，快要迟到了。"这样，滴滴狐就没时间去想轱辘鼠是什么果子的问题了。

到了恰恰兔家，哈！许多朋友都到了。恰恰兔家里到处都摆放着朋友们送来的礼物。

恰恰兔问道："哎呀，轱辘鼠怎么没来呢？"

趴趴熊说："可能是他忘了吧？"

恰恰兔有点难过。

滴滴狐说："嘿，别管他了，你看，我给你带来了什么礼物？"

呀，都是秋天的果子。可是，大家一眼就发现了轱辘鼠。这是什么果子呀？怎么还有一条小尾巴。

这时，轱辘鼠醒了，他奇怪地问："天呀，我不是做梦吧？是不是仙女把我弄来的？"

大伙儿都笑了。恰恰兔生日的这一天，最有趣的就是这件神奇的事儿了。

区域活动

在区域中投放故事中相应的动物图片及各种食物图片（萝卜、香蕉、骨头、蛋糕、竹笋、蜂蜜），请幼儿将动物与食物卡进行匹配。

日常教育

1.每月固定一个日期，全班幼儿为当月生日的幼儿集体庆祝生日，可以说一些祝福的话，表演一个小舞蹈、唱一首歌、讲个故事等，也可以鼓励幼儿为自己的好朋友准备生日小礼物，如自制的手工作品、绘画的图画、自己编织的小物件等，送给自己的好朋友。

2.在过渡环节，收集有关生日的歌曲、儿歌、故事等，幼儿之间互相分享与交流，了解生日的意义和人们喜欢用哪些不同的方式庆祝生日。

家园共育

1.引导幼儿一起阅读故事《奇特的生日礼物》，感受故事的趣味性。

2.引导幼儿体验生活中朋友之间的友谊。

3.引导幼儿说说生活中有趣的事情。

环境创设

1.布置"每月生日栏"，将全班幼儿的生日按照每月对应的月历汇总在大月历图上，

在相应的日期位置贴上幼儿的大头像。通过这种方式，引导幼儿了解生日的意义，告诉班里所有的幼儿"这个小朋友要过生日了"，并在他过生日当天，通过不同的方式为他庆祝生日。

2.布置"生日树"墙饰，教师根据全班幼儿生日，按12个月制作12个树枝，将每名幼儿的名字和生日写在树叶形状的纸上，按照相应的月份粘贴在树枝上，制作全班幼儿的生日树。

活动二　鹅　过　河

扫码看视频2-2

活动目标

1.了解绕口令的特点，能快速、流利地朗诵绕口令。

2.能读准"河""鹅"的读音，掌握说绕口令的技巧。

3.进行绕口令表演，体验成功的喜悦，增强自信心。

活动准备

1.经验准备：说过绕口令，知道咬字要准确。

2.物质准备："河""鹅"带拼音的汉字卡片。

活动重点

引导幼儿感受绕口令这种语言形式，掌握其特点，帮助幼儿掌握说绕口令的技巧。

活动难点

读准"鹅""河"的发音。

活动过程

1.引导幼儿观察画面。

教师：图上有什么？（鹅、河）

教师：鹅在哪里站着？（坡上）

教师：坡下有什么？（一条河）

教师：鹅要干什么？（过河）

教师：它能过去吗？（能，会游泳）

2.教师根据幼儿回答，把绕口令的内容编成故事讲述，帮助幼儿理解绕口令的内容。

幼儿学说绕口令。

3.教师快速朗诵绕口令，幼儿欣赏，激发幼儿学习兴趣。

逐句出示绕口令字卡，教师快速朗诵。幼儿跟读之后，引导幼儿找出句式规律，发现每句句末都有"鹅"或"河"，并且它们发音相近。出示字卡"鹅""河"，重点指导幼儿准确发音。

4.小结：像这种发音相近的字词组成的儿歌，就叫"绕口令"，应该快速、准确地念出绕口令。

学习用不同的形式朗诵绕口令。

（1）跟读；（2）分组朗读；（3）集体朗读；（4）个别幼儿朗读。

5.游戏：

用比赛的形式，让幼儿清楚地快速发音，咬字准确地念绕口令。

超级链接

鹅　过　河

坡上站着一只鹅，
坡下就是一条河。
宽宽的河，
肥肥的鹅。
鹅要过河，
河要渡鹅。
不知是鹅过河，还是河渡鹅？

老狼和小羊

老狼撵小羊，
小羊找老羊。
老羊和小羊，
一起斗老狼。
老狼咬住了小羊，
老羊抵倒了老狼。
老羊吓跑了老狼，
老羊保住了小羊。

活动延伸建议

说说其他的绕口令，练习咬字清楚。

区域活动

1.语言区：将幼儿收集的绕口令、图片或磁带投放至语言区，引导幼儿学说，培养幼儿的表达能力。

2.语言区：将布袋手偶投放至语言区，供幼儿边读绕口令边表演。

日常教育

利用过渡环节，教师带领幼儿学说绕口令，看看谁说得又清楚、又准确，激发幼儿学说绕口令的兴趣。

家园共育

1.家长和幼儿通过上网或阅读图书的方式收集绕口令，并把收集到的绕口令打印出来，请幼儿带到幼儿园与同伴分享，一起说一说这些绕口令。

2.亲子阅读，家长为幼儿准备一些绕口令，引导幼儿学说绕口令，看谁能快速发音、咬字清楚地念绕口令。

环境创设

布置"有趣的绕口令"墙饰，请幼儿收集各种绕口令，集中讨论，评选出趣味性强的、篇幅短小的、容易记忆的和自己喜欢的绕口令，请教师打印出来，贴到墙上，幼儿之间可以分享并交流自己对绕口令的看法和喜欢的原因。

活动三　祝你们一路平安

活动目标

1.了解秋天的主要特征，理解散文的意境和优美的语言。

2.理解散文中拟人化的表现方法，发展幼儿的口语表达能力。

3.感受秋天是丰收的季节，会对他人表达祝福。

活动准备

1.经验准备：带领幼儿观察秋天，在其他活动中获得有关秋季特征的相关经验。

2.物质准备：与作品《祝你们一路平安》相匹配的音乐。

活动重点

理解散文中拟人化的表现手法，发展幼儿的口语表达能力。

活动难点

感受秋天丰收的喜悦，会对他人表达祝福。

活动过程

1.根据幼儿已有经验，讨论秋天的季节特征。

教师：现在是什么季节？（秋天）你从哪里知道是秋天的？

2.欣赏配乐散文《祝你们一路平安》。

教师：这篇散文说的是什么时候的事？

教师：秋天的天空像什么？（就像瓦蓝瓦蓝的河水）

教师：雪白的云朵像什么？（像是河水中的白浪花儿）

3.引导幼儿根据自己听到的散文内容来回答。

播放音乐，幼儿随音乐有感情地朗诵一遍散文。

通过提问帮助幼儿理解散文内容。

教师：大雁是怎么飞的？（排成"一"字形或"人"字形飞）

教师：它们飞过了哪些地方？（森林、山谷、田野）

教师用散文内容小结。

教师向幼儿介绍散文的题目——《祝你们一路平安》。

教师：一路平安是什么意思？为什么要这么说？（一路平安就是不要在路上出什么事情，如大雁受伤、掉队等，希望它们能够安全抵达目的地）

4.小结：到了秋天，大雁要飞到温暖的南方去过冬，路途遥远，它们结伴而行，祝它们一路平安，是对它们的美好祝福。

引导幼儿讲述自己对秋天的认识。

鼓励幼儿用一句话描述自己看到的秋天。如：我看到了金黄色的柿子挂在高高的树上。我闻到了葡萄香甜的气味等。

超级链接

祝你们一路平安

文/佟希仁

秋日的天空好蓝啊，就像瓦蓝瓦蓝的河水。雪白的云朵像是河水中的白浪花儿。

金色的阳光下，一行行大雁鸣叫着，排着整齐的队伍，用强健的翅膀裁剪着空中的云朵。它们掠过无边的森林，掠过绿色的山谷，掠过彩色飘香的田野，向着南方飞去了。

飞吧，飞吧，祝你们一路平安！

活动延伸建议

1.感受散文描述秋天大雁南飞的内容是本文的重点。幼儿受生活经验所限，对散文中部分内容的理解可能有困难。因此，本活动开展前应做大量准备工作，如：带领幼儿一起观察秋天自然界的变化，搜集有关秋季特征的图片、照片等，帮助幼儿在了解秋天基本特征的基础上，充分感受和理解散文的语言美。

2.鼓励幼儿用绘画的形式描述秋天的景色。

日常教育

利用户外活动的时间，引导幼儿在幼儿园里仔细观察秋天给树木、花草等环境带来的变化，感受秋天的美。

家园共育

1.家长与幼儿一起去户外寻找秋天，感受秋天美丽的景色。

2.家长和幼儿通过上网搜索、查阅书籍等方式收集一些适合幼儿阅读的散文，通过亲子阅读让幼儿体会和了解散文的意境美和文字美。

环境创设

布置主题墙"秋天来了"，分为两个版块"秋天的景色""秋天的果实"，鼓励幼儿收集有关秋天景色与丰收果实的图片并带到幼儿园，粘贴在主题墙上。幼儿之间互相介绍自己带来的图片内容，分享和感受秋天特有的美丽。

主题二　可爱的小动物

活动一　猜猜藏着谁

活动目标

1.喜欢听谜语，能按动物的主要特征猜谜。

2.了解谜语的特点，尝试自己创编谜语。

3.体验猜对谜语的成就感，树立自信心。

活动准备

1.经验准备：有过猜谜语的经验。

2.物质准备：与内容相匹配的动物图片、挂图。

活动重点

了解谜语的特点"句子短小、整齐押韵，像说顺口溜一样"，会根据动物的特征、习性学习创编谜语。

活动难点

根据物体的特征，组织短小、整齐的句子，创编谜语。

活动过程

1.谈话引入。

教师：今天，咱们班来了很多小动物，它们要和咱们一起玩捉迷藏的游戏。你们愿意和它们一起玩吗？

2.出示图片（幼儿用书《语言与交流》第8~9页），引导幼儿观察。

（1）出示图片，请幼儿找一找，哪里藏着小动物？它们分别是谁？

教师：你从哪里知道这是大象？

引导幼儿从动物的特征、习性来推理、判断。

教师：这里还有一首儿歌，介绍了这种小动物的特点，请小朋友听一听，这是什么小动物，和你刚才猜的一样吗？

教师朗诵相应的谜面，验证幼儿猜测的结果。教师将相应的小动物从背景图的后方拉出来贴在背景图上。

简单介绍猜谜语的方法：要求幼儿把听到的几句话连起来想，想出来的东西要符合每句话的意思。

（2）用相同的方法请幼儿猜测、验证其他小动物，并把其他小动物也一一贴在背景图上。

小结：像这种句子短小、整齐押韵，能概括一件事物特征的儿歌，就叫谜面。在谜面中不出现所猜的答案，也就是谜底。谜面和谜底合起来，就叫谜语。

3.出示其他小动物图片，引导幼儿创编谜语。

（1）教师：还有一些小动物，也想和大家一起做游戏，请你们也给它们编一首儿歌吧！

教师出示图片大公鸡，请幼儿观察并讲述它的主要特征。

介绍仿编方法：用打比方的方法说出动物的特征、生活习性等，但不能说出它的名称。编出的每一句话要整齐、好听，像一首儿歌，引导幼儿编出谜面。提示幼儿，谜面中不出现谜底，如：头戴红帽子，身披五彩衣，每天喔喔啼，叫人早早起。

（2）幼儿分组合作，根据图片自编谜面。鼓励幼儿大胆创编，教师给予指导。

超级链接

猜　动　物

鼻子像钩子，　　　　　脖长个儿高，
耳朵像扇子。　　　　　身穿花皮袄。
大腿像柱子，　　　　　开口不说话，
尾巴像鞭子。　　　　　常在林中跑。

有个胖子，　　　　　　脑袋聪明，
傻头傻脑。　　　　　　手脚灵巧。
爱吃蜂蜜，　　　　　　坐着像人，
不怕蜂咬。　　　　　　走着像狗。

尖尖长嘴，　　　　　　沟里走，
细细小腿。　　　　　　沟里串。

拖条大尾，
疑神疑鬼。

背了针，
忘了线。

活动延伸建议

1.鼓励幼儿自由创编谜面。

2.幼儿互相猜谜语，比比谁猜得又快又准确。

区域活动

1.语言区：投放各种动物的图片，请幼儿为动物创编谜语。

2.美工区：请幼儿画出动物的主要特征，制作成谜语书。

日常教育

1.在餐前活动或其他过渡环节，教师提供给幼儿各种动物局部和整体图片，引导幼儿根据动物局部特征，将局部图片与整体图片配在一起，玩"动物配对"的游戏。

2.利用餐前、餐后零散时间和幼儿一起玩"猜谜语"的游戏，可以师幼一起玩，也可以幼儿之间互相玩。

家园共育

1.家长和幼儿一起上网搜集有关动物特征的资料和图片，引导幼儿了解更多小动物的特征。

2.家长和幼儿一起玩猜谜语的游戏。

环境创设

布置"猜猜这是谁"的墙饰，墙饰分为左右两栏，左栏粘贴一些动物或植物局部图片，右栏粘贴完整动物或植物图片。引导幼儿通过观察图片中动物或植物局部特征，分析和判断是哪种动物或植物。幼儿之间可以说一说自己的猜想，并说出猜测的理由。

活动二　去奶奶家喽

活动目标

1.初步掌握打电话的技巧和常识。

2.依据图片提供的线索进行讲述。

3.会通过打电话等形式表达对亲人、朋友的思念之情。

活动准备

1.经验准备：有过打电话的经历。

2.物质准备：与故事相匹配的动物头饰。

活动重点

初步掌握打电话的技巧和常识。

活动难点

能够依据图片提供的线索进行讲述。

活动过程

1.情景表演，激发幼儿学习兴趣。

两位教师进行情景表演，模仿滴滴狐和奶奶打电话的情景。

滴滴狐：奶奶，我好想你啊！我可以邀请几个小伙伴一起去看您吗？

奶奶：快来吧，奶奶也想你了！

教师：滴滴狐和奶奶是怎么打电话的？

请幼儿两人一组，学一学。

2.翻到幼儿用书《语言与交流》第10~12页，请幼儿看图进行讲述。

（1）教师：看看滴滴狐都给谁打电话了？

教师依据幼儿的回答，请幼儿画出电话线。

教师：如果你是滴滴狐，你会怎么邀请你的小伙伴？

小结：打电话的时候，要先介绍自己，然后说清楚事情，以及约定的时间、地点。

（2）教师：小伙伴们是怎么去的奶奶家？你是怎么看出来的？图上还有谁？

（3）教师：滴滴狐和小伙伴们很快就来到了奶奶家。奶奶家门口有个小院子，里面种着各种蔬菜和水果。小朋友们看一看，都有什么？小伙伴们的表情是怎样的？

3.教师完整地讲述故事，帮助幼儿理解故事内容。

教师完整地讲述故事，然后提问：故事中，有哪些小动物？它们去干什么？它们玩得高兴吗？

4.分角色表演。

（1）幼儿分组，自选动物头饰，表演故事，教师旁白。

（2）幼儿可以自主创编对话，但要符合故事情节。

活动延伸建议

1.引导幼儿依据故事情节进行表演。

2.观察教学挂图，并能说出车上、车下分别有哪些小动物，发展幼儿的空间方位感。

区域活动

1.图书区：投放各种蔬菜、水果的图片，引导幼儿相互讲述。

2.美工区：投放彩色橡皮泥，供幼儿制作水果、蔬菜使用。

日常教育

1.日常生活中，鼓励幼儿给同伴或亲人打电话，讲述一件事情，帮助幼儿掌握打电话的技巧和常识。

2.利用谈话活动时间，引导幼儿讲述最近家里或自己身边发生的一件趣事，着重引导幼儿说清楚事情发生的时间、地点、人物、经过和结果，通过分享与表达，让幼儿了解要想把一件事情说清楚需要讲述哪些基本内容。

家园共育

1.在家里，让幼儿给爷爷、奶奶或其他家人打电话，引导幼儿学会通过电话与家人沟通。

2.家长可以将幼儿家里的绘本放在面前，随手翻开其中一页，让幼儿根据图片上的内容进行讲述，锻炼幼儿读图获取信息的能力。

环境创设

布置"我的家"墙饰，幼儿请家长帮忙拍摄家里客厅和卧室等房间的照片，带到幼儿园展示，引导幼儿大胆地介绍一下自己的家是怎么布置的、这个房间是干什么用的、谁住在里面等，提高幼儿观察图片与口语表达的能力。

活动三 颠倒歌

活动目标

1.感受语言的节奏韵律,学习《颠倒歌》。

2.了解《颠倒歌》"故错"的手法,尝试仿编《颠倒歌》。

3.通过有趣的儿歌,体会幽默与滑稽给周围人带来的快乐。

活动准备

1.经验准备:有过创编儿歌的经历。

2.物质准备:节奏轻松、活泼的音乐,《颠倒歌》中涉及的动物图片。

活动重点

引导幼儿感受语言的节奏韵律,了解《颠倒歌》的语言形式,掌握其特点:把事物的特征反着说。

活动难点

了解故意弄错的创编手法,尝试仿编《颠倒歌》。

活动过程

1.提问导入。

教师:今天,老师带来了一幅奇怪的画。现在,请小朋友们开动小脑筋,帮老师找出图片中奇怪的地方,好吗?

出示图片,请幼儿找出图片上奇怪的地方。请2~3个小朋友简单地说一说,引起其他幼儿兴趣。

2.引出儿歌内容。

教师:老师把这幅图编成了一首有趣的儿歌,请小朋友们一起来欣赏。

3.教师边指着图片边说出儿歌内容,同时配上轻松、活泼的背景音乐,并让幼儿说出儿歌中有趣的地方,了解《颠倒歌》的特点。

教师:老师刚才在说儿歌的时候,发现有几个小朋友一直在笑。你们能不能告诉老师和其他小朋友,你们笑什么啊?让我们也分享分享你们的快乐啊!

教师:小朋友们真聪明!说得真好!其实啊,《颠倒歌》就是把事物的特征反着说。像刚刚小朋友说的,小鱼应该是"摆尾水中游",但是,在刚才的《颠倒歌》里却把它说成是"摆尾天上飞"!

4.引出完整的《颠倒歌》,请幼儿欣赏,并让幼儿学习《颠倒歌》。

教师:刚才,我们一起分享了儿歌的快乐。现在,我们一起来学习这首《颠倒歌》。

幼儿边看图边学儿歌。

5.活动迁移。

(1)让幼儿将图片上颠倒的地方重新组合,使其符合事物本身的特征。

教师:小朋友们都找出了图片上颠倒的地方。哪位小朋友可以帮老师重新组合一下,让它们跟我们在平时生活中看到的一样啊?

(2)让幼儿尝试仿编儿歌。

教师:小朋友们,《颠倒歌》好玩吗?

教师：我们也来开动自己的小脑筋，编一首颠倒儿歌吧！可以说"蚂蚁扛大树""大象没力气"之类的话。

超级链接

颠 倒 歌

小鱼摆尾天上飞，
小鸟展翅水中游。
青蛙吞掉小狐狸，
蚂蚁踩死老母鸡。
山羊追着狮子跑，
兔子吓跑恶老雕。
可笑的事儿真不少，
小朋友们接着找。

活动延伸建议

让幼儿将图片上颠倒的地方替换成其他的事物，再重新组合，使其符合事物本身的特征。

区域活动

语言区：将各种动物图片投放至语言区，供幼儿自编颠倒儿歌，培养幼儿语言表达能力和技巧。

日常教育

1.引导幼儿在生活中善于观察身边的事物，了解事物本来的样子、特征及属性，及时让幼儿梳理、总结并用自己的语言讲述。

2.利用过渡环节，幼儿两人一组，说颠倒儿歌，一人一句，看谁说得多。

家园共育

1.平时，家长可以和幼儿一起创编颠倒儿歌，看谁编得最离谱、最有趣。

2.幼儿和家长一起玩颠倒游戏，如家长发出口令"往前走"，幼儿做出相反的动作，训练幼儿的倾听能力和反应能力。

环境创设

1.布置"颠倒图"墙饰，供幼儿之间自由讲述与交流。

2.引导幼儿根据自己的想象绘画各种事物的颠倒图片，装订成册，供幼儿翻阅并讲述。

主题三 好听的故事

活动一 亡羊补牢

扫码看视频2-3

活动目标

1.欣赏儿歌式的成语故事。

2.体会儿歌押韵的节奏及其叙事性的表现手法。

3.学习故事内容，知道犯了错误及时改正还不算晚。

活动准备

1.经验准备：听过《亡羊补牢》的成语故事。

2.物质准备：图片、《亡羊补牢》的课件。

活动重点

欣赏儿歌式的成语故事，体会儿歌押韵的节奏及其叙事性的特点。

活动难点

理解成语故事内容，初步会运用成语。

活动过程

1.观看课件，了解成语故事内容。

请幼儿观看课件之后，提问：故事中，讲了一件什么事儿呢？他为什么会丢羊呢？丢了羊之后，他又是怎么做的？邻居们又是怎么说的？他又是怎么做的？

2.引导幼儿看图讲述。

（1）出示图一，引导幼儿观察画面上有什么，这个人在干什么。教师根据幼儿回答进行总结：羊娃天天起得早，赶着羊儿去牧场，羊儿紧着往前跑，吃了青草长肥膘。天黑羊儿要进圈，羊娃赶忙拿小鞭，羊儿倒是真听话，一个一个排队往里钻。

（2）出示图二，引导幼儿观察画面的变化，提问：羊娃去羊圈的时候，发现了什么？他是怎么想的？

教师根据幼儿回答进行总结：羊娃用眼四处瞧，突然发现栅栏少，少了几根不算啥，明天我再把栏补。

（3）出示图三，引导幼儿观察，画面上有谁？发生了什么事情？羊娃是什么表情？

教师根据幼儿回答总结儿歌：第二天，天刚亮，羊娃来到羊圈旁，数数少了一只羊，心里这下着了慌。定是昨晚老狼到，钻进羊圈把羊叼，可怜我的小肥羊，成了老狼口中粮。

（4）出示图四，引导幼儿观察并提问：羊娃在干什么？羊看到羊娃在修羊圈，是什么心情？羊娃修好羊圈后，又丢过羊吗？

教师根据幼儿回答总结儿歌：羊娃找来木板条，一个一个钉得牢，这回准叫老狼气，再来也是吃不到。羊儿看了心欢喜，老狼再来不用急，从此再没把羊少，丢羊补栏不算晚。

3.学习儿歌，体会儿歌押韵的节奏及其叙事性的特点。

（1）请幼儿跟着教师边看图边学习儿歌。

（2）幼儿自己看图学习儿歌并朗诵。

4.教师小结：这个故事告诉我们"犯了错误，只要及时改正，就不算晚"。

超级链接

亡羊补牢

文/田 洁

羊娃天天起得早，

赶着羊儿去牧场，

语言与交流

羊儿紧着往前跑，
吃了青草长肥膘。

天黑羊儿要进圈，
羊娃赶忙拿小鞭，
羊儿倒是真听话，
一个一个排队往里钻。

羊娃用眼四处瞧，
突然发现栅栏少，
少了几根不算啥，
明天我再把栏补。

第二天，天刚亮，
羊娃来到羊圈旁，
数数少了一只羊，
心里这下着了慌。

定是昨晚老狼到，
钻进羊圈把羊叼，
可怜我的小肥羊，
成了老狼口中粮。

羊娃找来木板条，
一个一个钉得牢，
这回准叫老狼气，
再来也是吃不到。

羊儿看了心欢喜，
老狼再来不用急。
从此再没把羊少，
丢羊补栏不算晚。

活动延伸建议

1.组织幼儿分组讨论：如果你是羊娃，你会怎么做？

2.请幼儿自由讲述《亡羊补牢》的故事。

区域活动

1.语言区：投放图片，请幼儿看图讲述《亡羊补牢》的故事。

2.美工区：鼓励幼儿把《亡羊补牢》的故事用连环画的形式表现出来，并制作成图书。

日常教育

1.在日常生活中，当幼儿犯错误时，教师可以讲述《亡羊补牢》的故事，引导幼儿及时改正。

2.利用谈话活动环节，引导幼儿将收集到的其他成语故事分享给全班小朋友听，并说一说这个成语故事说的是什么意思。

家园共育

1.请幼儿把《亡羊补牢》的故事讲给爸爸、妈妈听。

2.家长可以给幼儿准备一些成语故事的绘本，讲给幼儿听，引导幼儿说说听完故事懂得了什么道理，提高幼儿倾听能力、语言理解能力和口语表达能力。同时，积累成语词汇量。

环境创设

布置"我知道的成语故事"墙饰，引导幼儿收集并整理自己喜欢的成语故事，教师打印出来，请幼儿分享自己喜欢的这则成语故事讲的是什么、故事里蕴含着什么道理，通过同伴间相互学习积累更多的成语词汇。

活动二　过　　年

扫码看视频2-4

活动目标

1.通过阅读民间故事《过年》，了解年的来历，以及春节习俗的由来。

2.了解、热爱祖国的传统文化。

3.回忆过年时的经历，体会节日的快乐。

活动准备

1.经验准备：已有过年的经历，搜集有关春节的习俗。

2.物质准备：红色的对联、红窗花、红色的鞭炮挂饰、红色的"福"字。

活动重点

了解春节的来历，以及过年时的传统习俗。

活动难点

复述《过年》的故事，讲述自己以往过年的经历。

活动过程

1.谈话引入活动。

教师：小朋友们，你们知道老师今天给你们带什么来了？（"福"字、对联、窗花、鞭炮挂饰）

教师：这些都是过春节时要用到的。

教师：你们还记得春节是怎么过的吗？

幼儿自由讲述、贴春联、贴窗花、放鞭炮、拜年、穿新衣服等。

教师：春节是我国传统的节日，也叫过年。为什么叫过年呢？过年的时候，为什么要贴春联、放鞭炮呢？这里有一个美丽的传说。

2.讲述《过年》的故事，了解过年的来历。

教师讲述故事，然后提问：古时候，人们特别怕一种怪兽，是什么？人们是怎么做

的？后来，是谁赶走了怪兽——年？白胡子老爷爷是怎么做的？

3.出示幼儿用书《语言与交流》第16~19页图片，幼儿自己讲述故事。

幼儿观察图片，说说画面上都有什么，发生了什么事，后来，又怎么样了。

幼儿看图完整复述故事。教师鼓励幼儿大胆表达。

4.幼儿根据自己的生活经验，讲述自己的过年经历。

超级链接

过　　年

古时候，有一只叫"年"的怪兽。它平时住在海底，每到除夕，就会跑到村子里吃人和牲畜。

因此，每年除夕，人们都不敢待在村子里，全家老小一起逃到深山里躲避。

有一年除夕，大家正准备离开的时候，来了一位白胡子老爷爷。

他说自己能赶走年兽，让大家不要走。可是谁也不相信他的话，都劝他也一起逃命去。

白胡子老爷爷执意要留下来，大家没办法，也只好同意。

第二天早上，人们从山里回到村子，看到白胡子老爷爷还在那里，身上一点儿伤也没有，都非常惊讶！

白胡子老爷爷告诉人们：因为年兽最怕红色、火光和炸雷，所以只要到处都贴上红色的对联、窗花、"福"字，点上火烛，把竹子放到火堆里烧，发出"噼噼啪啪"的响声，就会赶走年兽。

从此，每年除夕，人们都要贴对联、放鞭炮，庆祝新年。

活动延伸建议

1.家长与孩子一起讨论、交流中国传统节日——春节有哪些风俗和习惯。

2.家长和幼儿一起搜集我国其他传统节日的由来和习俗。

区域活动

1.美工区：让幼儿将自己过年的经历用绘画的形式展现出来。

2.语言区：投放图片，让幼儿自己讲述故事，培养幼儿的语言表达能力。

日常教育

1.请幼儿在平时的生活中多关注我国不同地区过春节的习俗有哪些，积累相关信息。

2.利用谈话活动环节，引导幼儿讲述收集到的民间传说故事，增长见闻，提高语言表达能力和复述故事的能力。

家园共育

1.家长和幼儿一起搜集有关中国传统节日的由来和习俗，平时也可以给幼儿讲述其他传说故事，让幼儿接触了解民间传说故事这种文学形式。

2.家长给幼儿准备一些有关民间传说故事的绘本，通过亲子阅读的方式，激发幼儿喜欢阅读民间传说的兴趣，增强阅读能力。

环境创设

布置"中国传统节日"主题墙饰，分为三个版块"传统节日有哪些""传统节日的由来""传统节日习俗"，分别收集相关版块的信息和内容，通过打印、绘画等形式呈现主题墙的内容。幼儿之间分享和交流有关中国传统节日的内容。

活动三　被吃掉的坏梦

扫码看视频2-5

活动目标

1.能在集体面前大胆地用语言交流关于做梦的经验。

2.注意倾听他人谈论，能围绕话题谈论自己的感受。

3.了解做梦时，会有好梦，也会有不好的梦。

活动准备

1.经验准备：有过做梦的经历，能记得做过的梦。

2.物质准备：狮子、小浣熊宝宝和妈妈头饰。

活动重点

能在集体面前大胆交流有关做梦的经验。

活动难点

注意倾听他人谈论，能围绕话题谈论自己的感受。

活动过程

1.谈话引入。

教师：你做过梦吗？做的什么梦？

请幼儿自由讲述，提示幼儿大胆讲述，其他幼儿注意倾听。

2.听教师讲述，了解故事内容。

听教师有感情地讲述故事。

教师：刚开始，小浣熊梦到了什么？

教师：妈妈是怎么说的？

教师：小浣熊躺下之后又梦到了什么？

3.出示图片，引导幼儿观察动物的表情。

出示图片，引导幼儿观察讲述，提示幼儿注意观察动物的表情及其变化。

4.分角色表演。

请三位幼儿上台表演，分别戴上不同动物形象的头饰。

超级链接

被吃掉的坏梦

晚上，小浣熊要睡觉了，他让妈妈把床头的灯开着，和妈妈说了声"晚安"，盖好被子就睡着了。

他梦见正和小伙伴玩儿，突然跑来一头大狮子，要吃他们，大伙儿都向四处逃，小浣熊吓得大哭起来。

妈妈听到哭声跑来了，搂着他，说："宝宝不怕，那只是一个梦，不信，你睁开眼睛看看！"果然没有大狮子，橘黄色的灯开着，周围静静的！原来是在做梦啊！

妈妈说："看，我把坏梦吃掉！"小浣熊高兴地笑了。

小浣熊终于可以安心地睡觉了，这回他梦见自己和小鸟一起在天上飞，真开心啊！

活动延伸建议

1.自由活动时间，鼓励幼儿主动向同伴讲述自己的梦，分享自己的快乐。

语言与交流

2.鼓励幼儿把自己做的梦画下来。

日常教育

利用晨间谈话环节，鼓励幼儿向教师、同伴讲述自己的做梦经历，分享自己的美梦，发展幼儿的记忆力和语言表达能力。

家园共育

1.家长和幼儿一起搜集有关梦的知识、梦形成的原因、梦境有哪些种类、人们对做梦的看法等。

2.家长引导幼儿将自己做的梦画出来，并说一说梦里发生了什么事、谁在干什么、后来怎么样了，通过谈话与交流，促进幼儿口语表达能力的发展。

环境创设

布置"我的梦"墙饰，请幼儿把自己做的梦画出来，并展示在墙上。引导幼儿参观"我的梦"绘画展，请幼儿互相讲述自己的做梦经历和为什么用这种形式来表现。

主题四 美丽的月亮

活动一 月亮船

扫码看视频2-6

活动目标

1.了解小女孩对爷爷的美好祝愿，引导幼儿学会关爱亲人。

2.理解散文内容，欣赏散文中的优美语言。

3.喜爱文学作品，萌发对亲人美好祝福的情感。

活动准备

1.经验准备：欣赏过夜空中美丽的月亮。

2.物质准备：教学挂图、活动教具（月亮、小星星）。

活动重点

了解小女孩对爷爷的美好祝愿，引导幼儿学会关爱亲人。

活动难点

理解散文内容，欣赏散文中的优美语言。

活动过程

1.引导幼儿观察画面，激发幼儿的学习兴趣。

出示挂图，教师：你看到了什么？月亮是什么颜色的？它像什么？

2.有感情地朗诵散文，通过提问，引导幼儿了解散文内容。

教师：金黄的月亮，挂在哪里？好像什么？星星是怎样的？我是怎么做的？我要把它送给谁？

3.再次完整地欣赏散文，感受散文优美的语言。

教师：我为什么要把星星送给爷爷？如果你摘下一颗星星，你想送给谁？你想对他说什么？

4.绘画活动。

鼓励幼儿根据自己的生活经验,用绘画的形式表现散文内容。

超级链接

月 亮 船

金黄的月亮,挂在深蓝色的天上,好像一只弯弯的小船。

我拿着小桨,轻轻地摇,来到银河边。

那满天的星星,闪啊闪,摘下一颗,放进我的小背囊。

我要把它送给爷爷,好让他永远健康、快乐!

活动延伸建议

让幼儿用已经学过的词语来描述自己看到的天空、月亮和星星。

区域活动

美工区:投放手工材料,请幼儿尝试制作小星星。

日常教育

1.引导幼儿观察天空,白天和夜晚的天空有什么不同。

2.教师提前从网上收集一些有关月亮的手指谣,利用过渡环节,引导幼儿学习并表演有关月亮的手指谣。

家园共育

1.家长根据天气情况,和幼儿一起欣赏夜景,并制作小星星、云朵、月亮等,再用做好的小星星、月亮等布置卧室的墙面。

2.家长和幼儿一起收集有关月亮的故事,了解月亮的不同特征,如月相变化、月亮表面有什么等,进一步激发幼儿想要探索月亮的兴趣。

环境创设

1.布置"美丽的夜空"墙饰,幼儿用在美工区制作的小星星、月亮、云朵等物品装饰墙壁,展现夜空的美好。

2.布置"月相变化图"墙饰,引导幼儿利用一个月的时间观察并记录(绘画或拍照的方式)月亮的变化,将记录结果呈现在主题墙上,供幼儿分享自己的发现,了解更多有关月亮变化的知识。

活动二　古朗月行

活动目标

1.体会古诗的韵律和诗词的意境。

2.理解古诗所表达的意思,并尝试背诵。

3.体会诗人看到天上月亮产生的遐想和创作古诗时的感情。

活动准备

1.经验准备:以前读过古诗,了解古诗的文体结构。

2.物质准备:有关月亮的图片、古诗图片。

活动重点

理解古诗的含义,体会诗中的美好意境和诗人对月亮的美好想象。

语言与交流

活动难点

尝试背诵古诗。

活动过程

1.引入活动。

教师出示有月亮的夜空图片。提问：你们看到了什么？今天，我们就来讲一个与月亮有关的故事。

2.学习古诗《古朗月行》。

（1）讲述背景故事，出示古诗图片，教师：在这晴朗的夜空有许多星星一闪一闪、亮晶晶的，一轮又大又圆的月亮挂在深蓝色的天空中，真美！古时候，有一位叫李白的诗人在外面游历。在这静静的夜晚，他面对这圆圆的月亮，写下了一首古诗，叫《古朗月行》。

（2）教师有感情地朗诵古诗，通过提问帮助幼儿理解古诗的意思。

教师：听完这首古诗，你想到了什么？为什么诗人会说"小时不识月，呼作白玉盘"？谁坐在了桂树上？月宫里面住着谁？谁和她作伴？小白兔为什么要捣药？它捣好了药，送给谁吃？

（3）用多种形式朗诵古诗，感受古诗的韵律美。

3.游戏。

（1）古诗接句，教师朗诵古诗句子中前几个字，只留最后一个字，请幼儿说出。比比哪一组接得又快又正确。

（2）动作游戏：教师朗诵古诗，幼儿用动作表现"仙人垂两足""白兔捣药成"，帮助幼儿了解诗词的意思。

超级链接

古 朗 月 行

文／［唐］李白

小时不识月，呼作白玉盘。

又疑瑶台镜，飞在青云端。

仙人垂两足，桂树何团团。

白兔捣药成，问言与谁餐？

活动延伸建议

幼儿朗诵其他学过的古诗，培养幼儿对古诗的兴趣。

区域活动

语言区：投放古诗录音、图片、图书，供幼儿欣赏。

日常教育

1.在过渡环节，可以给幼儿播放古诗音乐或古诗诵读音频，让幼儿在无意识中学习古诗，加深对古诗的印象。

2.午睡前或午睡后，可以给幼儿播放有关古诗的小故事音频，让幼儿了解古诗创作的背景知识，了解古诗作者的简单生平信息等。

家园共育

1.结合我国传统节日中秋节，幼儿和家长一起赏月。家长搜集一些适合幼儿的古诗，让幼儿朗诵，解释古诗含义，培养幼儿对古诗的兴趣。

语言与交流

2.家长和幼儿就一个古诗主题，如春天，朗诵或背诵相关的古诗，积累古诗阅读量和背诵量，通过读古诗理解古诗的意境美和韵律美。

环境创设

1.布置"我喜欢的小古诗"墙饰，将幼儿喜欢的小古诗打印出来，张贴在墙上，供幼儿之间分享、讲述与交流，说说自己为什么喜欢这首古诗、这首古诗讲的是什么意思、喜欢古诗中的哪一句等。

2.布置"我创作的古诗"墙饰，幼儿通过学习古诗，了解古诗的体例、格式及用字精准的特点，通过模仿创编古诗或古诗的句子。教师将幼儿创编的内容打印出来，贴在墙上，供幼儿分享、交流。同时，让幼儿对创编古诗产生自豪感，树立自信心，从而激发幼儿的创作热情。

活动三　蜂

活动目标

1.学习古诗，了解古诗的含义。

2.感受古诗的韵律和意境。

3.体会蜜蜂把辛苦留给自己、把甜蜜带给别人的高尚精神。

活动准备

1.经验准备：了解蜜蜂采蜜、酿蜜的辛苦，吃过甜甜的蜂蜜。

2.物质准备：有关蜜蜂的PPT课件，有关蜜蜂采蜜、酿蜜的视频，两只蜜蜂的教具，汉字"蜂"。

活动重点

了解古诗的含义，感受古诗的意境。

活动难点

体会蜜蜂把辛苦留给自己、把甜蜜带给别人的高尚精神。

活动过程

1.创设情境，导入活动。

（1）教师：嗡嗡嗡，谁来到咱们班了？（出示两只蜜蜂的教具）

（2）玩"两只蜜蜂"的游戏。

2.看图讲述，理解图意。

（1）出示幼儿用书《语言与交流》上的图片，教师：你看到了什么？想到了什么？可能会发生什么事情？

播放有关蜜蜂采蜜、酿蜜的视频，引导幼儿观察蜜蜂是靠什么来采蜜的。

（2）教师：蜜蜂辛苦吗？

教育幼儿要保护蜜蜂，不要伤害蜜蜂。

（3）引导幼儿看图，教师连贯讲述。

3.学习古诗《蜂》。

（1）教师：其实，刚才的这幅图里还藏着一首古诗。有个诗人，名字叫"罗隐"，他非常喜欢小蜜蜂。当他看到小蜜蜂辛辛苦苦采花、酿蜜之后，就写下了这首诗，来赞扬小

蜜蜂，题目就叫《蜂》。

（2）看课件，欣赏古诗。

（3）看图分析古诗，了解古诗内容，并请幼儿配上身体动作学说古诗。

4.小结。

教师：今天，我们学习了古诗，也了解了小蜜蜂是怎么采蜜的。以后，我们要爱护小蜜蜂，不要伤害它们。

超级链接

蜂

文/［唐］罗隐

不论平地与山尖，

无限风光尽被占。

采得百花成蜜后，

为谁辛苦为谁甜？

活动延伸建议

幼儿朗诵其他学过的古诗，培养幼儿对古诗的兴趣。

区域活动

语言区：

1.投放古诗录音、古诗图片、古诗图书，供幼儿欣赏。

2.投放蜜蜂采蜜的图片，请幼儿观察并讲述。

日常教育

1.有机会可以让幼儿在生活中多观察、多搜集一些小蜜蜂采蜜、筑蜂巢的图片、视频资料，互相分享与交流。

2.利用过渡环节，让幼儿玩"蜜蜂采蜜"的游戏。部分幼儿扮演不同的小花，摆出小花不同的造型，每人手里拿着一滴蜂蜜形状的纸片。部分幼儿扮演蜜蜂，听音乐，飞到小花处采蜜，看谁采得蜜最多。

家园共育

1.家长和幼儿一起通过观看有关小蜜蜂的纪录片，了解蜜蜂的生活习性及特征，了解蜜蜂采蜜、蜂蜜的制作及其营养价值等。

2.家长和幼儿收集其他有关动物的古诗，和《蜂》这首古诗放在一起，通过阅读古诗，了解古诗中是如何描写小动物的，诗人抓住了小动物的哪些特点等。

环境创设

布置"勤劳的小蜜蜂"主题墙，分为三个版块"蜜蜂大家族""蜂蜜是怎么来的""蜂蜜有哪些作用"。引导幼儿收集有关蜜蜂的相关知识并打印出来，呈现在主题墙上，引导幼儿了解蜜蜂的种类、蜜蜂采蜜和酿蜜的方法、吃蜂蜜有哪些好处等。

活动四　小鸟音乐会

活动目标

1.能依据画面提供的线索，看图说话。

2.学习动词"吹、弹、敲、唱、跳",并会用"有的……有的……还有的……"完整、连贯地讲述。

3.通过乐器演奏,感受欢乐的气氛。

活动准备

1.经验准备:已认识各种乐器,了解乐器的形状和特点。

2.物质准备:背景图,活动教具,图中的乐器。

活动重点

这幅看图讲述的画面虽然简单,但蕴含着丰富的动词,可以引导幼儿在讲述中学习动词,巩固动词用法,并用句式引导幼儿讲述。

活动难点

学习动词"吹、弹、敲、唱、跳",并会用"有的……有的……还有的……"完整、连贯地讲述。

活动过程

1.出示背景图,引导幼儿观察并想象。

教师:你们知道这是什么地方吗?这是什么季节?你从哪里看出来的?

2.出示活动教具,请幼儿讲述,培养幼儿的语言表达能力。

(1)出示各种形态的小鸟,请幼儿猜猜小鸟在干什么,从哪里看出来的,引出主题——"小鸟音乐会"。

(2)出示各种乐器,让幼儿说出乐器的名称和用法。

教师:这是什么乐器?你知道它是怎么用的吗?

请幼儿尝试模仿指挥、弹吉他、敲架子鼓、吹小号、唱歌、跳舞等动作,同时巩固动词"吹、弹、敲、指挥、唱、跳"。

(3)把小鸟的活动教具都放在背景图上,请幼儿看图并完整讲述。

教师:小鸟们在干什么?

引导幼儿用"有的……有的……还有的……"句式来讲述,教师也可以先进行示范:小朋友们户外活动的时候,有的玩沙包,有的骑小车,还有的在走平衡木,大家玩得可开心了!

3.幼儿分组,看图讲述,鼓励幼儿大胆讲述,提醒幼儿讲述内容要完整。

4.幼儿分组,举办音乐会,并请一位代表把本组的活动用句式"有的……有的……还有的……"进行讲述。

活动延伸建议

1.幼儿分角色举办属于自己的音乐会。

2.搜集音乐会的光盘,供幼儿欣赏与交流。

区域活动

1.角色区:投放各种乐器,让几名幼儿自己开音乐会。

2.语言区:投放图片,请幼儿讲述,也可以投放其他图片,请幼儿用句式"有的……有的……还有的……"讲述出来。

日常教育

利用过渡环节,教师和幼儿一起搜集各种乐器,鼓励幼儿互相交流乐器的演奏

语言与交流

方法。

家园共育

1.有条件的家长可以带领幼儿去听音乐会，让幼儿感受音乐会的魅力和特点。

2.家长和幼儿一起上网搜集有关各种乐器的图片、音频和视频等，引导幼儿了解不同乐器的分类、特点、演奏方法、乐器演奏发出的声音等。

环境创设

1.主题墙：用各种乐器和音符布置一面有关音乐会的主题墙。

2.布置"我的乐器我做主"墙饰，引导幼儿收集不同的乐器，通过不同的演奏方法配合音乐节奏进行演奏，教师将乐器和演奏方法拍照记录下来，通过图片形式呈现各种不同的乐器及其演奏方法。

活动五　嫦娥奔月

扫码看视频2-7

语言与交流

活动目标

1.通过欣赏民间故事，了解中秋节的来历。

2.喜欢民间故事的文学形式，了解中秋节的习俗。

3.引发幼儿对中秋节由来的好奇。

活动准备

1.经验准备：已有过中秋节的经历，了解中秋节吃月饼的习俗。

2.物质准备：月饼若干块，橡皮泥若干。

活动重点

通过欣赏民间故事，了解中秋节的由来。

活动难点

喜欢民间故事的文学形式，了解中秋节的习俗。

活动过程

1.谈话引入活动。

教师：小朋友们，看老师给你们带来了什么好吃的？（月饼）你知道我们为什么要在中秋节的时候吃月饼吗？想一想，以往的中秋节是怎么过的？（幼儿自由讲述，吃月饼、赏月、吃团圆饭、祭月等）中秋节是我国传统的节日，为什么会有这个节日呢？我给你们讲一个美丽的传说。

2.讲述《嫦娥奔月》的故事，了解中秋节的来历。

教师边演示课件边给幼儿讲述故事。幼儿欣赏故事，然后教师提问。

教师：后羿有什么高超的本领？他做了什么事情，让百姓们都喜欢他？王母娘娘赐给了后羿什么礼物？嫦娥为什么会飞到月亮上去？嫦娥飞到月亮上去后，后羿是什么心情？他是怎么做的？

小结：嫦娥飞到月亮上去后，非常想念自己的丈夫，后羿也非常想念自己的妻子。于是，每当月亮出来时，后羿就摆上很多嫦娥爱吃的蜜食鲜果，以表达自己的思念之情。后来，人们就把每年的农历八月十五定为"中秋节"，在这个节日还会制作很多象征团圆的月饼来吃。

33

3.幼儿分组讲述故事。

幼儿分组讲述故事，鼓励幼儿大胆讲述。

4.制作手工月饼。

请幼儿用橡皮泥制作月饼，搓圆、压扁、再用彩笔帽压出花纹来就可以了。

超级链接

嫦娥奔月

古时候，天上有十个太阳，大地干旱。后羿拉开神弓，射下九个太阳，只剩下一个太阳按时起落，为民造福。

后羿因此受到了百姓的爱戴。

后来，后羿娶了美丽、善良的嫦娥。每天，后羿外出打猎，妻子在家做饭、织布。

一天，后羿去昆仑山遇到了王母娘娘。王母娘娘赐给他一包不死药，说吃下这种药就可以升天做神仙。

后羿把不死药交给嫦娥保管。嫦娥把药藏在了梳妆台的百宝匣里，没想到被小人蓬蒙看见了。

一天，蓬蒙趁后羿外出打猎，拿着宝剑，逼着嫦娥交出不死药。

嫦娥没办法，只好把不死药吞了下去。她吞下药，身体飘出了窗外，向天上飞去。

但她还想着自己的丈夫，就落到了离人间最近的月亮上成了仙。

后羿非常想念妻子，就派人在后花园里摆上妻子平时最爱吃的蜜食鲜果，遥祭在月宫里的嫦娥。

活动延伸建议

1.与孩子一起讨论、交流中国传统节日——中秋节有哪些风俗、习惯。

2.和幼儿一起搜集我国其他传统节日的由来和习俗。

区域活动

1.美工区：让幼儿把中秋节发生的趣事用绘画的形式表现出来。

2.手工区：准备一些橡皮泥和各种花纹印章，让幼儿制作月饼。

3.语言区：投放图片，让幼儿自己讲述故事，培养幼儿的语言表达能力。

4.科学区：请幼儿用一个月的时间观察月亮并记录，了解月亮的变化。开展"月亮变脸"的活动，准备"月相变化图"，让幼儿了解月亮从"娥眉月"到"残月"的变化过程。

日常教育

1.请幼儿在平时多关注、收集我国民间传说和风俗小故事，通过"故事会"的形式分享给大家。

2.利用午睡前、午睡后等过渡环节，播放收集到的民间传说小故事音频，引导幼儿通过听故事了解更多的民俗文化。

家园共育

中秋节，家长给幼儿讲述一些有关中秋节的传统故事，并和幼儿一起在中秋之夜赏月、吃月饼、尝水果，说一说有关中秋的习俗、饮食文化，引导幼儿充分了解更多有关中秋节的知识。

环境创设

1.布置"月相变化图"墙饰，引导幼儿以一个月为期，通过拍照或绘画的形式记录月亮的变化，并将相关图片和记录的时间展示在墙上。引导幼儿分享并交流，加深对月亮变化过程的了解。

2.布置"嫦娥奔月"墙饰，让幼儿在完全理解《嫦娥奔月》故事的基础上，通过绘画的形式，将整个故事情节画下来，粘贴到墙上，引导幼儿互相讲述这个故事，提高幼儿复述故事的能力和倾听、理解能力。

活动六 小羊过桥

语言与交流

活动目标

1.理解故事内容，通过辩论得出最终结论。

2.大胆地创编角色对话，提高幼儿的口语表达能力。

3.初步懂得与人相处应互相谦让的道理，多为他人着想。

活动准备

1.经验准备：了解独木桥桥面很窄，只能一人通过。

2.物质准备：小白羊和小黑羊的胸饰、独木桥图片、课件。

活动过程

1.活动导入。

教师：今天，老师给大家带来了一个好听的故事，故事的名字叫《小羊过桥》。让我们看看，故事里发生了什么事情？

2.幼儿观看课件的前半部分——大羊过桥。

（1）教师：这个故事叫什么名字？大白羊和大黑羊要过什么样的桥？（独木桥）

（2）教师：你们知道什么是独木桥吗？

教师出示独木桥图片并介绍独木桥。一条河的中间只有一根木头的、只能过一个人的桥，叫"独木桥"。

教师：它们过桥了吗？为什么？（没有，它们谁也不让谁）它们各不相让，结果怎么样？（都掉到河里去了）

小结：两只大羊过独木桥时，都想自己先过，谁也不让谁，结果都掉到河里去了。

3.幼儿观看课件后半部分——小羊过桥。

（1）教师：过独木桥真的这么难吗？今天，小黑羊和小白羊也要过桥，想请我们小朋友帮忙出出主意，如果你是小黑羊或者是小白羊，你会怎么过桥？

幼儿商量讨论后回答问题。

（2）小结：只要我们互相谦让，让对方先过桥，自己再过桥，就可以成功地过这个独木桥了。

4.完整地播放课件，幼儿欣赏。

教师：现在，请大家完整地欣赏故事。欣赏的过程中，我们也来学一学故事中黑羊和白羊的对话。

师幼一起学说对话，提高幼儿的口语表达能力。

35

5.表演故事的后半部分。

请幼儿选择自己喜欢的胸饰，表演小羊过独木桥的故事情节。

超级链接

小 羊 过 桥

宽宽的河，深深的水，两只小羊要过独木桥。一只小白羊从东到西，一只小黑羊从西到东，两只小羊都上了桥，可是桥面太窄，只能有一只小羊通过。小黑羊说："你先下桥，让我先过！"小白羊说："你先下桥，让我先过！"两只小羊各不相让，请你说说谁有理？应该怎样才能过桥？

活动延伸建议

换成大羊和小羊，假设同样的场景，大羊会对小羊说什么，如何表现。

区域活动

语言区：

1.投放故事图片，请幼儿讲述。

2.投放动物胸饰，请幼儿表演并引导幼儿学说故事中谦让的语言。

日常教育

1.引导幼儿自己解决日常生活中与同伴之间的矛盾。

2.户外活动时，带领幼儿走平衡木，帮助幼儿了解独木桥的特点。

3.培养幼儿遇事不争吵、不打闹，懂得同伴之间要互相谦让。

家园共育

回家后，请幼儿将《小羊过桥》的故事讲给家长听，并说一说怎么做才是最好的解决方法，进一步引导幼儿在与人相处的过程中，要学会互相谦让。

环境创设

布置"小羊过桥"墙饰，将小羊过桥的画面呈现在墙上，引导幼儿分享与交流自己的想法，了解遇到问题时不能争吵，要积极想办法解决问题，这样才是正确的选择。同时，锻炼幼儿看图讲述和遇到问题多思考的能力。

活动七　颠倒词语

活动目标

1.了解颠倒词语的特点。

2.体会词语颠倒前后所表达的意思不同。

3.感受中国汉语的神奇，热爱中华文化。

活动准备

1.经验准备：已明白位置颠倒的两个字组成的新词会表达不同的意思。

2.物质准备：与内容相符的图片、字卡。

活动重点

体会词语颠倒之后表达的意思会改变。

活动难点

感受中国汉语的神奇，热爱中华文化。

语言与交流

活动过程

1.复习歌曲《颠倒歌》，引入主题，颠倒词语。

2.出示图片，认识词语。

教师：在颠倒王国里，住着一些词语。我们一起来看看，它们有什么奥秘？

（1）出示第一组图片及相应的词语"奶牛""牛奶"，引导幼儿根据图片学习词语并通过读词语来体会它们不同的意思。

（2）出示第二组图片及相应的词语"牙刷""刷牙"，引导幼儿根据图片学习词语并通过读词语来体会它们不同的意思。

（3）请幼儿用教师教的方法，分小组学习剩下的三组颠倒词语。

教师：你们发现这五组词语有什么特点？

引导幼儿发现两个字的位置左右颠倒后就变成了一个新的词语，但是表达的意思完全不同。这就是颠倒词语神奇的地方。

3.根据已有经验，寻找其他的颠倒词，体会它们不同的意思。教师给予适当的指导和帮助，引导幼儿发现中国词语中不是所有的词语都可以颠倒。

活动延伸建议

鼓励幼儿合作寻找生活中的颠倒词语。幼儿两两结伴，玩颠倒词语的游戏。

区域活动

语言区：将各种词语卡片投放至语言区，供幼儿给颠倒词语配对，培养幼儿语言的表达能力和技巧。

日常教育

1.可以餐前活动或其他游戏环节中玩"传颠倒词语"的游戏。幼儿排成一路纵队，从第一名幼儿开始，教师跟幼儿说一个词语，让幼儿说给第二名幼儿听，再由第二名幼儿颠倒词语，传给下一名幼儿。到最后一名幼儿时，由他大声说出他听到的词语，其他幼儿帮忙验证是否正确。

2.利用过渡环节，幼儿一起找颠倒词，丰富彼此的词汇量，拓展幼儿的思维。

家园共育

1.和幼儿一起搜集颠倒词，并学习认识词语，体会它们不同的意思。

2.家长和幼儿一起玩颠倒词的游戏。

环境创设

布置"好玩的颠倒词语"墙饰，幼儿把自己积累的"颠倒词语"集中起来，由教师打印出来，粘贴到墙上，供幼儿分享与交流，说一说两个颠倒词语分别代表什么意思，积累更多有趣的颠倒词语。

活动八　送　贺　卡

活动目标

1.能听懂并理解提示性文字的意思，并按指令做相应动作。

2.能根据故事画面里提供的线索找到答案。

3.体会过新年送出贺卡和祝福的乐趣。

活动准备

1.经验准备：有过新年收到贺卡或送出贺卡的经历。

2.物质准备：挂图，与故事相关的小动物图片，四张贺卡，画有不同事物的信件。

活动重点

能根据动物的习性与贺卡进行匹配。

活动难点

能听懂并理解提示性文字的意思，能按照要求做相应的动作。

活动过程

1.围绕元旦谈话，导入主题。

教师：过元旦的时候，我们怎么表达对朋友、亲人的祝福？

2.教师讲述故事《送贺卡》，引导幼儿根据画面提供的线索找到答案。

（1）教师讲故事开头：今天是元旦，新的一年开始啦！刚好下过入冬以来的第一场雪，小动物们都在公园里玩。小兔忙着给大伙儿送新年贺卡，请你帮它找到贺卡，并送给相应的小动物。

（2）出示四张不同的贺卡贴纸，请幼儿猜测并为小动物选择相应的贺卡，请幼儿说出选择的理由。

（3）教师出示提示性文字字卡，请幼儿对照检查自己选得对吗，增加幼儿学习的兴趣。然后，进行操作，翻到幼儿用书《语言与交流》第32~33页。

3.玩游戏"送信"，巩固练习听指令做动作。

（1）教师出示画有不同事物的信件，让幼儿按信上的提示送信。如画有肉骨头的信要送给小狗，画有小鱼的信要送小猫，画有竹子的信要送给熊猫等。

幼儿根据提示，把信送给带有动物头饰或胸章的幼儿。

（2）增加游戏难度，可以设置送信途中要经过一些地方，如：独木桥、树林等地方，引导幼儿安全地把信送给小动物。

活动延伸建议

1.幼儿制作贺卡，送给自己的朋友、教师、亲人。

2.继续玩"听指令做动作"的游戏，也可以扩展到看文字做动作。

区域活动

1.美工区：投放卡纸等装饰性的材料，供幼儿制作贺卡。

2.语言区：提供有关元旦的图片，请幼儿讲述元旦的一些活动、有趣的事情等；提供有关动物的资料，供幼儿讲述。

日常教育

每天餐前、餐后等零散的时间，由教师或能力强的一名幼儿来说指令，其他幼儿做相应的动作，培养幼儿倾听的习惯及听觉转换成动作的能力。

家园共育

1.家长和幼儿可以互相赠送贺卡，作为元旦礼物，训练幼儿语言表达能力，说一些祝福的话。

2.家长和幼儿一起搜集有关动物的资料，了解动物的生活习性和动物自我保护的知识。

语言与交流

环境创设

1.主题墙：用幼儿自制的贺卡装饰主题墙"元旦祝福"。

2.布置"欢欢喜喜过新年"主题墙饰，设计三个栏目"元旦的来历""我设计的贺卡""新年愿望"。幼儿将自己设计的贺卡和画出来的新年愿望画作，在相应的栏目里展示来，引导幼儿互道新年祝福，讲述一下自己的新年愿望。

主题五　欢欢喜喜过大年

活动一　过　新　年

扫码看视频2-8

活动目标

1.欣赏儿歌，了解顶针式儿歌的特点。

2.尝试创编顶针式儿歌。

3.感知儿歌的节奏和特点，体验朗读儿歌的快乐。

活动准备

1.经验准备：已有过年的经验。

2.物质准备：挂图、图片加文字卡。

活动重点

了解顶针式儿歌的特点，前一句的最后一个字就是下一句开头的第一个字。

活动难点

尝试创编顶针式儿歌。

活动过程

1.教师朗诵儿歌，幼儿欣赏。

教师借助挂图，有表情地朗诵儿歌。提问：儿歌中说的是什么时候的事情？你还听到了什么？

2.学习儿歌，了解顶针式儿歌的特点。

（1）教师边念儿歌边出示图片加文字卡，幼儿跟读。请幼儿观察字卡并找出规律。

教师：你发现这首儿歌有什么特别的地方？

小结：这首儿歌前一句的最后一个字是下一句开头的第一个字，像这样的儿歌形式就是顶针式儿歌。

（2）师幼有节奏、有表情地看图朗诵儿歌。

3.变换方式念儿歌。

（1）师幼轮流接说儿歌。

（2）改变念儿歌的速度。教师带领幼儿慢速——中速——快速地朗诵儿歌。

（3）引导幼儿与同伴面对面结伴念儿歌，进一步感知儿歌的节奏和特点，体验朗读儿歌的快乐。

超级链接

过 新 年

过新年，人团圆。

圆，什么圆？

圆圆的脸蛋红又红！

红，什么红？

红红的福字贴上门！

门，什么门？

爷爷、奶奶、叔叔、阿姨，通通请进门！

活动延伸建议

引导幼儿尝试与同伴两两结对，用游戏的方式表演儿歌，感知儿歌的节奏和特点，体验游戏表演的快乐。

区域活动

1.美工区：将自己看到的和经历的过新年时的场景画下来，布置在"欢欢喜喜过大年"的主题墙上。

2.语言区：提供有关过新年的图片，请幼儿讲述过新年的一些活动。

日常教育

1.每天餐前、餐后等零散时间，教师和幼儿玩顶针式儿歌的对答游戏。

2.引导幼儿收集不同地区人们是如何庆祝新年活动的、有哪些习俗，将收来的信息与同伴分享。

家园共育

1.家长和幼儿一起上网搜集其他的顶针式儿歌，进一步了解顶针式儿歌的特点。

2.家长和幼儿谈话交流"新年计划"，鼓励幼儿把自己的想法讲给爸爸、妈妈听，请家长帮助幼儿记录新年计划，并协助幼儿完成计划，培养幼儿做事的计划性。

环境创设

1.布置"儿歌分分类"，将幼儿收集的儿歌挑选出易学、易记的，打印出来，进行分类，如顶针式儿歌、三字谣儿歌、问答儿歌、颠倒儿歌等，引导幼儿说一说儿歌，了解不同类型的儿歌特点。

2.布置"新年计划表"墙饰，教师根据本班幼儿的新年计划，记录下幼儿姓名、计划的时间和完成的事项，鼓励幼儿大胆表达自己的想法，并与同伴分享自己的计划。

活动二 拜 大 年

扫码看视频2-9

活动目标

1.欣赏快板，感知快板这种语言表现形式的特点。

2.尝试表演快板，体会语言的节奏感和韵律。

3.通过登台表演，体验表演的快乐与成就感。

活动准备

1.经验准备：有用快板表演或看过快板表演的经历。

語言与交流

2.物质准备：快板（人手一副）。

活动重点

了解快板的特点。

活动难点

尝试表演快板，体会语言的节奏感和韵律。

活动过程

1.教师表演打快板，激发幼儿学习兴趣。

教师边打竹板边声情并茂地念儿歌。教师（指着快板）：这是什么？

2.教师再次表演打快板，帮助幼儿理解儿歌内容。

（1）教师：儿歌中说到了什么？对爷爷、奶奶、叔叔、阿姨分别说了哪些祝福话？

（2）幼儿尝试逐句表演儿歌，并先用手代替快板，拍手，感受儿歌的节奏感。

3.集体表演打快板。

集体表演快板《拜大年》，感受快板这种语言形式的特点。

4.创编儿歌。

教师：过年的时候，我们还会给别的长辈送祝福。如果让你用快板来表演，你会怎么说？引导幼儿创编快板儿歌。

超级链接

拜 大 年

打竹板那个响叮当，正月初一过大年；

过大年，过大年，家家户户贴对联。

问声爷爷过年好，身体健康乐逍遥！

问声奶奶过年好，万事如意永不老！

问声叔叔过年好，恭喜发财乐开怀！

问声阿姨过年好，青春永驻笑开颜！

活动延伸建议

引导幼儿尝试创编快板儿歌，发展幼儿的创编能力和口语表达能力，感知快板特点，体验游戏表演的快乐。

区域活动

1.表演区：提供快板，请幼儿练习说快板。将自己说快板的情景拍摄下来，布置在"欢欢喜喜过大年"的主题墙上。

2.语言区：提供有关图片，请幼儿用说快板的形式说出图片的内容。

日常教育

1.可以和幼儿一起欣赏一些脍炙人口的快板表演。

2.鼓励幼儿在日常教育中拍着手说快板，感知快板的特点。

家园共育

1.家长可以带领幼儿去观看快板表演，让幼儿在现场感受快板的艺术形式和魅力。

2.家长和幼儿在网上搜集、欣赏快板表演，进一步了解快板的特点。

环境创设

1.布置"小快板，真有趣"主题墙饰，分为三个栏目"什么是快板""快板艺术

语言与交流

家""快板,我来演"。引导幼儿收集有关快板的相关信息,如图片、视频等,分享并交流有关快板这种艺术表现形式,了解其起源、发展过程、不同地区的快板样式和说唱风格的不同。幼儿表演快板说唱艺术,教师拍照记录,并将照片呈现在主题墙上。

2.布置"开心过大年"主题墙饰,分为三个栏目"过年巧布置""过年吃什么""过年玩什么"。引导幼儿收集过年环境布置的图片、过年的食物图片、过年的风俗图片,分别展示在相应的栏目里,供幼儿分享与交流,进一步了解与过年有关的传统民俗活动。

活动三 拜年吉利话

活动目标

1.知道过年的时候,可以给亲人、朋友拜年,会讲不同的吉利话,表达美好的祝福,发展幼儿语言表达能力,同时对中国春节的习俗有所了解。

2.通过拜年活动,让幼儿学会如何与人交往,学会招待客人,懂得做客礼仪。

3.鼓励幼儿大胆表达,增强自信心,同时锻炼自控能力。

活动准备

1.经验准备:有过春节拜年的经历,会唱歌曲《新年好》。

2.物质准备:拜年的场景图片、《新年好》歌曲录音、吉利话的录音。

活动重点

通过互相拜年的游戏,引导幼儿会说吉利话和祝福的话。

活动难点

幼儿能够用通顺、流畅的语言表达自己的情感。

活动过程

1.听、唱歌曲《新年好》,引入春节拜年活动。

播放《新年好》歌曲,请幼儿听音乐按节奏拍手,跟唱,体会开心、高兴的节日气氛。

教师:这是什么时候?他们在干什么?你知道他们说了些什么吗?

2.回忆讲述拜年活动,分组讨论拜年方式。

展示春节拜年场景的相关图片,边看边引导幼儿回忆并讲述有趣的拜年活动,鼓励幼儿用完整的语句流畅表达。

引出各种拜年的方式,如行礼拜年、短信拜年、电话拜年、贺卡拜年、微信拜年、电视节目拜年活动等。

3.互相拜年的游戏。

教师:过年的时候,人们见了面都要说一些祝福的话来表达自己对亲人的问候和祝愿。如果离得远,人们还会用微信视频、语音等方式给长辈、亲人、朋友送祝福。

听吉利话的录音,教师:你听到了什么?他们说了哪些吉利话?

请幼儿模仿录音中的语言,引导幼儿尝试与同伴两两结对,用游戏的方式表演打电话拜年的游戏,体验游戏表演的快乐。

教师向幼儿说一句拜年的话,让幼儿向教师说一句吉利话。

4.说说新年愿望。

语言与交流

教师：新的一年开始了，你都有哪些愿望呢？说一说。

5.小结与评价。

表扬语言表达清晰、用词准确、爱动脑筋的幼儿。

活动延伸建议

1.教师：如果有人生病了，你去探望他，会说哪些祝福的话？如果是过生日、结婚呢？

2.将幼儿过新年时拍摄的照片展示出来，供幼儿观察并讲述。

区域活动

角色区：提供玩具电话，请幼儿玩打电话拜年的游戏。

日常教育

1.鼓励幼儿在日常教育中向同伴、朋友、亲人大胆表达自己的想法，会说祝福的话。

2.利用谈话活动环节，引导幼儿谈论新年的成长愿望，如希望自己在新的一年学会哪些新本领、想交到更多的新朋友、去哪些地方旅游等，通过讨论，引导幼儿大胆表达，让幼儿分享彼此成长的愿望。

家园共育

1.春节期间外出时，引导孩子主动与长辈打招呼，说吉利话。遇到特殊场合时，如过生日、结婚、探望病人等，多引导幼儿说祝福的话。

2.通过比较春节时家中的布置及起居饮食与平时的不同，感受周围的人是如何准备度过春节的，体验过年的欢乐气氛。

环境创设

1.制作《吉祥话》图书，让幼儿收集更多的吉祥话，用绘画的形式记录下来，装订成册，投放到图书区，引导幼儿选择合适的吉祥话表达自己的心意。

2.布置"我的吉祥贺卡"墙饰，幼儿自制吉祥贺卡，在贺卡上画出吉祥图案，写出吉祥话，并对贺卡进行装饰。将制作好的吉祥贺卡在墙上展示出来，供幼儿之间欣赏、交流，说一说自己的设计意图和好听的吉祥话。

语言与交流

健康 与 运动

一、领域说明

1.教育价值

健康是指人在身体、心理和社会适应方面的良好状态。幼儿阶段是儿童身体发育和机能发展极为迅速的时期，也是形成安全感和乐观态度的重要阶段。发育良好的身体、愉快的情绪、强健的体质、协调的动作、良好的生活习惯和基本生活能力是幼儿身心健康的重要标志，也是其他领域学习与发展的基础。

（1）促进身心健康。生命的健康以保证幼儿身体全面发展为前提。因此，幼儿的健康教育与幼儿身体整体素质的提高密切相关。为有效促进幼儿身心健康发展，成人应为幼儿提供均衡的营养，保证其充足的睡眠和适宜的锻炼，满足幼儿生长发育的需要。创设温馨的人际环境，让幼儿充分感受到亲情和关爱，形成积极、稳定的情绪、情感。

（2）发展运动技能。科学、有效的体育锻炼是促进幼儿身体生长发育的重要手段。体育活动的开展，能培养幼儿对体育活动的兴趣，激发幼儿自觉主动参与，发展其身体运动的基本技能，促进其体能全面发展，使其动作协调、灵活。

（3）培养良好的生活习惯。通过有目的的健康教育满足幼儿对自己身体的好奇心，在充分探究的基础上，学习基本的卫生、保健常识，逐步养成良好的卫生习惯，培养其基本的生活自理能力。帮助幼儿养成良好的生活与卫生习惯，提高自我保护能力，形成使其终身受益的生活能力和文明、健康的生活方式。

2.教育策略

（1）反复进行日常健康行为教育。

从幼儿刚一入园就要开展健康教育，通过有趣的游戏活动吸引幼儿积极参与，使幼儿尽快融入集体，适应集体生活，建立起日常健康行为。长期反复进行健康行为的教育，不断巩固并加深印象，以使幼儿内化到行为中。同时，需要家长配合，共同努力。

（2）培养营养均衡的饮食结构。幼儿进食以消除饥饿、获得美味为主，通过健康教育使他们初步形成营养均衡、身体健康的进食行为。同时，注意进食行为的安全、健康，培养良好的饮食习惯，从进餐姿势、餐具使用、进餐卫生、进餐礼仪等方面引导幼儿。利用集体进餐环境，通过群体对个体的影响和向同伴学习，改变幼儿偏食、挑食、进餐不专心等不良习惯。

（3）有效促进心理健康发展。观察、分析幼儿的内心感受，了解其心理症结，通过健康教育，疏导幼儿不良情绪，缓解其内在的心理压力，满足其心理安全需求，消除焦虑。通过树立榜样或以第三人称——"有位小朋友……"指出问题，降低幼儿恐惧感。遇到幼儿之间发生矛盾时，要耐心说服，启发幼儿多站在别人的角度上思考问题，为他人着想，以此缓解矛盾，融洽人际关系，克服独生子女以自我为中心的心理特点。鼓励幼儿多与同伴交往、沟通，减少消极情绪的产生。

（4）加强身体生长发育的教育。

帮助幼儿正确看待自己的身体，了解身体各器官功能，激发其探索身体奥秘的兴趣，使其通过亲身体验和感受，掌握初步的身体技能和基本的动作技能，如走、跑、跳、钻、爬、攀、投等。通过更多的体育活动，启发幼儿发现身体美，学会爱护、保护自己的身体，加强大肌肉动作的协调性和手部小肌肉动作的灵活性、准确度等。

3.教育目标与内容

（1）健康领域教育总目标。

①身心状况。

目标1　具有健康的体态。

目标2　情绪安定愉快。

目标3　具有一定的适应能力。

②动作发展。

目标1　具有一定的平衡能力，动作协调、灵敏。

目标2　具有一定的力量和耐力。

目标3　手的动作灵活协调。

③生活习惯与生活能力。

目标1　具有良好的生活与卫生习惯。

目标2　具有基本的生活自理能力。

目标3　具备基本的安全知识和自我保护能力。

（2）大班健康领域教育目标。

◎身高和体重适宜。

◎经常保持正确的站、坐和行走姿势。

◎经常保持愉快的情绪，知道引起自己某种情绪的原因，并努力缓解。

◎表达情绪的方式比较适度，不乱发脾气。

◎能随着活动的需要转换情绪和注意力。

◎能在较热或较冷的户外环境中连续活动半小时以上。

◎天气变化时较少感冒，能适应车、船等交通工具造成的轻微颠簸。

◎能较快地融入新的人际关系环境。如换了新的幼儿园或班级能较快适应。

◎能在斜坡、荡桥和有一定间隔的物体上较平稳地行走。

◎能以手脚并用的方式安全地爬攀登架、网等。

◎能连续跳绳。

◎能躲避他人滚过来的球或扔过来的沙包。

◎能连续拍球。

◎能双手抓杠悬空吊起20秒左右。

◎能单手将沙包向前投掷5米左右。

◎能单脚连续向前跳8米左右。

◎能快跑25米左右。

◎能连续行走1.5千米以上（中途可以适当停歇）。

◎能根据需要画出图形，线条基本平滑。

◎能熟练使用筷子。

◎能沿轮廓线剪出曲线构成的简单图形，边线吻合且平滑。

◎能使用简单的劳动工具或用具。

◎养成每天按时睡觉和起床的习惯。

◎能主动参加体育活动。

◎吃东西时细嚼慢咽。

◎主动饮用白开水，不贪喝饮料。

◎主动保护眼睛。不在光线过强或过暗的地方看书，连续看电视等不超过30分钟。

◎每天早晚主动刷牙，饭前便后主动洗手，方法正确。

◎能根据天气冷热增减衣服。

◎会自己系鞋带。

◎能按类别整理好自己的物品。

◎未经大人允许不给陌生人开门。

◎能自觉遵守基本的安全规则和交通规则。

◎运动时能注意安全，不给他人造成危险。

◎知道一些基本的防灾知识。

（3）大班上学期健康领域教育内容。

◎了解合理的饮食营养结构，为自己设计营养菜谱；初步了解营养与人成长的关系，理解合理、科学的膳食搭配。

◎尝试运用各种食物的营养价值，合理搭配一日三餐；做到主副食搭配、干稀搭配、荤素搭配更合理。

◎了解各消化器官的功能，知道食物在人体内消化、吸收的过程；学习简单的自我保护方法。

◎知道吃饭时要细嚼慢咽，不挑食、不偏食；培养良好的用餐习惯，知道用餐应注意的事项。

◎知道换牙是一种正常的生理现象，不用害怕；了解换牙时应注意的卫生，并学会保护新长出的牙齿。

◎初步掌握一些自我保健小常识，养成保持个人卫生和环境卫生的好习惯，懂得爱护自己的身体。

◎身体随音乐节拍、双手持物律动；手、脚配合协调，尝试与同伴动作保持一致。

◎探索身体运动的不同方法；能跟着音乐有节奏地做动作。

◎能在平衡木上大胆地行走，会调节手臂动作保持身体平衡。

◎学习手膝着地向前爬；注意手、腿协调配合，提高运动速度。

◎学习助跑跨跳过30厘米的障碍物；学会目测起跳的距离，控制身体的平衡与速度。

◎练习将球投进筐，锻炼手眼协调能力；会目测距离，提高投准度。

◎掌握双脚夹物跳的基本动作，能较好地控制物体不从双脚中掉下来，具有一定的前进速度。

◎尝试侧身翻滚的方法，提高身体的协调性和灵活性；能连续翻滚，保持在一条

健康与运动

直线上。

◎会听信号手膝着地爬行，增强四肢肌肉力量，提高身体动作的协调性和灵活性。

◎学习运球侧身跑的本领，提高控球能力，发展动作敏捷性。

◎掌握双腿跳跃的能力，学习绕障碍物行进。

◎前期目测之后，蒙住眼睛，找准方向，进行游戏。

◎学习打保龄球的动作要领，能基本做出正确的投击动作；掌握滚球击中物体的技能，提高手眼配合的准确度。

◎在观察、表达的过程中，理解他人的情绪与情感，获得解决不愉快情绪的经验。

◎懂得情绪愉快有利于身体健康，初步学习正确的方式排解不开心的情绪。

◎探索、学习"两人三足"的玩法，发展下肢力量，提高动作的协调性与平衡性。

◎初步掌握两人合作"抛接球"的基本方法，能做到手眼协调、反应敏捷。

◎了解自我保健的行为规范；观察图片，辨别行为正误，从而规范日常行为。

◎学习运用剪、贴、撕、捏等方法制作装饰材料，提高手指的灵活性及手眼协调能力。

◎学习扭秧歌的基本步伐，做到手、脚、身体协调，随音乐律动。

健康与运动

二、课程内容

主题一 食物的旅行

活动一 食物营养大比拼

扫码看视频3-1

活动目标

1.了解合理的饮食营养结构，为自己设计营养菜谱。

2.初步了解营养与人成长的关系，理解合理、科学的膳食搭配。

3.在话题讨论中，大胆表达与交流，体验快乐。

活动准备

1.经验准备：知道吃东西偏食不利于身体健康。

2.物质准备：合理膳食示意图挂图；制作营养食谱的纸、笔人手一份；自制健康印章一枚，图案为太阳或灯泡。

活动重点

知道营养膳食与健康的关系，了解各种营养的价值及合理搭配饮食结构。

活动难点

1.尝试合理搭配饮食，为自己制订一份营养菜谱。

2.在日常生活中真正做到合理膳食。

活动过程

1.谈话导入：我最喜欢吃……

教师：我们小朋友都有自己最喜欢吃的食物，要是让你随便吃，你能吃下多少？

请幼儿自由发言，可以适当引导，如"你喜欢吃冰淇淋吗"。

2.观察、讨论并了解健康饮食金字塔。

（1）教师：小朋友们想吃很多很多自己喜欢的食物，这样合适吗？你觉得哪些东西应该多吃，哪些应该少吃？怎样吃最合适？

（2）出示挂图，请幼儿观察画面。

教师：我们每天应该吃的食物就像一座金字塔。金字塔最下层有什么？（面包、饼干、蛋糕、粥、米饭、面条等，这些属于五谷类）应该吃多少？（应该吃得最多）

教师：再往上一层有什么？（生菜、菠菜、西红柿、茄子、西瓜、苹果、香蕉等，这些属于蔬菜和水果类）应该吃多少？（应该吃多一些）

教师：再往上一层有什么？（牛奶、鸡蛋、虾、鱼、肉、豆腐等，属于蛋白质类）应该吃多少？（应该吃适量）

教师：最上面的那层有什么？（糖、油、盐）应该吃多少？（应该吃最少）

小结：在我们每天要吃的食物中，米面等五谷类吃得最多，蔬菜和水果也要多吃

一些，鱼、肉、蛋、奶要吃适量，油类、糖类、盐类吃得最少，这就是科学营养的膳食结构。

3.为自己设计营养菜谱。

（1）鼓励幼儿大胆尝试为自己设计营养菜谱。

（2）师幼共同讨论并评价，谁的菜谱设计得最合适？为什么？

（3）为合适的菜谱盖上"健康"印章。

小结：豆腐里的大豆蛋白和卵磷脂能让小朋友更聪明。乳制品更容易吸收，让小朋友更健康。蔬菜含有丰富的纤维和维生素，让小朋友排便更顺畅。米面含有碳水化合物，让小朋友更有力气。肉类含有大量的蛋白质，让小朋友的肌肉更发达。

活动延伸建议

1.活动变式：由"健康饮食金字塔"填充空白部分的内容，引出活动。教师出示空白的健康饮食金字塔，请幼儿自由结伴，依照各层的规则（如吃多、吃少等）来填充相应的食物，看看谁填得又多又快，请幼儿检查填得是否正确，以又对又多为胜。

2.由话题讨论导入，如"我们可以吃什么？为什么？怎样吃才健康"。

3.用剪刀将健康饮食金字塔剪成拼图形状，通过玩游戏拼图，最终引出活动。

4.请幼儿动手画一个"健康饮食金字塔"，拿回家给家长，让家长注意家庭膳食的营养均衡，让全家人吃得都健康。

设计意图

幼儿吃东西不合理，往往是只吃自己喜欢的东西，不喜欢吃的东西就一点儿也不吃，不懂得什么食物吃了有营养，什么食物没营养。通过本次活动，让幼儿了解健康的饮食结构，能依据自己设计的营养菜谱进行合理的饮食，培养良好的饮食习惯。

区域活动

1.将空白的"健康饮食金字塔"放置在区域中，同时投放各种食物的图片，也可以让幼儿将自己发现的食物画出来，供幼儿练习分类及解读各种食物的营养。

2.娃娃家：投放一些空白的菜谱表格，请幼儿自己设计、制作菜谱，供角色游戏中使用。

3.娃娃家或餐厅：游戏中，鼓励幼儿做到不挑食、不偏食，照顾娃娃或建议顾客吃有营养的食物。

4.美工区：利用废旧材料，制作有营养的食物，提供给娃娃家或餐厅使用。

日常教育

1.引导幼儿观察早、中、晚餐菜谱，请保育员介绍菜名，让幼儿说说相关食物的营养价值，引导幼儿了解其营养搭配结构。鼓励幼儿进餐时，多吃平时不常吃的、有营养的食物，给自己的身体增加营养。从不吃到吃一点儿、吃一些，及时发现并表扬幼儿的点滴进步。

2.在"家园联系栏"中设置"我家的拿手菜"展示区，请家长和幼儿一起在家中制作孩子最爱吃又有营养的拿手菜，拍成照片，带到幼儿园，评比后展出，并写出菜谱，供家长交流。

家园共育

1.提供营养表格，幼儿与家长一起制作自己家的菜谱，并在生活中帮助幼儿了解各种

食物都有其独特的价值，让幼儿做到不挑食、不偏食，合理饮食。

2.家长在家用餐时，随机教育，让幼儿了解食物的营养成份，以及其对身体健康的帮助。通过如厕进行观察，了解身体的健康状况。

3.家长和幼儿一起收集各种食物的图片，可以从杂志、报纸上剪下来，按健康饮食金字塔的结构来分类。

环境创设

1.布置"健康饮食金字塔"墙饰，引导幼儿绘画各种食物的图片，设计一个饮食金字塔，请幼儿对图片进行分类，将适合的图片贴在金字塔图上。幼儿之间分享自己对健康饮食结构的理解，知道摄取的营养要均衡，才能保证身体的健康。

2.布置"食物营养大比拼"墙饰，分为两个版块"有营养的食物""没有营养的食物"。引导幼儿绘画各种食物图片，给食物图片分类，分别张贴到相应的版块里，并说一说各种食物的营养。

活动二　我是金牌厨师

活动目标

1.尝试运用各种食物的营养价值，合理搭配一日三餐。

2.做到主副食搭配、干稀搭配、荤素搭配，食谱设计得更合理。

3.合理评价别人搭配的菜谱，为同伴设计食谱成功而高兴。

活动准备

1.经验准备：了解各种食物不同的营养价值；知道自己家拿手菜的配料和营养价值。

2.物质准备：纸制的金牌胸章若干，写有"顾客"和"导购"字样的胸牌若干，各种食物的图片，自家拿手菜的照片。

活动重点

做到主副食搭配、干稀搭配、荤素搭配合理。

活动难点

正确、客观评价自己和别人搭配的菜谱。

活动过程

1.玩游戏：食物大超市，了解不同食物的营养价值。

（1）请幼儿从家里带来不同食物的图片，图片可以从超市海报上剪下来，或者是从过期杂志或报纸上剪下来，这些食物可以是蔬菜、水果、肉类、蛋、牛奶等。

（2）全班幼儿分成两组，一组幼儿扮演超市的导购员，另一组幼儿扮演顾客。先由超市导购员向顾客介绍自己出售的食物名称及营养价值，举起不同食物的图片，向顾客介绍。如：我们卖的是胡萝卜，它的颜色是橘黄色的，多吃胡萝卜可以帮助我们的眼睛看清楚东西。我们卖的是芹菜，它的颜色是绿色的，芹菜里含有丰富的铁，可以帮我们造更多的血。介绍完毕，请顾客幼儿自由选购。

（3）购物活动停止，师幼共同小结：为什么你的鸡蛋全卖光了？（因为鸡蛋有营养，可以补充蛋白质，让小朋友的身体更健康）为什么你的木耳剩了这么多？（有的小朋友看到它是黑色的，不爱吃，所以剩下了）

教师提问：有谁能告诉我们，木耳对我们的身体有哪些好处？

小结：木耳就像是我们身体的清洁工，可以清理人体内消化系统的垃圾，排除体内毒素，防止血栓的形成，还可以补铁、造血、抗癌。木耳有这么多的营养，以后我们可要多吃一些。

2.介绍"我家的拿手菜"。

（1）教师先展示自己的拿手菜照片，引起幼儿兴趣。

教师：小朋友们，今天，我给大家带来了自己做的一道拿手菜，你们想不想知道？（想）

教师出示照片，教师：大家看看是什么？（西红柿炒鸡蛋）

教师：你们有谁知道我这道拿手菜里面都有什么吗？（西红柿和鸡蛋）

教师：小朋友们爱吃西红柿吗？爱吃的请举手。那我再问问大家，西红柿好吃吗？它有什么营养价值？

小结：西红柿含有维生素C，可以预防感冒，抗衰老，抗癌，降血压，能让我们的身体更年轻。

（2）请幼儿把从自己家里带来的拿手菜照片展示给大家，并请幼儿介绍拿手菜。

教师：老师知道你们的爸爸、妈妈肯定也有自己的拿手菜，快拿出来，让大家看看吧！

幼儿介绍自己家的拿手菜：我家的拿手菜是红烧鱼，鱼肉是低脂肪、高蛋白，常吃鱼肉，可以让我们变得更聪明，身体长得更快，还可以长寿呢！

3.评选"金牌厨师"。

（1）请幼儿自由组合，组成3个厨师团，利用各种食物图片，设计一日三餐的营养菜谱。

（2）请厨师团成员向大家介绍一日三餐菜谱，说明各种菜的营养价值，以及为什么这么设计。

（3）评委（由教师和部分幼儿组成）选出搭配最好的菜谱，评选出"金牌厨师"，为获奖者戴上"金牌"厨师的胸章。

（4）小结：为什么他们能获奖呢？因为他们设计的金牌菜谱营养均衡，有荤（肉）有素（菜），有主食（米面类），又有副食（豆制品、奶制品），有干的（米饭、馒头），又有稀的（汤、粥），还有水果，做到了主副食搭配、干稀搭配、荤素搭配。早饭要吃饱（丰富又好吃，白天有精神），午饭要吃好（营养又美味），晚饭要吃少（以稀的为主，容易消化，晚上能睡个好觉）。

活动延伸建议

1.了解当地的特色菜、招牌菜，请幼儿说说其营养价值的优、缺点，以及为什么会成为特色菜。

2.了解世界各国美食或民族特色菜，看食物图片，请幼儿评价其营养价值优、缺点。

区域活动

小小餐厅：开设餐厅，幼儿当金牌厨师，制订餐厅食谱，并制作营养又美味的菜肴，请客人品尝。

日常教育

1.请幼儿设计有营养价值的菜谱,可以创新菜谱,选出合理营养的菜谱,请后勤部门的教师合作,纳入幼儿园食谱,让幼儿体验成功设计菜谱的快乐。

2.每日三餐前,安排"食谱播报员"的任务,请一名幼儿站在餐车前,向全体幼儿说一说今天的菜品和主食名称,锻炼语言表达能力,增强为小朋友提供服务的责任感。

家园共育

1.家长和幼儿一起设计家中三天的菜谱,合理膳食,均衡营养,贴在墙上按菜谱执行。

2.家长和幼儿一起下厨,制作亲子餐,家长可以分配给幼儿一些力所能及的工作,共同完成餐食制作,提高幼儿的动手能力,激发幼儿为家里做事的想法和愿望。

环境创设

布置"我是金牌厨师"墙饰,引导幼儿收集自己喜欢吃的菜肴图片,粘贴在墙上。幼儿之间分享自己为什么喜欢吃这道菜、这道菜有什么营养价值,通过讲述提高幼儿语言表达能力,让幼儿进一步了解不同食物具有不同的营养价值,为了让身体更健康,要均衡营养,摄入不同的食物。

活动三 食物去旅行

扫码看视频3-2

活动目标

1.了解各消化器官的功能,知道食物在人体内消化、吸收的过程。

2.学习简单的自我保护方法。

3.养成良好的饮食习惯,保持身体健康、心情愉悦。

活动准备

1.经验准备:初步了解食物的消化过程。

2.物质准备:饼干若干块(与幼儿人数相等),电脑制作"饼干的旅行"的PPT或图片,及蛋糕旅行的故事录音;健康知识卡片、自制健康行为棋。

活动重点

了解食物在人体内的消化吸收过程,养成良好的饮食和卫生习惯。

活动难点

了解食物进入人体各器官的顺序及各消化器官的功能,为突破难点,通过动画吸引幼儿,使幼儿关注平时的生活习惯及饮食习惯。

活动过程

1.吃饼干导入。

教师发给每个幼儿一块饼干,让幼儿吃饼干后,进行提问。

教师:饼干去了哪里?(肚子里)在肚子里的什么地方?能看见吗?(看不见)

请幼儿互相听一听肚子,教师神秘地问:你们想不想知道它去了哪里?都看到了什么?下面,我们就一起来看看"饼干的旅行"。

2.观看课件PPT,了解消化器官的功能和饼干在人体内的消化、吸收过程。

(1)饼干从口腔到食管。

饼干被牙齿咀嚼后，变小了，经过唾液的搅拌变稀糊了，可以咽下去进到食管里。

教师：饼干从哪里进去的？它看到了什么？

（2）再通过食管进到胃里。

食管会像挤牙膏一样将饼干推到胃里，胃分泌胃液，不停地蠕动，将饼干磨成碎泥。

教师：胃的形状是什么样子的？（像个大口袋）胃有什么作用？（食物进入胃之后，就会被挤压、揉碎，再经过胃液的浸泡，变成糊状了）

教师：饼干在胃里还看见了什么？

教师：我们怎样来保护我们的胃呢？

小结：以后我们要注意少吃冷、硬的东西，少吃零食，不吃不干净的东西，不能吃得太饱，也不能饿坏了胃；吃饭时，不要喝冷饮，以免一冷一热刺激胃。

（3）再经过肝。

饼干泥经过肝，肝分泌出有助消化的液体，进一步将饼干泥消化，变成有利于人体吸收的成分。

教师：肝是什么形状的？（三角形的）它有什么作用呢？（可以分泌有助消化的液体）

（4）饼干泥进入小肠，营养物质被吸收。

饼干泥变成液体流入小肠内，在这里生理上需要的物质如水分、糖分、维生素被人体吸收，食物的残渣会在上厕所时经由直肠排出体外。

教师：饼干到哪里去？（小肠）小肠有什么用呢？

教师：饼干在小肠里看到些什么呢？

（5）饼干从小肠来到了大肠，最后，通过肛门变成粪便，排出了人体，结束了旅行。

教师：饼干又到了哪里呢？大肠里都有些什么呢？什么叫食物残渣？能不能让残渣长时间地停留在体内呢？

小结：我们小朋友要定时大便。

3.分组找顺序排图，进一步了解各器官的功能及消化的顺序。

教师：我们知道了每个消化器官的功能。现在，老师为每组小朋友准备了一套图片，图片分别展示了每个消化器官的工作情况。请各组小朋友合作，按照刚才饼干旅行的顺序将图片排列出来。然后，讲一讲为什么这样排。

在观察图片基础上讨论如何保护各消化器官。

例：（1）如何保护牙齿，保持牙齿的锋利。

（2）食管和气管中间是小舌，说话的时候，小舌会堵住食管；吃饭的时候，小舌会堵住气管。如果边吃饭边说话，就会把食物呛入气管。

（3）大肠里的残渣都是一些脏的东西，所以大便以后要洗手。

4."健康知识抢答"游戏。

把幼儿分成四组，准备行为对错图片。当教师出示图片时马上抢答对还是错及为什么，回答得又多又对的小组为优胜。

图片内容有：小摊前买东西吃；运动后马上喝水；饭后剧烈运动；吃汤泡饭等。

超级链接

食 物 去 旅 行

"快把我放进嘴巴里，我要开始旅行啦！"蛋糕大叫着。

丁丁把它放进了嘴巴里。蛋糕指挥着："用尖硬的牙齿把我嚼一嚼，再用唾液来搅拌一下，好啦！可以咽下去了。"

它变成了一些小碎块，走进了咽喉："这里好窄啊！要进大门了！一定要看好了，进哪个门，别走错了。"咽的上面有一条像水滴形状的小舌，当食物来的时候，它就会挡住气管口，让食物走到食道里。如果这会儿，你又想说话，又要咽东西，那可就麻烦啦！因为小舌不知道应该挡住哪个大门，也许食物就会走错路，走进气管里，小朋友就会呛到，很难受的，所以小朋友吃饭的时候，千万不要说话或打闹，免得呛到哦！

"哇！坐滑梯啦！我顺着这根细长的管子往下滑，来到了大口袋的胃里。"细长的管子就是食道，是食物的通道。

胃长得很像一个大口袋，它的里面有许多黏黏的胃液，蛋糕的碎块掉进了胃液里："在这里，我要好好休息一下，泡在一些酸性的液体里，睡上一觉！我变得更稀糊了！"蛋糕说完，就闭上了眼睛，舒舒服服地睡起大觉来。

这之后，它变成了一团黏黏的东西，再也分辨不出哪些是蛋糕的一部分，哪些是其他的食物了。它们一起继续往前走。

"我顺着一段长长的、弯弯曲曲的管子一路跑，小肠把我的营养成分都吸收了，提供给身体各个器官。"它们越变越小，有营养的部分都被小肠给吸收了。

"我变小了，剩下那些没用的废物进一步被又短又粗的大肠吸收，最后形成粪便。"它们变得更小了，颜色也变暗了，不再是稀糊的了，有一些水分被大肠吸收了。

"哦！好挤啊！我被排出了体外。"它们从肛门里走了出来，变成了粪便。"哈哈！旅行结束啦！"

活动延伸建议

1.设计健康行为棋，进行益智区的棋类游戏。设计棋谱，内容为生活习惯方面的。

2.食物旅行小游戏：

（1）道具准备：不同食物的图片，如水果、蛋糕、鱼肉等。

（2）幼儿分组游戏，分别代表口腔、咽、食道、胃、肝、小肠、大肠等人体器官，可以把器官图片做成相应的头饰。

（3）玩法：教师把食物图片交给代表口腔的小朋友，由他说出食物在嘴里的变化，再将食物交给下一个正确的消化器官。游戏依次进行，直到食物走完全过程。

区域活动

益智区：投放健康行为棋。教师讲述下棋规则，帮助幼儿理解棋盘内容。幼儿自由下棋。

日常教育

1.养成良好的饮食习惯，餐前洗手，进餐时细嚼慢咽，让幼儿将掌握的进餐常识落实到日常行为中。

2.利用谈话活动环节，引导幼儿说一说食物进入口腔后发生的一系列消化和吸收的过程，以及在此过程中食物的外形有哪些变化、不同的消化器官有什么作用等，加深幼儿对消化功能的了解。

家园共育

1.在家中进餐时，提醒幼儿正确的饮食方法，养成良好的进餐习惯。

2.家长从网上下载食物消化过程的图片，打印出来，请幼儿根据消化过程给图片排序。

环境创设

1.布置"食物去旅行"墙饰，请幼儿画出人体不同的消化器官，教师帮忙写出相关的名称，通过拼摆、粘贴，引导幼儿掌握食物进入人体后的消化过程。

2.布置"饮食好习惯"墙饰，幼儿将平时收集到的各种饮食好习惯图片呈现在墙上，分享并交流。

活动四　你会吃东西吗

活动目标

1.知道吃饭时要细嚼慢咽，不挑食、不偏食。

2.培养良好的用餐习惯。

3.知道用餐应注意的事项，身体健康又安全。

活动准备

1.经验准备：知道就餐时要注意安全。

2.物质准备：幼儿用的餐具，教师自备小熊、小兔、小猴或其他小动物布偶。

活动重点

了解用餐时的注意事项，关注用餐安全。

活动难点

了解不同食物食用时的注意事项。

活动过程

1.讲述故事《午餐时间》，引出话题。

午餐时间到了，小熊一心只想着玩，加上今天的饭里有它最讨厌的胡萝卜，所以，当其他小动物都专心、高兴地吃午餐时，小熊却一会儿用汤匙玩饭菜，一会儿拿着玩具跑来跑去。

过了一会儿，小熊的好朋友小狗、小兔吃饱饭，收拾好餐具，准备出去散步了。小熊看到了很着急，一直嚷着："不要留下我一个人，等等我！"但是，小兔提醒它说："老师说要把饭菜都吃完，才可以离开。"小熊连忙对小狗、小兔说："等等我，我马上就吃完了。"小熊匆忙地把饭菜扒进嘴里，嚼都没嚼，就吞了下去。然后，把餐具一丢，就跟着小狗、小兔出去了。

没过多久，小熊就抱着肚子，蹲在了地上，还大声叫着："我的肚子好痛啊！我的肚子好痛啊！"大家都害怕了，不知道小熊到底发生了什么事，只好赶快扶起他去找老师求救了。

讨论：

（1）动物幼儿园午餐时间发生了什么事情？

（2）你认为小熊为什么会肚子痛呢？

（3）吃饭的时候应该怎么做，才不会像小熊一样肚子痛呢？

引导幼儿从故事内容和日常生活实例的共同讨论中归纳、总结用餐时应该注意的事

健康与运动

项，教师进行总结并提醒幼儿。

（1）定时定量。

（2）细嚼慢咽。

（3）不挑食、不偏食。

（4）要专心用餐，不边吃边玩。

2.教师准备出食物图卡（如糖葫芦、羊肉串、果冻、鱼肉、花生、糖豆、带核的李子、杏、樱桃等），张贴在黑板上并提问。

教师：你们吃过这些食物吗？吃这些东西时，应该注意什么？

教师：吃太烫的食物，我们应该怎么做？（晾凉了再吃，吹一吹再吃）为什么？（以免烫伤口腔内壁、食道和胃）

教师：吃饭的时候，哪些行为容易呛到？（边吃边说笑或打闹）

教师：吃鱼肉的时候，应该注意什么？（把鱼刺挑干净再吃）

教师：我们能不能一会儿吃冷的食物，一会儿吃热的食物，为什么？（冷的和热的轮流着吃，会肚子痛的）

教师：吃东西的时候，要用到哪些餐具？为什么不能用手抓着吃？（筷子、勺子、叉子；手上有细菌，不卫生；食物烫，不能用手抓）

教师：在营养方面，应该注意哪些问题？（不挑食，不偏食）

3.互动游戏"你会吃东西吗"，完成幼儿用书《健康与运动》第4~5页。

根据图中幼儿行为对错，找到贴纸贴上小红花。

活动延伸建议

制作游戏活动棋盘"你会吃东西吗"。教师制作棋盘，每一格上有数字，中间穿插一些图片：如偏食、边说笑边吃饭、吹凉太烫的食物再吃、边喝热汤边吃冰淇淋、用手抓着吃、认真挑出鱼刺再吃等，设计成棋盘的形式，有起点、终点、前进、后退、停玩等游戏环节，供幼儿在益智区游戏时使用。

日常教育

1.日常生活中观察幼儿进餐习惯和行为，对好的习惯及时表扬，有不好习惯的及时提醒。

2.吃饭时，注意提醒幼儿吃鱼肉挑干净刺、不说话、不打闹、注意安全等。

3.进餐环节中，观察幼儿行为，根据幼儿表现评选出"进餐文明宝贝"。

家园共育

1.家长提醒幼儿用餐前后的卫生习惯，及时洗手等。注意幼儿进餐时，不偏食、三餐定时定量、细嚼慢咽等；注意养成良好的排便习惯，每日如厕。

2.家长提问幼儿食用至少三种以上的食物时注意事项。

环境创设

1.布置"文明进餐小标兵"墙饰，请教师抓拍幼儿文明进餐行为，制作成墙饰，对文明进餐幼儿进行表扬，激发幼儿文明进餐行为。

2.布置"我会吃东西"墙饰，引导幼儿将吃东西时需要注意的事项画出来，粘贴在墙上，幼儿之间分享并交流安全、健康进食的注意事项。

健康与运动

主题二 做自己的小医师

活动一 换牙啦

扫码看视频3-3

活动目标

1.知道换牙是一种正常的生理现象，不用害怕。

2.了解换牙时应注意的卫生，并学会保护新长出的牙齿。

3.能围绕换牙话题进行讨论，并大胆、清楚地表达自己的见解。

活动准备

1.经验准备：活动前，了解本班幼儿换牙的情况，部分幼儿已开始换牙。事先与园内保健医联系好。

2.物质准备：乳牙图片、恒牙模型；词语"换牙""乳牙""恒牙"卡片；记号笔、手工纸每人一份。

活动重点

知道换牙是正常的生理现象，并了解换牙时应注意的卫生常识。

活动难点

在实际生活中真正做到：对活动的牙齿不要用手去摇，也不要用舌头舔刚长出的新牙，要早晚勤刷牙、少吃甜食和尖硬的食物、饭后漱口等，注意换牙时的问题。

活动过程

1.回忆经验：通过讲故事，引起幼儿兴趣。

（1）教师：玲玲的门牙活动了，她很害怕，因为奶奶老得牙都掉光了，她怕自己也变老了，那样就不漂亮了。这一天，她偶然听到了一个细小的声音，在她的嘴巴里说话。是谁呢？快来看看吧！

教师：玲玲的牙齿怎么了？好好的牙齿怎么会掉下来呢？谁来说说换牙是怎么回事？

小结：我们生下来以后，慢慢长出来的一口牙齿叫"乳牙"。乳牙比较小，也不够坚硬，当我们慢慢长大后，到了五六岁的时候，乳牙就会脱落，开始长出新牙，这些新长出来的牙齿叫"恒牙"。恒牙比较大而且很坚硬，比乳牙还要多，对人的身体很重要。恒牙掉了，就不会再长出新牙。乳牙脱掉长出恒牙的过程，就叫"换牙"。

（2）教师：原来是牙床里的牙齿们在说话。一颗新长出来的牙齿顶着上面的牙齿了。"你是谁啊？为什么要顶着我的屁股啊？"一颗乳牙奇怪地问道。"我是恒牙，我要长出来啦，你快点离开吧！"

（3）教师："恒牙是怎么回事？我怎么没见过啊？""我们恒牙可是个大家族，有32颗牙齿。有负责切割的切牙、有负责撕扯的尖牙、有负责磨碎食物的磨牙。你没见过我们，是因为我们要等小主人长到五六岁的时候才会长出来，把你们乳牙都换掉。"

教师：你认识恒牙吗？（后长出来的牙齿就叫恒牙）

（4）教师："你快离开吧，别担心！以后就由我来照顾小主人啦！"恒牙对乳牙说道。

健康与运动

"好的，别忘了早晚刷牙、少吃甜食、饭后漱口啊！"乳牙恋恋不舍地离开了牙床，还提醒恒牙要保护好自己。

教师：为了保护好恒牙，我们应该做什么呢？

2.经验交流：结合自身经验，掌握换牙的卫生知识。

（1）请班上个别牙齿松动或脱落长出新牙的小朋友，分别让大家看看。

教师：你们想不想知道换牙的时候是什么感觉？谁想问问他们？

（2）教师提问：如果你的牙齿活动了，能不能用手摇它，让它快一点儿掉下来？为什么？（不能，这样会影响恒牙的萌出，最好是让它自己自动脱落）

教师：有的小朋友喜欢用舌头去舔刚长出来的牙齿，这样做对吗？为什么？（不对，会影响恒牙的正常生长，容易造成牙齿排列不整齐）

教师：有些小朋友，乳牙还没掉，新牙就在旁边长出来了。这时，该怎么办？（去医院，请医生帮忙取出乳牙）

教师：有些小朋友的牙齿掉了很长很长时间了，还没有长出新牙，怎么办呢？（及时到医院检查，适当补钙）

教师：你们还有什么换牙的问题要问吗？

小结：我们在换牙时用不着害怕，对活动的牙齿不要用手去摇，也不要用舌头舔刚长出的新牙，要早晚勤刷牙、少吃甜食和尖硬的食物、饭后漱口。对换牙时出现的问题，可以请爸爸、妈妈帮忙，也可以到医院请医生帮忙。

（3）教师：当我们换牙的时候，应该怎样保护新牙齿呢？

幼儿交流护齿方法。

小结：要早晚勤刷牙，刷牙的时候，注意牙刷的刷毛不要太硬，以免伤到牙龈，造成出血；少吃甜食，特别是晚上睡觉前；注意适量补钙；不要用舌头舔新长出的小牙；不要用新长出的恒牙咬尖硬的食物。

3.撕纸活动：如何保护新牙。

在操作纸上画出一名幼儿张大的嘴巴，用白色纸条撕成牙齿大小形状，进行粘贴，注意按顺序粘贴整齐。

超级链接

换 牙

换牙是幼儿乳牙脱落，恒牙长出的过程。一般在五六岁时，幼儿下颌的乳中切牙（中间的门牙）开始摇动、脱落，不久就会在这个位置长出恒牙。换牙的顺序是先是中间下、上四颗中切牙，之后是挨着它们的第一侧切牙（4颗），然后是第一双尖牙、单尖牙、第二双尖牙、第一磨牙、第二磨牙，直到12~13岁乳牙全部脱落，换上恒牙。在换牙期间应提醒幼儿不要用舌头舔松动的牙齿，会影响恒牙萌出。可以让幼儿多吃花生、海蜇、甘蔗等耐嚼食物，刺激乳牙按时脱落。

活动延伸建议

1.教师：说说除了这些方法，还有什么其他保护牙齿的方法吗？

2.教师：平时换牙时，如果你还有什么问题，可以问问大家，也可以问问保健医。

3.了解牙齿的分工，知道每一颗牙齿从事不同的"工作"。

（1）切牙又叫门牙：它像刀一样，可以切断食物。

健康与运动

（2）磨牙又叫白齿：它像石磨一样，可以将食物压磨成小碎片。

（3）尖牙又叫犬齿：它像锯子一样，可以将食物撕裂。

设计意图

本次活动符合大班幼儿生长规律，通过故事引导，结合幼儿自身经验展开讨论，让幼儿明白换牙是正常的生理现象，当自己的牙齿活动或掉牙时，不要害怕。

日常教育

1.日常生活中注意幼儿行为及饮食习惯。制订早晚刷牙表，记录幼儿刷牙的情况。

2.注意班里幼儿换牙情况，引导幼儿互相交谈，讲述换牙的感受，减轻紧张情绪，正确对待换牙现象。

家园共育

1.家长在家应注意培养孩子早晚刷牙的好习惯，平时注意日常饮食，注意餐后漱口，清洁口腔，保护好牙齿。

2.家长与幼儿交流换牙时的心情，不要以此开玩笑，以免幼儿产生自卑心理，而经常舔牙齿，希望它快点儿长出来，结果适得其反。正确引导幼儿，让他明白换牙证明"你快长大了"，这是每个小朋友长大都要经历的过程，属于正常现象，不要担心和害怕。

环境创设

1.美工区：

（1）利用其他废旧材料制作刷牙用具。

（2）通过泥工、添画、撕纸等形式，表现"我爱刷牙"。

2.表演区：

根据故事内容通过分角色表演"牙齿换班啦"，幼儿头戴自制牙齿的头饰，进行表演。

3.音乐区：

自编刷牙、漱口的歌曲和舞蹈，进行表演。

4.主题墙饰"我要换牙啦"，线索：（1）提供换牙及保护牙齿的资料，充分了解保护牙齿的重要性。（2）展示刷牙用具，如牙刷、牙膏、牙杯等。（3）展示牙齿的结构与功能，如切齿——切割、磨牙——磨碎、尖牙——撕扯等。（4）展示如何保护牙齿的生活照。

活动二　小身体　大健康

活动目标

1.初步掌握一些自我保健小常识。

2.养成讲究个人卫生和环境卫生的好习惯。

扫码看视频3-4

3.懂得爱护自己的身体，了解身体健康心情好。

活动准备

1.经验准备：看到有的小朋友在幼儿园门口吵着要吃羊肉串；看到有些小朋友不洗水果就拿着吃；看到有的小朋友不洗手就用手拿零食吃；了解有些小朋友为什么肚子痛疼。

2.物质准备：图片。

活动重点

通过《拍手歌》了解基本的个人卫生常识。

活动难点

记住《拍手歌》的儿歌，并会玩拍手的游戏。

活动过程

1.观察图片，启发幼儿思考。

翻到幼儿用书《健康与运用》第7页，引导幼儿观察并讨论，这些行为是否正确，为什么。

图一：天天锻炼早早起。

图二：洗脸刷牙梳小辫。

图三：收拾玩具擦桌子。

图四：饭前便后要洗手。

2.了解基本的饮食卫生知识，从中知道讲究卫生的原因。

教师：你知道还有哪些方法能让我们的身体健健康康的、不生病吗？

小结：我们平时要爱护自己的身体，让它健健康康的。每天早睡早起，洗脸、刷牙、梳头，早上做早操，锻炼身体；饭前、便后要洗手，细嚼慢咽不挑食；保护视力，注意用眼卫生；感冒多喝水，及时吃药，多注意休息等。

3.学习《拍手歌》，养成良好的饮食习惯及卫生习惯，懂得爱护自己的身体。

幼儿两两对坐，边说儿歌边做动作。先拍一下手，伸出右手掌与对方击掌，再拍一下手，伸出左手掌与对方击掌。注意拍手的节奏与儿歌的节奏一致。

超级链接

拍 手 歌

你拍一，我拍一，天天锻炼早早起。

你拍二，我拍二，洗脸刷牙梳小辫。

你拍三，我拍三，勤洗澡来勤换衫。

你拍四，我拍四，收拾玩具擦桌子。

你拍五，我拍五，果皮果核不乱吐。

你拍六，我拍六，午睡安静别乱跑。

你拍七，我拍七，衣服叠好放整齐。

你拍八，我拍八，感冒别忘带手帕。

你拍九，我拍九，饭前便后要洗手。

你拍十，我拍十，细嚼慢咽不挑食。

健康好习惯

每人都有一双手，一切事情都要用手来做，不常洗手，细菌和脏东西就会黏在手上。当人用脏手拿东西吃的时候，细菌就会趁机进入人体，使人生病。

头发长了，很不整洁，也容易积藏灰尘；皮肤的表面因为出汗或者与外界事物接触，容易沾上灰尘和污垢，所以要经常洗头、洗澡、理发、剪指甲，保持皮肤清洁，勤换衣服，身体才会健康。

活动延伸建议

利用课余及自由活动时间，指导幼儿两两组合，边拍手游戏边说儿歌。

健康与运动

日常教育

1. 观察周围小朋友的行为习惯，愿意学习好的行为并帮助同伴指出不好的地方，一起改正。

2. 提醒幼儿主动接水喝，饭前、便后要洗手。

3. 感冒时，提醒幼儿咳嗽时不要对着别的幼儿打喷嚏；流鼻涕时，及时擦干净，随身携带手绢、纸巾等；有痰不要咽下去，练习吐痰，因为痰里有许多病毒和细菌，所以一定要吐出来，吐到水池里或者是吐在卫生纸上，再扔到垃圾桶里。

4. 平时引导幼儿不随地扔纸屑、果皮，爱护环境，从小养成良好的行为习惯。

家园共育

1. 在家中制订食谱、值日表等，家长、孩子互相监督养成良好的饮食习惯及卫生习惯。

2. 在家里，家长提醒幼儿早晚刷牙，注意纠正幼儿刷牙时的不正确姿势与方法，提醒幼儿睡觉前不再吃东西，特别是甜食。

环境创设

1. 角色区：设立"小医院"，幼儿可以当小医生，在医院里给娃娃看病，如看牙齿、看眼睛、看耳朵，给娃娃治疗感冒、发烧、肚子痛等疾病。

2. 科学区：做"醋泡鸡蛋"的小实验，通过观察鸡蛋皮变软，做观察记录，以此证明要保护牙齿，勤刷牙。

3. 设立主题墙饰"健康宣传日"，介绍与爱护身体器官的宣传日名称、日期、标志、图片等。如：3月3日是"全国爱耳日"（两个3像两只耳朵）；4月7日是"世界卫生日"；6月6日是"全国爱眼日"（两个6像两只眼睛）；9月20日是"全国爱牙日"。引发幼儿进行话题讨论：我们应该如何做，才能保护我们的眼睛、耳朵和牙齿等。

活动三　超级啦啦队

扫码看视频3-5

活动目标

1. 身体随音乐节拍、双手持物律动。

2. 手、脚配合协调，尝试与同伴动作保持一致。

3. 为比赛中队员的表现加油，为别人取得成绩而高兴。

活动准备

1. 经验准备：以前在幼儿园参加过运动会或看过比赛，有相关方面的经验。

2. 物质准备：啦啦队使用的自制彩球若干。

活动重点

身体随音乐节拍、双手持物律动。

活动难点

手、脚配合协调，尝试与同伴动作保持一致。

活动过程

1. 故事导入。

教师：森林里召开了运动会，参加比赛的小动物可真多啊！小猴子来爬杆、小熊来举

63

重、小兔子来赛跑、小青蛙来跳高。这些小动物都有自己的特长，所以参加了相应的比赛项目。请你说说，还有哪些小动物能参加什么比赛？（大象举重、猎豹赛跑、马赛跑、鱼和青蛙参加游泳比赛）

2.讨论加油的方式。

教师：我们可以为这些运动员助力加油，应该怎么做？（为运动员喊"加油"、给运动员送水、进行啦啦队表演等）

教师：你们见过啦啦队表演吗？今天，我们就一起来创编啦啦队加油的动作吧！

3.啦啦队队员律动。

引导幼儿跟随音乐节拍，手持彩球挥舞，为队友加油、喝彩，注意动作整齐划一。

（1）先举起黄彩球。

（2）再举起红彩球。

（3）再放下红彩球。

（4）双手交叉在体前。

（5）再打开至体侧。

（6）上下摆动彩球跑。

幼儿练习动作，教师个别指导，引导幼儿听口哨做动作。

活动延伸建议

1.当幼儿熟悉啦啦队基本动作后，进行队形排列变化的练习和表演节目最终摆造型的练习。

2.幼儿园开设运动会时，请一些幼儿组成啦啦队，进行表演。

区域活动

美工区：自制啦啦队彩球，投放各色的彩色毛线或布条，剪成长条后，将一头整理整齐后，用绳子扎紧，固定好。

日常教育

1.日常活动中练习啦啦队的基本动作，鼓励幼儿做动作时注意与周围幼儿的动作速度保持一致，增强团队意识。

2.幼儿园开展运动会时，各班可以组建自己的啦啦队，为出场参加项目比赛的运动员加油。

家园共育

1.家长和幼儿一起观看体育项目比赛，如足球比赛、蓝球比赛等，给运动员加油助力。

2.家长可以从网上给幼儿下载各种啦啦队助力舞蹈的视频，引导幼儿观看，让幼儿学习啦啦队的基本动作，以达到锻炼身体的目的。

环境创设

布置"超级啦啦队"的主题墙，分为三个版块"小小啦啦队""啦啦队表演""形形色色的啦啦队"。"小小啦啦队"版块呈现幼儿园小朋友组建的啦啦队摆出不同造型的照片；"啦啦队表演"，将啦啦队表演时用的基本动作图片打印出来，张贴在这个版块里；"形形色色的啦啦队"，收集各国运动会上啦啦队不同的着装，引导幼儿了解队员着装风格与运动主题或为其加油助力的运动队之间的关系。

健康与运动

活动四　一起做运动

活动目标

1.探索身体运动的不同方法。

2.能跟着音乐有节奏地做动作。

3.与同伴一起开心律动，体验集体运动的快乐。

活动准备

1.经验准备：参加过集体运动，有律动经验。

2.物质准备：《健康歌》音乐。

活动重点

让幼儿能根据音乐的节奏特点，大胆想象，创编肢体动作，体验身体运动的不同方式。

活动难点

体验音乐的节奏型，并创造与之相适宜的身体动作。

活动过程

1.律动分享。

教师带领幼儿律动。

教师：听！这是什么音乐？对！是《健康歌》的音乐。跟着老师一起来运动吧！

2.创编动作，分享交流。

（1）教师：谁知道刚才我们运动的是身体的哪些地方？

小结：经常运动可以让我们的身体更灵活。

（2）教师：我们身体上还有哪些部位也需要经常做运动？

教师：咱们说了那么多的身体部位，能不能听着音乐做做看？什么时候做？我来做望远镜，找找你们有几种不一样的运动方式。

（3）幼儿展示。

教师：我找到了好多不一样的运动方式。谁来做小小教练，教教我们大家？

教师在动作的方向、力度、节奏、伸展度上引导幼儿。

（4）集体尝试。

教师：可以学学朋友的好方法，也可以做做自己想到的好方法，比比谁的动作最像教练，又漂亮又有力。

3.师幼一起做运动：

左三圈，右三圈，脖子扭扭，屁股扭扭。

前奏：原地踏步。

左三圈：左手举起空中画圈两次，右手举起不动，双脚原地踏步。

右三圈：右手举起空中画圈两次，左手举起不动，双脚原地踏步。

脖子扭扭：双手随原地踏步自然摆动，颈部绕环。

屁股扭扭：原地站立，随音乐节奏扭动屁股，左右各两次。

早睡早起：右脚向斜侧前方伸出，左膝弯曲不动，双手合掌，贴在左脸颊上，做睡觉

状姿势。

咱们一起来做运动：双脚原地踏步，两臂前后自然摆动。

抖抖手啊：双手举起，五指张开，空中抖动，双脚原地踏步。

抖抖脚啊：左脚向左前斜前方伸出，右膝弯曲，左臂向左侧斜下方伸出；换右脚再做一次。

勤做深呼吸：双臂从身前打开向斜上方举起，伸出。

学爷爷唱唱跳跳：双脚跳起，双手弯臂向前上方举起，大拇指伸出，同时向左肩上摆动两次；换方向再做一次；再换左侧，再换右侧各做一次。

你才不会老：一手背后做捶背动作，一手做捋胡须的姿势。

一二三四，五六七八：原地踏步走，摆动双臂。

二二三四，五六七八：向左前方伸展双手，再向右前方伸展双手，两脚与肩同宽站立不动。"五六七八"做双手叉腰，身体向左侧倾斜，再向右侧倾斜，两脚与肩同宽站立不动。

三二三四，五六七八：双手从体侧至体前平举，再到头部两侧上举，再到身体两侧平举，还原至开始动作体侧，双脚原地踏步。

四二三四，五六七八：原地跳跃，双手叉腰，前四拍做单足倒脚跳跃，同时轮换体前踢腿，后四拍变体侧踢腿。

4.放松动作。

跟音乐做放松动作。

活动延伸建议

韵律游戏：我会动。

播放音乐，请幼儿随着音乐的变化变换不同的动作。教师随机按下暂停键，当音乐停止时，幼儿马上停止，摆出一个独特的造型，静止不动。

日常教育

1.利用餐后或休息时间与幼儿一起听音乐做动作，并将幼儿好的动作抓拍下来。在不同场所、不同地点感受音乐的特点，并鼓励幼儿即兴表演。

2.利用户外活动环节，引导幼儿听音乐做不同的动作，通过做动作热身，达到唤醒身体、激发肌肉运动的目的。

家园共育

1.家长和幼儿在家里播放一些节奏感较强的音乐，一起做运动，创编不同的身体动作，达到锻炼身体的目的。

2.家长和幼儿每周末安排一个时间，去小区广场或健身场所做运动，引导幼儿通过运动达到健身的目的。

环境创设

布置"一起做运动"的主题墙，分为三个版块"我喜欢的运动项目""我会做运动""我的运动计划"。"我喜欢的运动项目"，引导幼儿收集各种不同运动项目的图片，粘贴在这个版块里，丰富幼儿认知经验。"我会做运动"，幼儿在户外活动过程中，教师抓拍幼儿不同的运动方式，将照片呈现在这个版块里。"我的运动计划"，引导幼儿制订一周的运动计划，每天进行不同的运动项目或者每天在固定的时间进行运动，达到一定的运动

量，起到健身的作用。

主题三 秋天的森林

活动一 秋天大丰收

游戏1 走独木桥

活动目标

1.能在独木桥上大胆行走，会调节手臂动作以保持身体平衡。

2.活动中能开动脑筋，持物走平衡木。

3.活动中遵守游戏规则，并懂得相互谦让。

活动准备

1.经验准备：有走直线、走平衡木的经验。

2.物质准备：平衡木、小猫头饰、小鱼、沙包、球等。

活动重点

通过大胆地在平衡木上行走，通过调节手臂动作协调身体的平衡。

活动难点

走独木桥时，张开双臂，保持身体平衡。

活动过程

1.设置情景，激发幼儿学习兴趣。

教师：春天到了，池塘里的冰融化了。池塘里肯定会有好多好多小鱼，猫宝宝们，我们一起去钓鱼吧！

2.学习走独木桥，培养大胆、勇敢的精神。

（1）教师：哎呀，前面有三座独木桥挡住了我们的去路。要想钓鱼，必须走过独木桥，你们敢吗？

（2）教师示范走独木桥，提醒幼儿注意要张开双臂，保持身体平衡。

（3）请幼儿走独木桥，提醒幼儿要相互谦让。

3.尝试持物走独木桥，掌握基本动作要领。

（1）教师：猫宝宝们，下面，我们来做"过桥表演"的游戏好吗？过桥时，你们可以拿场地边上的各种玩具做各种动作，看谁能勇敢地走过独木桥，能表演各种动作。

（2）做动作演示：一手侧平举，一手叉腰，走过独木桥。

（3）分散、自由地选择辅助材料（如头顶沙包、球、盆等），并用各种不同的方法走过独木桥。

（4）教师观察，及时发现大胆、勇敢及动作方法多的幼儿。

活动延伸建议

练习在高低不一的平衡木上做各种动作，发展幼儿平衡能力。

健康与运动

设计意图

身体平衡运动对大班幼儿来说已经不是什么困难的事儿，且每个幼儿在这方面的发展进度是不一样的，从徒手走到表演走、加速走，根据幼儿不同层次和发展水平，层层递进。

日常教育

在日常活动中，引导幼儿走高低不一的平衡木，持物或表演走平衡木，锻炼幼儿身体的平衡能力。

家园共育

1.家长让幼儿观看或练习坐瑜伽球、玩滑板车、骑车等，锻炼平衡能力。

2.家长带领幼儿去健身场所，利用健身器材锻炼平衡能力。

环境创设

提供体操运动员滑冰或玩滑板车的视频或图片，让幼儿对平衡游戏感兴趣，投放瑜伽球、平衡木等活动材料，供幼儿户外活动时使用。

游戏 2　钻山洞

活动目标

1.学习手膝着地向前爬。

2.注意手、腿协调配合，提高运动速度。

3.培养坚持不懈的精神，体验爬行的快乐。

活动准备

1.经验准备：有爬行的经验。

2.物质准备：小蚂蚁头饰，豆豆（如串珠、沙袋、积木等）若干，垫子、干净的木地板活动场所，进行曲音乐。

活动重点

引导幼儿快乐地手膝着地向前爬。

活动难点

调整身体动作，尝试向指定方向爬。

活动过程

1.游戏：小小蚂蚁兵操练。

（1）幼儿大圆圈站立，教师：我们都是蚂蚁兵，看看哪个蚂蚁兵本领最大。

（2）播放进行曲音乐，小蚂蚁随着音乐向前走步。接着，听教师的口令做上肢动作、下肢动作、转体动作、腹背动作和跳跃动作。

2.了解游戏玩法和规则。

（1）交代情境：要下雨了，蚂蚁们准备搬家。

（2）介绍游戏玩法：介绍"新家"的位置，请幼儿手膝着地地从垫子上爬过去。

（3）幼儿在场地的一端集合，向另一端爬行。教师提醒幼儿不要拥挤。

3.游戏：蚂蚁搬家。

（1）请一名幼儿示范直线爬行的过程。

（2）引导幼儿分组开展"蚂蚁搬家"的游戏。

（3）教师将"新家"往后移动约3米，鼓励幼儿要爬得更快、更远。爬行方法同前，

鼓励幼儿坚持，不怕苦和累。

4.分享胜利的喜悦，体验爬行的快乐。

大家围坐在垫子上，教师简单地进行评价，表扬不拥挤、爬得快的小蚂蚁。

活动延伸建议

游戏：小蚂蚁散步。

玩法：幼儿随着音乐边唱歌边表演游戏"小蚂蚁散步"。

设计意图

以蚂蚁情境贯穿整个活动，激发幼儿学习兴趣，借助"蚂蚁搬家"游戏帮助幼儿练习手膝着地爬的技能，增强四肢的肌肉力量。提出"新家"要求，尝试向指定方向爬，提高幼儿动作的协调性。教师在带领幼儿练习手膝着地爬的动作时，可以通过自己动作示范和语言提示幼儿爬的时候要抬起头。

日常教育

1.在日常游戏中引导幼儿向指定方向爬行，鼓励幼儿的勇敢行为，培养幼儿遇到困难、解决问题的能力。

2.户外游戏时，利用拱形门、钻圈等运动器材，引导幼儿开展类似"钻山洞"的体能游戏，锻炼幼儿正面钻、侧身钻的基本动作，掌握定向手膝着地爬的动作要领。

家园共育

1.家长用家具搭成高矮不同的山洞，和幼儿一起玩"钻山洞"的游戏，引导幼儿练习手膝着地爬行等基本动作，发展幼儿四肢力量及身体的灵活性与协调性。

2.家长在家里铺设地垫或毛毯，在不同的位置放置一些小玩具，引导幼儿背着布口袋，手膝着地爬到指定位置，将小玩具装进口袋，玩"寻宝"游戏。

环境创设

提供各种钻爬材料，在户外活动中供幼儿游戏，练习各项钻爬技能。

游戏3　跨箱子

活动目标

1.学习助跑跨跳过30厘米的障碍物。

2.学会目测起跳的距离，控制身体的平衡与跑跳的速度。

3.激发幼儿积极参与活动的兴趣。

活动准备

1.经验准备：已有助跑跨跳的经验。

2.物质准备：30厘米高的纸箱子三个，小筐三个，长绳一条，椅子两把，猫的头饰一个，画有老鼠图案的卡片若干，粉笔。

活动重点

学习助跑跨跳过30厘米高的障碍物。

活动难点

目测起跳距离，掌握好起跳时机。

活动过程

1.准备活动，热身练习。

教师带领幼儿听音乐做准备活动，主要活动膝关节和脚腕。做上肢运动、下蹲运动、扩胸运动、体转运动、踢腿运动、腹背运动、跳跃运动、整理运动。

2.学习基本动作：助跑跨跳。

情境导入，教师戴上猫的头饰。教师：喵喵，我是猫妈妈，你们是小花猫。你们都长大了，要学好捉老鼠的本领，才能独立生活。今天，你们就跟着妈妈一起练本领吧！

教师在前面边讲解动作要领边示范。教师：要跑起来，到纸箱子的前面，抬高腿从箱子上面跨过去。注意目测好起跳的距离。

请幼儿练习，选出动作要领掌握得好的幼儿再次示范，纠正动作不到位的幼儿。

3.游戏：小花猫练本领。

教师：在河（拉起一条长绳，高度20厘米，两头分别拴在椅子上）的那边，有一片小土丘（纸箱子）。今天，我们要跨过小河和土丘，到那边的田野（用粉笔在地上画出长方形的一块空地，空地上散乱地摆放着老鼠卡片）里捉老鼠。

幼儿分成三组，排好队进行游戏。一名幼儿先跑出5米后，跳过长绳，再跑出5米后，跨跳过纸箱子，到达长方形空地后，从地上捡起一张老鼠卡片拿回来，再次跨跳纸箱子，到达起跑线后，将卡片放在地上的小筐里，下一名幼儿出发。直到全组幼儿都做过一遍任务后，游戏结束。哪组拿到的老鼠卡片最多，哪组获胜。

4.整理活动。

放松身体，收拾好场地。

活动延伸建议

可以提高长绳的高度和纸箱子的高度，以此增加游戏难度，提高幼儿跨跳能力。

日常教育

1.在日常活动中，引导幼儿助跑跨跳过障碍物，鼓励幼儿的勇敢行为，培养幼儿遇到困难、解决问题的能力。

2.利用户外活动环节，组织幼儿开展"小青蛙跨小河"的游戏。幼儿扮演小青蛙。教师在场地内设置不同宽度的"小河"（各种障碍物），引导幼儿排队逐一跨跳不同的"小河"，训练幼儿跨跳的基本动作能力。

家园共育

1.家长可以在家里用物品设置障碍物，让幼儿进行跨跳练习。

2.家长和幼儿在户外游戏时，就地取材，用树枝、砖头或其他自然物摆放出不同宽度、不同高度的障碍物。家长和幼儿共同游戏，训练幼儿的跨跳能力。

环境创设

布置"我能跨过去"的墙饰，幼儿在平时跨跳游戏过程中，请教师为幼儿拍照，并将幼儿跨跳过障碍物的照片展示出来，激发幼儿练习跨跳动作的热情。

游戏 4 投球入筐

活动目标

1.练习投球进筐，锻炼手眼协调能力。

2.会目测距离，提高投准度。

3.游戏时不推挤，排好队进行游戏。

活动准备

1.经验准备：会玩球，有过投球的经验。

2.物质准备：皮球若干，球筐3个。

活动重点

积极投球，手眼协调地进行投掷游戏。

活动难点

把握目测投掷目标的距离，控制手臂力量，做到投球入筐。

活动过程

1.准备活动。

幼儿听音乐，幼儿跟随教师做相应律动动作，将身体各关节活动开。

2.学习投球入筐动作。

教师示范动作：两脚一前一后站立，双脚略分开一些，站稳，身体重心靠后，右手将篮球托举到头部右侧，左手轻托球底。投球时，右臂向斜上方用力推出，身体重心向上、向前移。球投出后，注意保持身体平衡。

幼儿尝试做动作，讨论、总结、探究投球技巧。

3.游戏：投球入筐。

教师讲解游戏规则：在离球筐4米处画一条横线。幼儿分3组，排队站在横线后。教师将球发给每名幼儿，告诉他们把球投进筐里。

幼儿进行游戏，轮流投球，以投进最多的获胜。

全体幼儿投完后，教师再将球倒出来，幼儿每人拿一个球继续投。游戏可以反复进行。

4.放松活动。

幼儿做身体放松的活动，收拾场地。

超级链接

追逐、躲闪的技巧

躲闪技巧与策略：突然加速改变运动方向；向人多的地方跑，用他人做掩护，以分散对手的注意力；利用场上的障碍物与对方周旋等。

追捉技巧与策略：故意迷惑对手，让其放松警惕，以为要捕捉其他人，然后突然改变捕捉目标，选择奔跑能力较弱或离自己比较近的人作为捕捉对象。

活动延伸建议

游戏：会跑的球筐。

游戏开始，背球筐的幼儿先跑。教师对其他幼儿说："你们要看准球筐，跑近之后，再把纸球投进去。"幼儿跑去投球，投中者为胜，可以立即离开场地。

日常教育

1.利用沙包、纸球等不同材料进行投掷练习。

2.利用过渡环节，引导幼儿玩"投球入篮"或"投球入筐"的游戏，训练幼儿手臂肌肉力量及投准能力。

家园共育

1.家长与幼儿玩亲子投掷游戏，也可以带领幼儿观看篮球比赛等，学习投掷技巧，积

累投掷经验，喜欢玩投掷游戏，提高手臂力量及手眼协调能力。

2.家长与幼儿练习击打活动目标、投篮、投准的游戏。幼儿可以用纸团当作投掷物，家长当活动目标，幼儿追逐、击打跑动的家长。如果被击中，就互换角色，继续游戏。

环境创设

户外游戏中，投放球筐、各类球，引导幼儿根据不同能力进行投掷练习，如能力强的幼儿可以进行移动投掷游戏"会跑的球筐"。

活动二　食物运回家

游戏 1　小兔子双脚夹物跳

活动目标

1.掌握双脚夹物跳的基本动作。

2.能较好地控制物体不从双脚中掉下来，具有一定的行进速度。

3.发展幼儿的探索能力，体验挑战成功的快乐。

活动准备

1.经验准备：有双脚夹物跳的经验。

2.物质准备：沙包若干，兔子头饰，小兔房子，塑料筐，小树，《兔子舞》《小树叶》音乐。

活动重点

能将物体夹在双脚间起跳，并探索物体的夹放位置及夹物起跳的最佳方法。

活动难点

能夹住物体跳过有一定高度的障碍物。

活动过程

1.情境导入，热身活动。

教师：今天，老师要和你们一起做个游戏。我当兔妈妈，你们都当我的孩子——兔宝宝。

准备活动：《兔子舞》。

教师戴上兔子头饰：孩子们，咱们一起跳个舞吧！

音乐起，听音乐做热身活动。

2.学习基本动作：双脚夹物跳。

教师：孩子们，你们已经长大了。现在，妈妈要看看你们是不是很会动脑筋，不用手和手臂就能将妈妈手中的沙包送到对面去。

幼儿动脑筋想办法，请个别幼儿上前试一试。

教师示范基本动作并讲解。教师：看看妈妈是怎么做的。

重点讲解：双脚夹紧沙包，不让沙包从双脚中间掉下来，双手食指和中指竖起，放在头的两侧，扮作兔子。

教师：谁会像妈妈这样做？

请若干幼儿示范练习。

集体练习基本动作。

教师：比一比，看看谁的动作最像妈妈？兔宝宝们跟着妈妈从这里（场地的一端）跳到那里（另一端）。

3.游戏：建围墙。

教师：妈妈想请你们帮个忙。今天早上，黑猫警长骑着摩托车，急匆匆地跑来告诉我："兔妈妈，兔妈妈，不好了，大暴雨就要来了！"我听了，心里很着急。咱们的家建在平地上，你们快帮妈妈想一想，该怎样挡住洪水，保护我们的家？

教师讲解游戏玩法和规则。

教师：妈妈有一个好办法，用沙包建一堵围墙来挡住洪水。可是，我们没有运沙包的工具，怎么办？（引出双脚夹物跳）

教师：那边有许多沙包，我们一起跳过去，用双脚将沙包运回家，建一堵围墙，好吗？

幼儿游戏，练习双脚夹物跳动作。

活动延伸建议

增加障碍物高度或更换夹物位置，提高游戏难度，挑战双脚夹物跳。

设计意图

整个活动利用情境导入、实际操作、演示及游戏贯穿等形式激发幼儿学习兴趣。在游戏的同时，增强幼儿双脚夹物跳及解决问题的能力。

日常教育

1.利用幼儿常见物品如沙包等不同材料、不同大小的物体进行游戏。

2.利用过渡环节，引导幼儿玩"小兔双脚夹物跳"的游戏，锻炼幼儿夹物跳跃的能力。

家园共育

家长和幼儿在家里宽敞的地方或者户外的小广场玩"双脚夹物跳"的游戏。引导幼儿夹沙包或毛绒玩具等容易夹住的物品，向指定方向跳，也可以设置一些障碍物，绕过障碍物跳至终点。家长可以变换不同的游戏角色，如小兔、小袋鼠、小企鹅等，激发幼儿游戏兴趣。

区域活动

在户外游戏中，投放软沙包、软球等物品，供幼儿练习双脚夹物跳的基本动作，掌握其动作要领。

游戏2 小刺猬左滚右滚

活动目标

1.尝试侧身翻滚的方法，提高身体的协调性和灵活性。

2.能连续翻滚，翻滚路线保持在一条直线上。

3.有参加体育活动的兴趣，能体验运动的快乐。

活动准备

1.经验准备：有侧身翻滚的经验。

2.物质准备：画有不同水果的纸片（上面粘有两面贴），长长的垫子。

活动重点

通过游戏探索、学习侧身翻滚的方法。

活动难点

通过协调身体动作能连续翻滚，不从垫子上滚落下来。

活动过程

1. 模仿动作。

模仿小刺猬走路，听着音乐，进入活动场地。

教师：小刺猬们，咱们一起去锻炼锻炼身体吧！

活动身体，热身运动。

2. 侧身翻滚：练习本领。

教师：孩子们，你们看，地上有好多果子啊！我们把果子带回家吧！我们先来试一试，一起行动吧！

（1）教师引导幼儿在垫子上自由地侧身翻滚。

（2）请个别幼儿示范，探讨谁的方法好。

3. 幼儿游戏，教师观察并指导。

设计意图

游戏是幼儿最喜欢的活动。对于大班来说，不仅要理解活动内容，还要保证安全，让活动进行得井井有条。保护好自己的同时，也要注意别碰伤别人。通过自由翻滚动作的尝试和练习总结侧身翻滚技巧，感受游戏的魅力和快乐。同时，锻炼幼儿身体的协调性和灵活性。

日常教育

利用户外活动环节，引导幼儿开展"小刺猬扎果子"的游戏，利用垫子、各种果子的不干胶图片等，引导幼儿排好队，按顺序做侧身翻滚，让图片粘在身上，看看哪只小刺猬"扎"上的果子多。

家园共育

1. 家长引导幼儿利用睡前或休息时间在不同材料（如床上、地垫、地毯等）上侧身翻滚，掌握侧翻技巧。

环境创设

户外材料中投放垫子、泡沫块等，供幼儿侧身翻滚，加强练习。

游戏 3 小乌龟运粮食

活动目标

1. 会听信号手膝着地爬行，增强四肢肌肉力量。

2. 提高动作的协调性和灵活性。

3. 体现团队合作游戏的精神，能快乐地进行游戏。

活动准备

1. 经验准备：有手膝着地爬的相关经验。

2. 物质准备：小鼓一个，积木若干，筐3个，供幼儿爬行的地垫3个。

活动重点

能够听信号手膝着地爬行。

活动难点

持物手膝着地爬行。

活动过程

1.队列练习。

（1）整队：全体幼儿分成4路纵队站立。

（2）进行齐步走等队列练习。

2.热身运动：小乌龟做运动。

教师一边念儿歌一边做动作，激起幼儿参与活动的兴趣。

教师：今天天气真正好，小小乌龟起得早，跟着妈妈做早操。点点头，转转脖，踢踢腿，转一转。

3.游戏"听鼓声爬"，练习听信号变换方向爬。

（1）出示小鼓，引导幼儿叫出小鼓的名称，学会分辨"咚咚咚"和"嗒嗒嗒"两种不同的声音。

（2）提出游戏要求。

教师：现在，妈妈要小乌龟们听着鼓声来学本领！听到鼓声"咚咚咚"，往前爬。听到鼓声"嗒嗒嗒"倒退着爬。

（3）组织幼儿听鼓声变换方向爬若干遍。

4.游戏：乌龟运粮食。

（1）了解游戏玩法和规则。

①交代游戏情境。

教师：小乌龟们在沙滩上发现了许多粮食。今天的任务就是要把粮食搬回家。

②介绍游戏玩法：介绍粮食（即积木）和筐的位置，认识场地的另一端有许多粮食，请小乌龟爬过去，将粮食运回来，放进筐里，要求每人每次只能拿一块积木。

③幼儿在场地一端集合。教师提醒幼儿将自己拿回来的粮食放进靠近自己的筐里，不要拥挤。

（2）请一名幼儿示范直线爬行和取放粮食的过程。

（3）幼儿分两队进行"乌龟运粮食"接力游戏，先运完的一队获胜。

5.分享胜利，品尝果实。

大家围坐在垫子上，开开心心吃"粮食"。教师简单地进行评价，表扬不拥挤、爬得快的小乌龟。

活动延伸建议

游戏"背壳爬行"。用洗脸盆或纸箱当作乌龟壳，进行托物爬行。

设计意图

本次活动从听信号爬行到"运粮食"，层层递进，加大了游戏难度，用帮助小动物的情境激发幼儿学习兴趣。分队比赛爬行，增强幼儿竞争意识和身体的协调能力。

日常教育

户外活动中多练习爬行动作，锻炼身体的灵活性。

健康与运动

家园共育

1.亲子游戏"一起爬呀爬",家长设置障碍,引导幼儿钻爬或与家长比赛爬行。

2.家长和幼儿在家里的地垫上,玩"好饿的毛毛虫"游戏。在地垫的不同位置放置不同的食物(个头小点儿,可以是真的食物,也可以是食物图片),引导幼儿向指定方向爬,收集不同的食物,完成全部的收集任务后,游戏结束。家长也可以和幼儿一起游戏,比比谁爬得快、谁收集的食物多。

环境创设

户外活动中投放钻爬材料,供幼儿练习爬行的基本动作。

游戏4 猴子运球

活动目标

1.学习运球侧身跑的动作要领。

2.提高控球能力,发展动作的敏捷性。

3.增强合作与竞争意识,体验游戏的快乐。

活动准备

1.经验准备:有过玩球的经历。

2.物质准备:椅子、方布、海洋球若干、放海洋球的筐、小猴头饰。

活动重点

学习并尝试运球跑,培养合作和竞争意识,喜欢玩球类游戏。

活动难点

1.掌握运动的方向,根据运动中海洋球的运动速度和方向调整自己的动作,从而控制球的运行。

2.提高同伴间合作游戏的能力。

活动过程

1.创设情境,激发幼儿兴趣。

教师:今天,花果山的猴子们要举办一场有趣的运球比赛。咱们也去参加吧!

2.讲解"运球接力赛"的规则并做示范。

幼儿分组,戴上小猴头饰,听到口令后,每组两名幼儿向前跑至前方海洋球筐处,然后,绕过椅子运球回来,将球传给下一位小朋友,继续游戏。球若中途滚走,需要将球捡回来,并回原地继续运球走。运完球的小朋友要到队尾排队。哪一组最先结束,即获胜,举手示意。

3."运球接力赛"开始。

要求每组幼儿只能在队伍里为组员加油。

4.请幼儿讨论获胜队获胜的原因。

引导幼儿感知海洋球的特性及运球方式,根据球的运行速度和方向调整自身动作,使幼儿在活动中学会初步控制自己的身体。

5.再次进行"运球接力赛"。

每组幼儿选出5名代表,再进行一次小组比赛。

其余幼儿和教师一起组成啦啦队,为组员加油!

6.表彰获奖选手。

宣布第一、二、三名获奖选手并表扬。

日常教育

利用户外活动时间，设计不同形式的运物跑游戏，如"小马运粮食""猴子运西瓜""小蚂蚁搬米"等，通过游戏锻炼幼儿向指定方向运物跑的能力。运送材料的过程中，既不能将材料掉在地上，还要加快跑动的速度。提醒幼儿注意游戏中的安全，避免发生碰撞。

家园共育

1.开展亲子游戏，幼儿与家长一起玩运球跑的游戏，提高幼儿参与活动的兴趣。

2.家长在家里引导幼儿玩"快递员送外卖"的游戏，让幼儿扮演快递员，将家人即顾客点的外卖送给住在不同房间里的人，完成送外卖的任务，通过游戏帮助幼儿树立任务意识。为了增加游戏难度，可以在运送物品的途中设置不同的障碍物，也可以将外卖设计成体积较大、重量较轻的物品。

环境创设

户外活动材料中投放海洋球，尝试在不同材料的地板上运球，提高幼儿参与活动的兴趣，促进身体平衡能力的发展。

游戏 5　袋鼠跳跳

活动目标

1.掌握双腿跳跃的能力，体验体育游戏的乐趣。

2.学习绕障碍物行进，培养勇敢、坚强的意志品质。

3.运用竞争的形式，激发幼儿参与游戏的积极性。

活动准备

1.经验准备：有单脚跳、双脚跳的经验。

2.物质准备：每人一条布袋、地垫若干、音乐。

活动重点

学习双脚行进跳，喜欢玩布袋游戏。

活动难点

学袋鼠绕障碍物行进。

活动过程

1.热身运动。

（1）队形队列练习（齐步走、左右转、左右看齐、前后转、报数……）

（2）随音乐热身运动。

2.出示布袋，幼儿尝试不同玩法。

（1）教师：今天，老师给你们准备了一些好玩的东西，快来看看是什么？

幼儿排队取布袋。

教师：这些布袋怎么玩呢？ 小朋友们快来试试吧！

（2）幼儿自由探索布袋的玩法，教师引导幼儿发现各种玩法。

让特殊玩法的幼儿展示并分享。

教师：刚才，你们玩得非常棒！你们还有和刚才不一样的玩法吗？让我们再来试试吧！

幼儿再次尝试不同的玩法，教师引导多种玩法，引导幼儿钻入布袋，探索布袋的各种玩法，启发幼儿讲述自己是怎么玩的，模仿的是哪种小动物。

（3）学习双腿跳跃。

教师：让我们都来变成小袋鼠，模仿一下袋鼠跳吧！可爱的袋鼠们，你们想到森林里去旅行吗？可是，在旅行的路上，可能会有很多很多的困难，有小河、小山，如果小袋鼠们没有本领，可不行。那袋鼠们，赶快来学本领吧！

教师介绍场地和规则：小袋鼠要一个接一个跳过篱笆，一个接一个爬过草地，然后到起点重新开始。小袋鼠要注意安全，把袋子提起来，不要摔倒，不推不挤，可爱的小袋鼠们，赶快来练习我们的本领吧！

①幼儿开始练习，教师指导幼儿跳的姿势，并引导幼儿用多种姿势爬过草地。

教师：篱笆变高了，小袋鼠们能不能顺利通过呢？怎样跳得更高、爬得更快呢？

②让幼儿展示自己是怎样跳的。教师：看哪只小袋鼠的本领最棒，我将带他去神秘的森林旅行。跳得最稳、爬得最快、最文明的小袋鼠将随我一起去旅行。

③提高幼儿挑战难度，随音乐进行尝试。

④教师：小袋鼠的本领可真棒，都可以去旅行了。冬天就要到了，让我们赶紧储存一些粮食，准备过冬吧！

⑤教师讲述游戏规则：幼儿分组，游戏重新开始。

小结：小朋友们真勇敢，快为我们的胜利鼓鼓掌吧！

3.随音乐做放松运动，结束活动。

活动延伸建议

游戏："过独木桥"。

玩法：设置障碍物——独木桥，鼓励幼儿跳过独木桥，引导幼儿互相鼓励，勇敢地跳过桥。提醒幼儿注意安全，一个一个按顺序跳。

日常教育

利用户外活动环节，组织幼儿学小兔跳、袋鼠跳等动作，练习双脚行进跳的基本动作，掌握其动作要领。

家园共育

1.亲子游戏"袋鼠跳比赛"。家长可以和幼儿一起扮演袋鼠，从起点出发，用袋鼠跳即双脚行进跳的方式到达终点，看看谁最先跳到终点。为了增加游戏难度，可以让家长在途中设置不同的障碍物或者增加身体的负重量等。

2.家长和幼儿通过谈话讨论的方式了解不同小动物的跳跃方式，通过模仿相关小动物的跳跃动作，熟悉并掌握正确跳跃的基本动作要领，如单脚行进跳、双脚行进跳、左右脚交替落地跳等，激发幼儿练习跳跃技能的兴趣。

环境创设

户外活动中投放布袋及袋鼠头饰等，供幼儿玩"袋鼠跳跳"的游戏。引导幼儿在挑战自我的同时，增强自信心。教师或家长应放手让幼儿主动尝试，寻找方法，总结经验。

活动三　森林游艺会

游戏1　贴鼻子

活动目标

1.了解眼睛的重要性。

2.前期目测之后，蒙住眼睛，找准方向，进行游戏。

3.体验游戏的快乐，懂得爱护眼睛。

活动准备

1.经验准备：玩过蒙住眼睛的相关游戏。

2.物质准备：没有鼻子的娃娃脸图片一张，蒙眼睛用的布条，鼻子贴纸。

活动重点

让幼儿积极参与游戏，在活动中感知眼睛的重要性，从而懂得爱护眼睛。

活动难点

通过前期目测，感知鼻子的位置，进行"贴鼻子"游戏。

活动过程

1.观察图片，导入部分。

教师：请小朋友们观察图片，你们发现了什么？

小结：没有鼻子一定很难受。不如，我们帮他贴一个鼻子吧！

2.介绍游戏规则。

游戏规则：幼儿手里拿着鼻子贴纸，用布条蒙住眼睛，原地转3圈，向上走，把鼻子贴在没有鼻子的娃娃脸上。提醒幼儿不能偷看，遵守游戏规则。

3.幼儿尝试体验游戏。

请幼儿自由分组，大胆尝试游戏。

4.讨论：眼睛的重要性。

教师：小朋友们，眼睛重要吗？如果眼睛出了问题，会怎么样呢？（看不见东西）

教师：对！没有眼睛，眼前就是漆黑一片，多可怕呀！眼睛生病了，也是可怕的事情。

教师：我们为什么要爱护眼睛？爱护眼睛应该怎么做？

小结：眼睛是心灵的窗户，是最重要的感知器官。因此，我们应该好好爱护眼睛。如果有灰尘不小心吹进了眼睛，我们可以闭上眼睛，让泪水慢慢和灰尘一起流出来。如果不行，也可以请大人帮忙，千万不能使劲儿揉眼睛。

活动延伸建议

利用同样的方法玩"贴五官"的游戏。

日常教育

1.利用日常教育的机会，引导幼儿分辨哪些行为会伤害眼睛，怎样做才能保护眼睛。

2.利用户外游戏环节，引导幼儿玩"贴鼻子""贴嘴巴"或其他蒙上眼睛指物的游戏，训练幼儿的方向感及蒙眼找准事物的能力。

家园共育

1.家长与幼儿商量、制订生活计划，如规定看电视的时间、看书的时间及方法等，引导幼儿学会保护眼睛。

2.家长和幼儿坐在客厅的沙发上，家长请幼儿观察并确认周围环境中物品摆放的位置，然后用布带子或纱巾蒙住幼儿眼睛，家长说出物品的名称，请幼儿指出物品的大概方向和位置，训练幼儿的观察力、记忆力和方向感。

环境创设

1.在活动区投放面部图、五官卡片及红布条，供幼儿玩"贴五官"的游戏。

2.布置"保护我的五官"主题墙，分为3个版块"我的五官""五官的作用""保护五官的方法"。"我的五官"，展示一下五官的图片、标注名称。"五官的作用"，介绍五官不同的功能和作用。"保护五官的方法"，引导幼儿了解保护五官的方法，用绘画的形式记录下来，呈现在这个版块里。

游戏2 小小保龄球

活动目标

1.学习打保龄球的动作要领，能做出正确的投击动作。

2.掌握滚球击中目标的技能，提高手眼配合的准确度。

3.感受保龄球运动的乐趣，积极动脑、动手参与"打保龄球"的活动。

活动准备

1.经验准备：有玩滚球的经验。

2.物质准备：易拉罐或饮料瓶若干，球一个，游戏场地。

活动重点

学习基本的打保龄球动作，进行简单的投击游戏。

活动难点

掌握滚球击中目标的技能，提高手眼配合的准确度。

活动过程

1.开始部分。

（1）按要求进行队列练习，师生互换。

（2）发挥想象，幼儿自由玩易拉罐。

2.学习打保龄球。

（1）讲解游戏。

玩法：比赛时，在球道终点放置10个易拉罐或饮料瓶，摆成三角形。参赛者站在球道起点线后，轮流投球，撞击易拉罐或饮料瓶。每人连续投击两球为一轮，10轮为一局。击倒一个易拉罐或饮料瓶得1分。以此类推，得分多者为胜。

（2）讨论：如何滚得直、滚得远。

①教师示范动作，讲解动作要领。

②幼儿分组练习，互相纠正动作，并请个别幼儿展示。

通过幼儿体验和分辨滚球的感觉，提高感知觉的敏锐性和准确性，学习探索滚球的技能，促进肘关节、腕关节、指关节、前臂与手部肌肉的发育，锻炼手眼协调能力。

健康与运动

3.讨论：如何击得准。

4.游戏结束，请将"保龄球"送回家。

播放音乐，放松、整理。

活动延伸建议

利用废旧的饮料瓶当作保龄球，幼儿进行投击游戏。

日常教育

1.利用教室常见物品，如易拉罐、积木块、圈等，开展投掷活动。

2.在过渡环节，引导幼儿利用毛绒玩具和小塑料圈，开展"套圈"游戏。

家园共育

1.家长带领幼儿观看保龄球比赛或游戏，让幼儿喜欢玩保龄球的游戏，促进感、知觉能力和手臂力量的发展。

2.家长和幼儿在户外游戏，用自然物当作投掷物和靶子，引导幼儿练习投准和投掷能力，激发幼儿游戏兴趣。

环境创设

1.户外活动中，投放纸球、沙包等不同材料，引导幼儿进行投掷活动，投掷的目标可以是滚动的球，也可以是主动躲闪的人。

2.户外游戏中，设计"打老狼"的游戏。幼儿每人手持一个沙包，在距离5、8、10米远的地方，摆放老狼头像纸板，引导幼儿玩"打老狼"的游戏，看谁打中老狼的次数多，谁就是"合格的小猎手"，激发幼儿投掷、投准的兴趣。

主题四　好朋友一起玩

活动一　小朋友怎么了

活动目标

1.观察、理解他人情绪，获得解决不愉快情绪的经验。

2.通过调节情绪，心情变得舒畅。

3.通过联想和大胆的推测，表达自己的想法。

活动准备

1.经验准备：幼儿有一定的情绪体验；看过《天气预报》节目。

2.物质准备：用废旧纸箱做的电视机一台，话筒一个，兔子头饰一个，背景图一幅，小鸟、老虎、小羊、小青蛙、小鸡、小鸭等图片若干，小朋友的心情图若干（幼儿用书《健康与运动》中的图片）。

活动重点

推测不同身体动作和表现所表达的情绪、情感，愿意表达自己的想法。

活动难点

理解各种情绪、情感的产生，懂得调节不良情绪。

活动过程

1.模仿播报《天气预报》节目，引起幼儿兴趣。

（1）请幼儿模仿播报《天气预报》节目。

教师：刚才播送的是什么预报？

（2）教师：森林电视台不仅有《天气预报》，还有《心情预报》。请仔细听，它们有什么不同？下面，请看森林电视台的《心情预报》。（播放两遍）

请一名幼儿扮演兔子主持人。

幼儿：各位观众，大家好！我是森林电视台的主持人小白，欢迎收看《心情预报》。今天，森林里大部分小动物心情是晴天，只有狮子心情是雨天，并伴有八级脾气。心情预报播送完毕。谢谢大家收看，再见。

教师：天气预报和心情预报有什么不同？

小结：一个是天气的情况，一个是心情的情况。

2.组织讨论。

（1）教师：小动物的心情和狮子的心情有什么不同？

（2）教师："雨天"是指狮子的心情怎么样？为什么用"雨天"来表示？

教师：当人们伤心流泪时，眼睛里就会流出泪水；当天气不好下雨时，雨水就会落下来，就好像天在哭。所以，可以用"雨天"来表示不愉快的心情。

（3）教师：为什么说狮子的心情是雨天？可能发生了什么事？

（4）教师：小朋友们说了这么多原因，那么究竟是什么事儿让狮子的心情是雨天的呢？（出示狮子生病躺在床上的图片）狮子怎么了？

（5）请幼儿回忆自己生病时的感觉。

教师：当你生病时，身体会有哪些不舒服？

教师：当你生病时，外面天气很好，小朋友们都在玩，而你只能躺在床上，你有什么感觉？

教师：当你生病时，最希望做什么事情？

（6）教师：如果你是森林里的小动物，听到这个预报会怎么做？（鼓励幼儿大胆想象、讲述）

（7）出示小动物图片，放在背景图上，教师：我们一起来看看，小动物们是怎么做的？

（8）教师：狮子的心情会不会发生变化？为什么？

3.情感教育。

（1）教师：这里还有几位小朋友的心情图，请你们来当主持人，播报一下他们的心情预报。

出示心情图。

场景一：不小心被球打了一下。

场景二：堆好的沙堡被小朋友弄坏了。

场景三：看到小虫子在爬。

场景四：自己的画作被老师贴在墙上进行展览。

（2）请幼儿仔细观察不同的场景图片，分析小朋友的心情。

（3）请幼儿手拿话筒，站在"电视机"后播报《心情预报》。

（4）教师：刚才，我们听了这么多心情预报，你最喜欢哪种？为什么？

（5）教师：我们都喜欢晴天这种天气，可有时我们的心情不一定是晴天。什么情况下，你的心情会不好？怎样才能让自己的心情变成晴天？

活动延伸建议

1.请幼儿画出自己此刻的心情图并分享。

2.在日常生活中随机引导幼儿化解不愉快的情绪。

日常教育

1.在生活中懂得关心同伴或亲人的情绪，鼓励幼儿探索改善不良情绪的方法。学会用恰当的方式帮助和安慰别人。

2.启发幼儿遇到不高兴的事情或心情不好时，要及时向家长、教师和同伴倾诉，在别人的帮助下，情绪也会有所好转。

家园共育

家长与幼儿互相关心彼此的情绪，或在有典型情绪时交流彼此的感觉，让幼儿在实际生活中自我调节或帮助家人调节情绪，并避免不良情绪的发生。

环境创设

1.制作"心情晴雨表"或"心情预报"栏目，让幼儿学习观察、关心同伴或教师，总结各种情绪的影响，并互相学习调节情绪的方法。

2.在展板区，设置"心情区"。请幼儿根据现在的情感体验画出自己的心情标记，贴在自己照片的下面。幼儿参观"心情区"，请该幼儿讲述自己的心情。

活动二　心情变好的秘密

活动目标

1.懂得愉快的情绪有利于身体健康。

2.初步学习用正确的方式排解不开心的情绪。

3.逐渐养成积极、乐观的生活态度。

活动准备

1.经验准备：有过生气的不愉快经历。

2.物质准备：4个木偶、一个开心枕。

活动重点

懂得让自己时刻保持愉快的心情，萌发互相关爱的情感。

活动难点

在实际生活中，寻找正确的方法，排解不开心，调整负面情绪。

活动过程

1.游戏导入，感受快乐的情绪。

拍手入场，进行"开心碰碰碰"的游戏。

2.讨论：开心与烦恼。

（1）教师：刚才，小朋友们玩得真开心，你们想想，你还遇到过什么开心的事儿吗？

（2）教师：开心的时候，你会怎样？（用动作表现）

（3）教师：除了开心的事儿，我们还会遇到一些不开心的事儿。谁来说一说，你都遇到过哪些不开心的事儿了？

（4）教师：不开心的时候，你会怎样？（用动作表现）

（5）教师：你喜欢开心的自己，还是不开心的自己？

小结：不开心就是生气，生气不仅不让人喜欢，还会对我们身体产生坏的影响。生气的时候，人吃不下饭，睡不好觉，身体越来越差，所以我们要尽量不让自己生气，把生气这个坏习惯消灭掉。

3.学习化解不开心的方法。

（1）消气商店。

教师：谁知道什么是消气商店？（可以帮助小朋友消气的商店）

（2）教师：我们来看看，谁来消气商店了？

（3）依次出示生气小朋友的图片，请幼儿帮他们想办法。

场景一：自己的画被小朋友弄污了。没关系，添画成别的更好！

场景二：腿骨折了，只能待在家里。没关系，可以看自己喜欢的动画片，也不错。

场景三：自己搭的积木不小心被小朋友碰倒了。没关系，可以搭更好的。

（4）如果你生气了，你会想哪些办法让自己消气呢？

归纳调节不良情绪的方法，可以参考以下内容：

①做自己喜欢的事情。

②听音乐或跳舞。

③和好朋友聊天。

④外出（逛公园）。

⑤做运动（击打软包）。

⑥画情绪日记。

⑦击打枕头或被子。

⑧换个角度思考问题。

⑨大哭一场。

（5）生气是正常的情绪表现，学会调节不良情绪的方法。

（6）了解情绪变化的原因并能清楚地进行讲述。

教师：为什么事儿而生气？生气的害处是什么？生气时，人的体内会分泌有害的物质，容易让人生病。

消气做法小结：每个人都有生气的时候，你生气的时候，可以唱唱歌，跳跳舞，玩玩玩具，看看电视或者大声地哭一哭。这样，你就能消气了，让自己快乐起来。也可以换个角度想一想这件事，就会把坏事变成好事，改变自己的情绪。

4.尝试让自己开心。

（1）介绍"开心枕"。

（2）传递开心，让每个幼儿和"开心枕"抱一抱，亲一亲。

（3）说一说抱着"开心枕"有什么感觉？

（4）把"开心枕"送给其他人，感受一下开心的滋味。

活动延伸建议

在日常生活中随机指导幼儿逐渐养成积极、乐观的生活态度。

设计意图

日常生活中，经常会看到一些幼儿生气了或者不开心。通过这个活动引导幼儿体验情绪转变。通过对比，讨论不开心对身体的影响，突出调节情绪的重要性，养成积极、乐观的生活态度。最后一个环节，利用正面排解方法引导幼儿寻找让自己开心的方法并懂得分享。

日常教育

1.利用晨间谈话环节，引导幼儿说说自己不开心或开心的事情是什么，分享自己的心情，让大家一起帮忙解决问题或分享快乐。

2.利用过渡环节玩"变脸"的游戏。幼儿两人一组，一名幼儿发出不同的心情指令，如开心、悲伤、生气、愤怒、沮丧、悔恨等，另一名幼儿根据指令做出相应的表情。

家园共育

幼儿在家里可以制作"家庭心情预报"，引导幼儿学会通过表情、动作、语言等了解家人的不同心情，并把它记录下来。通过此活动，培养幼儿在生活中注意察颜观色、了解和关心家人的好习惯，学会体谅和理解别人，帮助别人排解不开心的情绪，自己遇到不开心的事情知道要和家人多交流。

环境创设

布置"心情预报栏"墙饰。教师将全班幼儿每周心情预报设计成一张大表，张贴在班级门口的墙上（注意高度不要太高，以幼儿身高为标准）。同时，准备不同的心情贴纸或心情小图片，引导幼儿来园后，到"心情预报栏"前面，选中自己今天的心情贴纸或图片，贴在表格中对应的位置。通过心情预报的方式，让每位幼儿了解自己的心情和班里其他幼儿的心情。教师应结合当日表格登记的情况，有针对性地帮助个别幼儿寻找排解负面情绪的方法，引导幼儿通过正确的方式发泄不良情绪，调节心情。

活动三　好朋友一起玩

游戏 1　两人三足走

活动目标

1.探索、学习两人三足不同形式的走法，提高对体育活动的兴趣。

2.通过练习，发展下肢力量，提高动作的协调性与平衡性。

3.体验合作游戏成功的快乐。

活动准备

1.经验准备：有过两人合作游戏的经历。

2.物质准备：棉布绳20条，用即时贴在活动场地贴出两条直线、两条折线，平衡木若干条。

活动重点

与同伴合作"两人三足走"，发展身体的协调性与平衡性。

活动难点

在游戏的过程中探索、总结两人协调快跑的方法。

活动过程

1.开始部分。

（1）活动操：踢腿运动、下蹲运动、原地转圈、跳跃运动。

（2）"两人三足"活动操：幼儿两人结伴，并排站立，用棉布绳将两人靠近的腿绑在一起，再次做操，体会两次活动操的不同，探讨合作的方法。

教师：为什么会摔跤？怎样才能不摔跤？

2.基本部分。

（1）幼儿自由练习平稳的"两人三足走"，探索不同形式的走法。

教师巡视、指导，提醒幼儿注意安全。

（2）教师点评幼儿活动情况。个别幼儿展示创新动作，集体学习。

①"两人三足"侧身走——全体幼儿完成。

②"两人三足"慢跑——能力强的幼儿完成。

③"两人三足"下蹲走——能力弱的幼儿完成。

（3）分组练习。

①"两人三足"走直线、走折线。

要求幼儿用内侧脚踩在线上，按照线的方向行进。

②"两人三足"踏在平衡木上走、在平衡木上侧身走。

提醒幼儿在平衡木上进行练习时，不推、不挤，注意安全。

3.结束部分。

（1）教师点评幼儿活动情况并予以表扬。

教师：由于小朋友们相互配合，因此，大家都出色地完成了任务。是不是该向你的朋友表示一下感谢呀？

（2）放松活动。

解开棉布绳，引导幼儿相互帮助，放松腿部肌肉。

活动延伸建议

1.交换合作伙伴。

2.把棉布绳绑在腿的不同位置进行"两人三足走"的游戏。

日常教育

户外集体游戏时，组织幼儿玩"两人三足走""蜈蚣走路"等游戏，培养幼儿合作意识及协调运动的能力。

家园共育

亲子游戏或全家总动员，玩"两人三足"游戏，可以是家长和幼儿一组，也可以是爸爸和妈妈一组，从起点出发，行至终点，看看哪组走路又快又稳。为了增加游戏难度，也可以在途中设置障碍物，以激发幼儿游戏兴趣。

环境创设

户外活动中，提供丝巾、长布条等材料，让幼儿持物玩"两人三足走"的游戏。

游戏2　你抛我接

活动目标

1.初步掌握两人合作抛接球的基本方法。

2.在两人配合时能做到手眼协调、反应敏捷。

3.加强合作意识，体验集体游戏的乐趣。

活动准备

1.经验准备：有过抛物、接物的经验。

2.物质准备：报纸球和塑料筐4个。

活动重点

学习抛接球的方法，加强合作能力。

活动难点

掌握抛接球时手的运动方向、力度，提高与同伴协调、配合的能力。

活动过程

1.玩纸球。

游戏：炒米花。

教师：米花是用什么做的呢？（纸球）

教师：那我们今天来玩纸球。

教师：想一想，纸球还可以怎么玩，看看谁的玩法多？

请幼儿示范自己的玩法，看谁的花样多，和别人玩的不一样。

师幼互动，鼓励幼儿学习并尝试同伴的玩法。

2.游戏：你抛我接。

幼儿分为两组。两组幼儿面对面分别站在场地两条相距2~3米的线上。教师发出口令，一组幼儿把自己手中的报纸球抛向对面的幼儿，对面的幼儿接到报纸球后再把球抛回去。

教师用铃鼓声作信号。铃鼓响，幼儿抛球练习；铃鼓停，幼儿停止抛球。游戏重复进行。

3.游戏：抛纸球。

游戏玩法与规则：幼儿分为4组，每人拿一个纸球抛进事先准备的筐里。抛完后，拿着纸球到队尾接着排队，轮流进行游戏。

幼儿分为4组，开始抛纸球，每队由一位小组长负责捡拾纸球。

每位幼儿抛5个纸球。最后，看看谁抛进筐里的球最多，谁就是优胜者。然后，再重新开始游戏。

4.结束部分。

幼儿整理场地上的报纸球，活动结束。

活动延伸建议

利用不同材料的球练习抛接球、投球入筐等动作。

日常教育

利用户外活动环节，引导幼儿玩球类游戏，了解球的特性，探索球的各种玩法，激发幼儿对球类游戏的兴趣。

家园共育

家长在家里和幼儿玩抛接游戏，抛物可以是抱枕、布娃娃、毛绒玩具等，接物也可以是小盆、筐、布袋等，培养幼儿手眼协调能力及合作游戏意识。

环境创设

户外活动中，投放各种材料的球，创设球筐或布袋，供幼儿选择材料，进行抛接游戏。

活动四　谁对谁不对

活动目标

1.了解自我保健的行为规范。

2.观察图片，辨别行为正误，从而规范日常行为。

3.尝试自我控制行为并努力做到。

活动准备

1.经验准备：有一定的行为规范意识，能辨别行为正误。

2.物质准备：幼儿行为表现图片若干，制作成大转盘。

活动重点

辨别正误行为，了解行为规范标准。

活动难点

1.在游戏中总结行为规范。

2.在日常生活中规范自己的行为，有初步的自我控制能力。

活动过程

1.制作行为正误大转盘，引出主题。

教师：小朋友们，我们今天玩一个大转盘的游戏。这个转盘上面贴了一些小朋友的行为图片，哪位小朋友上来转一转这个转盘。当它停下来，指针指着哪幅图，就请这位小朋友说一说，图上的小朋友在干什么？他这样做对不对？为什么？

幼儿上前转转盘，观察图片，正确表述，教师在旁边适当引导。

2.判断正误贴红花游戏，进一步了解自我保健的行为规范。

请幼儿仔细观察幼儿用书《健康与运动》第20~21页中的场景图片，分辨正误。

视力保护：场景一：强光下看书。场景二：在灯光下看书。

饮食卫生：场景一：挑食、偏食。场景二：不挑食，营养丰富。

个人卫生：场景一：回到家，用脏手拿东西吃。场景二：回到家，先洗手。

用耳卫生：场景一：戴耳机，听摇滚音乐。场景二：定期到医院清洁耳孔。

3.幼儿自由操作贴红花，尝试自我控制行为。

活动延伸建议

教师结合幼儿日常行为表现，针对做得不好的方面自制迷宫图或棋类图，帮助幼儿在分辨正误的同时，提高自我控制行为的能力。

日常教育

1.日常生活中利用常见行为，让幼儿区分这些行为对与不对、好与不好。

2.利用谈话环节，引导幼儿说一说哪些行为是对的、哪些行为是不对的，指导和规范

健康与运动

幼儿行为，形成正确的行为模式。

家园共育

1.家长为幼儿设计一张大表格，让幼儿从家里或周围的环境中找一找哪些行为正确，可以学习，哪些行为不好，自己不去做，记录在表格上。

2.家长为幼儿准备一些公益宣传图片，引导幼儿通过看图片了解哪些行为是正确的，从而按照正确、规范的行为去做，从小树立公德心和责任心，做对社会有益的人。

环境创设

1.益智区：投放行为图卡，区分正确行为与不好行为。

2.益智区：投放行为棋、迷宫，在游戏中分辨正误行为，强化理解、规范自己的行为。

主题五　冬日新年到

活动一　快乐去装扮

扫码看视频3-6

健康与运动

活动目标

1.学习运用剪、贴、撕、捏的方法制作装饰材料，装扮教室环境。

2.提高幼儿手指的灵活性及手眼协调能力，培养幼儿做手工的兴趣。

3.能与同伴合作完成任务，并与他人分享快乐。

活动准备

1.经验准备：有过剪、贴、撕、粘、折的手工制作经验。

2.物质准备：各种有关圣诞节环境布置所需的材料。

活动重点

运用剪、贴、撕、捏的方法进行手工制作。

活动难点

通过画、剪、折、粘等动作，提升手部小肌肉动作的精细度和灵活性。

活动过程

1.激发幼儿装扮教室的愿望。

教师：圣诞节快到了，我去商场买东西，看见商场布置得漂漂亮亮的，非常有圣诞节的气氛。你们在哪里看见过圣诞节布置的环境？它们是怎么布置的？

幼儿自由发言。

教师：我们的教室怎样才能有圣诞节的气氛呢？

2.学习制作装饰物。

（1）讨论：什么最能代表圣诞节？一起来做圣诞树和雪人吧！

（2）出示制作圣诞树的步骤图并动手制作。

第一步：用铅笔在卡纸上画出树的轮廓。

第二步：依轮廓剪下树。

第三步：把绿色的皱纹纸对折，剪成长条。

第四步：将皱纹纸的两端一排一排地贴在树冠上。

第五步：在树的顶端贴上小星星，圣诞树就做好了。

（3）幼儿制作圣诞树，教师巡回指导。

（4）出示制作雪人的步骤图，动手制作。

第一步：在彩色纸上画一个圆形做纽扣，画一个三角形做帽子。

第二步：玻璃杯倒扣在白纸上，依杯口的边缘画出一个大圆形，再画一个小圆形。

第三步：用剪刀剪下圆形，做雪人的身子。

第四步：给雪人粘上帽子和扣子。

第五步：再画上眼睛、鼻子和嘴，雪人就完成了。

（5）幼儿制作雪人，教师指导。幼儿可以将做好的雪人用线穿成一串儿，悬挂在教室里。

3.其他方式装扮教室。

幼儿动手剪贴、绘画、折纸、手工制作、吹气球等。

教师指导幼儿完成作品及装饰过程，帮助有困难的幼儿进行悬挂、粘贴、剪、撕等。

互相欣赏装饰效果，并提出自己的修改意见。

4.欣赏作品，感受师幼成功装扮教室的喜悦。

活动延伸建议

布置墙面或举办圣诞树展览。

日常教育

引导幼儿在日常制作活动中正确地运用剪、贴、撕、捏的方法制作各种手工作品，熟练掌握手工制作的技巧。

家园共育

家长可以在家里让幼儿换一种材料，如用布、麻等剪一剪、粘一粘、贴一贴，培养幼儿手指的灵活性和准确度。

环境创设

1.举办"我们的圣诞树"展览，引导几名幼儿为一组，合作制作并装饰圣诞树。展览各组小朋友制作的圣诞树，看看哪组小朋友制作的圣诞树最好看。

2.在圣诞节来临之际，引导幼儿在美工区制作各种用于装扮教室、突显圣诞节节日气氛的装饰物，提前布置教室环境。

活动二　过　新　年

活动目标

1.学习扭秧歌的基本步伐，做到手、脚、身体协调随音乐律动。

扫码看视频3-7

2.知道扭秧歌是一种传统的民间体育活动。

3.感受扭秧歌热闹、喜悦的舞蹈特性。

活动准备

1.经验准备：观看过扭秧歌的表演。

2.物质准备：《东北秧歌》视频、扭秧歌音频资料，秧歌道具手巾花、绸带等，十字步图谱。

健康与运动

活动重点

欣赏并尝试模仿扭秧歌的基本舞步并喜欢这门传统的民间艺术。

活动难点

会看秧歌十字图谱，能模仿教师动作，学习秧歌十字步。

活动过程

1.观看视频《东北秧歌》，引出活动。

（1）教师：你从录像中看到了什么？有谁能告诉大家这个舞蹈的名称？

小结：秧歌舞最早流行于东北地区。那里的人们在喜庆的日子里，就会用扭秧歌的形式来庆祝。后来，全国各地出现了不同风格的地方秧歌。扭秧歌用的道具有手巾花和绸带。一般阿姨们用手巾花，叔叔们用绸带。

（2）教师：请你再看一次，要仔细看，试着学一学。注意手和脚的动作。

2.学习秧歌十字步。

（1）教师：今天，我们也来学一学扭秧歌的基本步伐。它有一个好听的名字叫"秧歌十字步"。

出示"秧歌十字步"大图示，按照十字的位置，十字左上为1，十字右上为2，十字左下为3，十字右下为4。两脚站立，先迈右脚踩在1的位置上，再迈左脚踩在2的位置上，右脚后撤踩在4的位置上，左脚后撤踩在3的位置上。再配合手臂甩起来的动作，就可以了。两手可以各拎着一块绸子布的一角，也可以双手拿着打开的扇子摆起来。

为幼儿讲解图示的步法，并让幼儿试着看图自己先走一走，教师指导，引导幼儿理解图谱的意思。

（2）教师示范秧歌步动作。

秧歌步：第一拍，右脚起步向前交叉方向走；第二拍，左脚向前交叉方向走；第三拍，右脚向后交叉方向走；第四拍，左脚向后交叉方向走。注意准备的时候，双脚站在小脚印上。走步时，可以根据图谱上的口令提示走。注意脚步和颜色的对应。

（3）幼儿学习秧歌十字步。

教师：小朋友们别着急，我们看着秧歌十字步图示一起来学习，很快就能学会了！

幼儿观看秧歌十字步图谱。幼儿练习，教师观察并指导。

鼓励幼儿跟随音乐边唱边练习秧歌十字步，教师进行个别指导。

（4）教师：小朋友们快看，老师给你们带来了什么？

出示手巾花、绸带等道具。

请男生拿绸带，女生拿手巾花，双手自由舞动，听音乐练习。

3.放松身体。

听音乐，放松身体，将道具收起。

活动延伸建议

排练小型秧歌舞，在学习秧歌舞的基础上感受集体舞蹈的快乐。

日常教育

1.欣赏民间艺术，探索其中的艺术美，带领幼儿模仿并感受民间艺术。

2.利用过渡环节，播放适合扭秧歌的音乐，方便幼儿边听音乐边扭秧歌，熟悉秧歌步伐，感受音乐的欢快。

健康与运动

家园共育

1.家长可以带领幼儿去公园或老年活动中心欣赏真人秧歌舞，充分了解并感受扭秧歌热情、欢快的气氛。

2.家长上网搜索扭秧歌的视频，引导幼儿观看、欣赏，学习秧歌的基本步伐和手部动作，感受民间艺术的形体美和音乐美。

环境创设

1.布置民间艺术展览，引导幼儿将收集来的民间艺术或民间艺术家的作品图片粘贴在墙上，供幼儿分享与交流、感受中国民间艺术的博大精深。

2.布置"我们一起扭秧歌"墙饰。教师在教会幼儿扭秧歌的基本步伐后，为幼儿提供相关道具如布扇子、手帕等，让幼儿持物随音乐节奏扭秧歌，教师抓拍幼儿动作，将照片呈现出来，供幼儿分享与交流。

健康与运动

社会与情感

一、领域说明

1.教育价值

社会领域的教育能够发展幼儿的社会认知、社会情感及社会行为技能。通过幼儿个体对自我与社会中的人、环境、规范等的认知，加强人与人之间的社会交往、社会生活的情感体验，如同理心、自尊心、同情心等，能够提升幼儿与人交往的技能，学会谦让、分享、团结、合作等。

（1）对幼儿个性健康发展有益。

个性是指具有一定倾向性的心理特征总和，而社会性则是众多个性最集中的体现。因此，发展幼儿对自己和他人行为与态度的正确认知，树立良好的行为模式和行为习惯，就显得尤为重要。社会领域教育旨在引导幼儿通过日常教育活动，培养积极、健康、和谐的社会生活行为习惯。

（2）培养自信、乐观的性格。

通过社会领域教育，使幼儿正确评价对自我的认知，通过认识自己与他人的不同，知道每个人都有其独一无二的特点和优点，从而树立自信心和积极、乐观的性格，主动、大胆地与同伴交往。

（3）发展良好的人际关系。

与他人相处良好的人际关系，是幼儿社会性发展的内容和重要基础。社会领域教育能引导幼儿学会站在他人的角度上思考问题、解决问题，理解他人的观点，尊重他人的意见，从而发展同理心、同情心。在与他人交往的时候，能够相互团结、合作，主动帮助别人，遵守社会公德和秩序，更好地提高社会交往能力。

（4）建立规则意识和是非观念。

社会化的前提就是建立规则意识和是非观念，幼儿通过社会领域教育了解到社会、集体、团队需要遵守一定的道德规范和社会准则。这些是保证社会正常运转的重要前提。在幼儿园和班里也是一样，幼儿通过建立规则意识和是非观念，了解什么行为是对的、什么行为是错的，哪些事情可以做、哪些不该做，从而进行自我约束、自我调节，维护正常的交往秩序。

2.教育策略

（1）随机进行。

在幼儿园的一日生活常规教育和有针对性的教育活动中，发现幼儿问题随时解决，鼓励幼儿与周围的同伴、教师进行积极的互动，通过交往感受他人对自己的情感、态度和评价，从而认识自我、发展自我意识，建立正确、客观的自我评价体系。教师还应利用日常生活事件，唤起幼儿积极的情感体验，对幼儿实施潜移默化的影响。

（2）创设情境，启发式教育。

由于幼儿的年龄小、思维具体形象化、情绪易受感染等特点，不能对幼儿进行简单的说教和灌输，而应通过创设情境或小故事进行启发式教学，通过适当的引导，唤起幼儿积极的情感体验，建立正确的社会规范体系。将社会领域教育与其他领域教育相互融合、渗透，强调情感与态度。事实上，幼儿园开展的所有教育活动都会涉及幼儿做人、做事的态度和行为方式等，这将大大提升幼儿社会性的健康发展。

（3）家园共育。

幼儿良好的人际关系交往能力的提升离不开幼儿园教育，更离不开家庭教育。因此，家长如能积极配合幼儿园的社会领域教育，对幼儿形成良好的行为方式与行为习惯有很大帮助。因此，教师应采用多种方式与家长积极、主动地联系、交流和沟通，使其了解需要其配合的内容和要求，为幼儿社会性发展创设良好的家庭环境。

3.教育目标与内容

（1）社会领域教育总目标。

①人际交往。

目标1　愿意与人交往。

目标2　能与同伴友好相处。

目标3　具有自尊、自信、自主的表现。

目标4　关心尊重他人。

②社会适应性。

目标1　喜欢并适应群体生活。

目标2　遵守基本的行为规范。

目标3　具有初步的归属感。

（2）大班社会领域教育目标。

◎有自己的好朋友，也喜欢结交新朋友。

◎有问题愿意向别人请教。

◎有高兴的或有趣的事愿意与大家分享。

◎能想办法吸引同伴和自己一起游戏。

◎活动时，能与同伴分工合作，遇到困难能一起克服。

◎与同伴发生冲突时，两人能协商解决。

◎知道别人的想法有时和自己不一样，能倾听和接受别人的意见，不能接受时，会说明理由。

◎不欺负别人，也不允许别人欺负自己。

◎能主动发起活动或在活动中出主意、想办法。

◎做了好事或取得了成绩后还想做得更好。

◎自己的事情自己做，不会的愿意学。

◎主动承担任务，遇到困难能够坚持而不轻易求助。

◎与别人的看法不同时，敢于坚持自己的意见并说出理由。

◎能有礼貌地与人交往。

◎能关注别人的情绪和需要，并给予力所能及的帮助。

◎尊重为大家提供服务的人，珍惜他们的劳动成果。

◎接纳、尊重与自己生活方式或习惯不同的人。

◎在群体活动中积极、快乐。

◎对小学生活充满好奇和向往。

◎理解规则的意义，能与同伴协商、制订游戏和活动规则。

◎爱惜物品，用别人的东西时，也知道要爱护。

◎做了错事敢于承认，不说谎。

◎能认真、负责地完成自己所接受的任务。

◎爱护身边的环境，注意节约资源。

◎愿意为集体做事，为集体的成绩感到高兴。

◎能感受到家乡的发展与变化，并为此感到高兴。

◎知道自己的民族，知道中国是一个多民族的大家庭，各民族之间要互相尊重、团结、友爱。

◎知道国家一些重大成就，爱祖国，为自己是中国人感到自豪。

（3）大班上学期社会领域教育内容：

◎知道每个人都有自己的长处，同时也能发现别人的长处，培养幼儿间相互学习的良好品质。

◎知道应从小树立理想，并通过努力学习来实现它，向同伴介绍自己长大后想要做什么。

◎知道自己的事应该自己做，培养初步的责任感，学习帮助家长做一些力所能及的事。

◎树立常规意识，并学会遵守，能对行为的对错进行判断。

◎通过同伴为自己过生日，感受同伴之间的友谊和集体的温暖。

◎体会到爸爸、妈妈养育子女的辛苦和对自己的爱，产生爱爸爸、妈妈的情感。

◎学会用绘画的方式记录每天发生的事情，制作自己的涂鸦日记。

◎知道中国是一个多民族的国家，各民族之间要互相尊重；从服装上尝试辨认蒙古族、藏族、维吾尔族、朝鲜族4个民族，了解其主要生活习俗及居住地。

◎了解蚂蚁大家族的成员、生活习性及家族生活，通过观察，了解蚂蚁的合作活动，萌发团结互助的意识。

◎了解身边广告的特点、作用及形式，能从广告中吸取有用的信息，尝试自己创编广告词。

◎了解山西的特色面食文化，能够说出几种山西的特色面食。

◎了解山西的名胜古迹，能够说出几处名胜古迹的名称和特点，萌生热爱家乡的情感。

◎了解我国各地方特色的面食小吃和面食文化，萌发热爱中华的情感，产生做中国人的自豪感。

◎欣赏我国各地方不同的民居建筑，了解不同的建筑风格，体会建筑的造型美。

◎认识各种店铺，知道其名称、经营范围及功能。

◎认识菜市场，知道其名称、经营范围，感知在菜场买菜的生活内容，积累相关生活经验。

◎尊敬老人，知道照顾老人也是一种美德。

二、课程内容

主题一　了不起的我

活动一　独一无二的我

活动目标

1.知道每个人都有自己的长处，培养自信心。

2.能够发现别人的长处，培养幼儿间相互学习的良好品质。

3.培养自信心，形成积极、乐观的生活态度。

活动准备

1.经验准备：知道自己擅长做什么。

2.物质准备：故事《小河马找长处》，各种物品每桌若干，如绳子、皮球、白纸、油画棒、剪刀等。

活动重点

能够找到自己的长处。

活动难点

能够发现别人的长处并互相学习。

活动过程

1.让个别幼儿尝试操作，引入主题。

（1）教师：小朋友们，我这儿有绳子、皮球，你会玩吗？你准备怎么玩？

（2）教师：老师这儿有一张白纸，你能用它变魔术吗？你准备怎么变？

（3）教师：老师教了小朋友很多歌曲和舞蹈，你能露一手吗？

小结：刚才，小朋友们的本领可真大！有的会跳绳，有的会唱好听的歌曲，每个孩子都很棒！

2.利用故事《小河马找长处》，帮助个别幼儿找长处，启发幼儿知道每个人都有自己的长处。

（1）讲述故事《小河马找长处》。

（2）想想说说。

教师：小河马为什么哭？小河马在各项比赛中都输了，心里感到怎样？它伤心地说了什么？小河马有长处吗？它的长处是什么？小河马懂得了什么道理？

（3）教师：小河马明白了一个道理，也找到了自己的长处。那么××和××小朋友，现在，你们有没有找到自己的长处呢？你们的长处是什么呢？

小结：小动物都有自己的长处，每个小朋友也有自己的长处，而且每个人的长处可能是不一样的，所以我们要互相学习，做个聪明、能干的小朋友。

3.情景表演：夸夸我的长处。

教师：小朋友们都找到了自己的长处，开心吗？让我们来表演一下吧！

超级链接

小河马找长处

森林里举行了"看谁本领大"的比赛，许多动物都得了奖。小鸟得了唱歌奖，小猴得了爬树奖，小鹿得了跑步奖。可是，小河马在各项比赛中都输了，他羞得满脸通红，悄悄地躲在树林里，哭了起来："我，我真没长处。"树上的小鸟看见了，说："别哭，别哭，每个人都有自己的长处。我看你嘴巴很大，就跟我学唱歌吧！"小河马一听，高兴极了，就跟着小鸟学唱歌。可是，他的大嗓门让大家都捂起了耳朵，说："真难听！真难听！"小河马难过得流出了眼泪。小猴子看见了，说："别哭，别哭！我看你的腿长得挺粗的，就跟我学爬树吧！"小河马就跟着小猴学爬树。可是，他爬呀，爬呀，怎么也爬不上去。小河马伤心地哭了："我，我真没用。"小鹿跑过来，对他说："别哭，别哭！我看你力气挺大，就跟我学跑步吧！"小河马就跟着小鹿学跑步。刚跑了一会儿，他就累得直喘气："我，我真没长处。"小河马没精打采地来到河边。这时，一只小松鼠来了。小松鼠对小河马说："河马大哥，你力气很大，又会游泳，请你帮我过河吧！"小河马乐意极了，他驮着小松鼠，过了河。小松鼠说："河马大哥，谢谢你，你真有本领！"小河马终于找到了自己的长处，它高兴地说："原来每个人都有自己的长处。"于是，他在河边设了一个服务站，挂了一块牌子"免费渡河"。

活动延伸建议

1.观看幼儿用书《社会与情感》第1页图片，参考小朋友各种长处的画面，想一想自己的长处，把它画下来。

2.设立"夸夸我的长处"栏目，鼓励幼儿在平时互相学习，取长补短。

区域活动

美工区：提供各种形状的卡片，幼儿通过制作赞美卡来发现自己的长处，以增强自信心。幼儿还可以给同伴做赞美卡并送给他，学会赞美别人，培养幼儿相互学习的良好品质。

日常教育

1.日常教育中，教师启发幼儿要细致观察同伴们的言行举止，当发现同伴的长处时，可以大方地告诉教师和全班幼儿，激励大家一起学习别人的长处。

2.将幼儿发现别人的长处编成小故事进行宣传，还可以将这些事例画在主题墙饰中。

家园共育

1.家长为幼儿创设与同伴（如邻居、亲友的孩子）互相交往的条件，从中发现孩子与同伴一起玩时表现出来的优点，及时表扬并鼓励他，使之发扬光大。

2.家长和幼儿谈论话题"独一无二的我"，说说自己与别人的不同之处，如长相、个头、爱好、特长、优点等，通过谈话讨论引导幼儿了解每个人都是唯一的个体，有着与众不同的特点，并且这一特点恰恰是表现自己独一无二的地方，帮助幼儿树立自信心。

环境创设

布置"独一无二的我"主题墙，分为3个版块"我的自画像""我喜欢的……""我最大的特点"。"我的自画像"，引导幼儿对着镜子或自己的照片，给自己画像，并将绘画作品呈现在这个版块中。"我喜欢的……"，让幼儿把自己喜欢做的事情画出来，供幼儿之间互相介绍与交流。"我最大的特点"，请幼儿把自己区别于别人的不同之处画出来，并和同

社会与情感

伴说一说，看看同伴是不是也是这样看待自己的。

活动二　我长大以后……

扫码看视频4-1

活动目标

1.知道应从小树立理想，并通过努力学习来实现它。

2.思考后确立目标，向同伴介绍自己长大后想要做什么。

3.激发对未来的美好憧憬和向往。

活动准备

1.经验准备：活动前，幼儿了解了自己父母的职业。

2.物质准备：各种职业图片。

活动重点

了解各种不同的职业名称及其从事的工作内容。

活动难点

经过思考，确立自己未来想要从事的职业。

活动过程

1.说一说父母的职业。

（1）教师：你知道自己的爸爸、妈妈是干什么工作的吗？他们是怎样工作的呢？

幼儿谈谈自己父母的职业，激发幼儿对未来美好生活的向往。

小结：你们的爸爸、妈妈有的当医生，专门为病人治病，帮助病人消除痛苦；有的当老师，教给学生许多知识。爸爸、妈妈真能干！

（2）教师：我来说一说我的工作吧！

教师：我是一名老师，是幼儿老师，在幼儿园上班。爸爸、妈妈把你们送到幼儿园，就由我们来关心、照顾你们，要照顾你们的生活，如吃饭、睡觉、游戏、穿衣等，还要教小朋友们学习说话、画画、唱歌等。虽然我们有时候感到很累，但是看着你们一天天健康、快乐地成长，心里很高兴！当你们毕业的时候，还会很舍不得你们。

2.说一说自己了解的职业。

出示各种职业图片，教师：请小朋友们抽一张图片，看看图片上的人是干什么工作的，他们是怎样工作的？

3.说一说自己喜欢的职业。

（1）幼儿大胆讲述自己的志向及原因。

教师：有一段话是这样写的：爱唱歌的我，长大后做个歌手；爱涂鸦的你，长大后做个画家；爱跳舞的她，长大后做个舞蹈家……一起学本领，长大后才能实现理想。

教师：你现在最喜欢做什么呢？长大以后，想要干什么呢？

（2）幼儿讨论如何实现美好的愿望。

教师：我们都有自己的愿望和理想。现在，我们的年纪还小，不能去实现那些事情，那么我们现在应该怎么做呢？

鼓励幼儿现在努力学习，只有学到真本领，长大以后才能做对社会有用的人。

4.幼儿绘画：未来的我。

社会与情感

教师：未来的你会做什么工作？在哪里工作呢？你的发型是什么样子？会穿什么样的服装？会做什么样的动作呢？请你用笔画一画吧！

5.互相交流、欣赏和鼓励。

教师：请你向同伴介绍一下未来的你好吗？

超级链接

我长大以后……

爱唱歌的我，长大后做个歌手；

爱涂鸦的你，长大后做个画家；

爱跳舞的她，长大后做个舞蹈家……

一起学本领，长大后才能实现理想。

活动延伸建议

家长来接幼儿时，幼儿拿着自己的画向家长介绍未来的自己。将幼儿的绘画作品《未来的我》布置成专栏，供幼儿相互介绍与欣赏。

区域活动

1.设计并制作"幼儿身份证"，内容包括自画大头像、姓名、性别、年龄、爱好、长大后想从事的职业等，可以将"幼儿身份证"分组装订在一起，做成一本身份证书，放在图书区，供幼儿翻阅。

2.做一套各种职业的套卡，头部镂空。幼儿可以选择自己喜欢的职业人像，将自己的大头贴放在镂空位置，看看自己长大后穿上工作制服时的模样，从而产生一种积极的向往。

日常教育

1.日常生活过渡环节，和幼儿一起玩"点名说说"的游戏：教师说出一个小朋友的名字，这名幼儿就要说出自己长大了要做什么，他说完之后，其他幼儿要给他鼓掌、加油。通过游戏，引导幼儿互相认识，互相了解，感受集体生活的快乐。

2.利用组合好的职业图片，请幼儿说说自己长大后会成为一名×××，会做一些什么事情等。

家园共育

1.家长带领孩子外出，遇到熟人打招呼的同时，也不要忘记向熟人介绍一下自己的孩子，最好能让孩子自我介绍一下。

2.与孩子共同深入了解各种职业，让孩子在对各种职业深入了解的基础上，想想自己长大后想成为哪种职业的人，激发孩子产生"我想快快长大"的积极愿望。

环境创设

布置"我长大以后……"墙饰，引导幼儿画出自己长大后想从事哪种职业、做哪些事情，并把幼儿的绘画作品贴在墙上，供幼儿分享与交流，通过画面，了解每个小朋友想法的不同，学会接受不同的想法。

活动三　我是爸妈的小帮手

活动目标

1.知道自己的事应该自己做，培养初步的责任感。

2.学习帮助爸爸、妈妈做一些力所能及的事。

3.增强关心、热爱爸爸、妈妈的美好情感。

活动准备

1.经验准备：活动前编排情景剧表演"小花在家里"。

2.物质准备：表演用的道具，如围裙、扫帚、抹布等。

活动重点

能够体会到父母的辛苦和付出，愿意为父母做一些力所能及的事，来表达对父母的爱。

活动难点

能长期坚持为家人做一件事。

活动过程

1.唱一唱：我的好妈妈。

听歌曲《我的好妈妈》，幼儿回忆自己的爸爸、妈妈工作或是做家务时的情景，激发为爸爸、妈妈做事的愿望。

教师：爸爸、妈妈做什么工作呢？累吗？

教师：每天爸爸、妈妈上班回来还要做很多家务，比如做饭、洗衣服、打扫家多辛苦啊！

教师：那我们怎么做才能让爸爸、妈妈不那么累呢？

启发幼儿谈谈自己的爸爸、妈妈是怎么辛辛苦苦劳动的，并思考自己应该怎样为爸爸、妈妈分担一些家务。

请大家轮流上台说说，怎样当妈妈的小帮手。

学唱歌曲《我的好妈妈》，体会妈妈的辛苦，学习照顾妈妈。

2.看一看：小花在家里。

（1）情景表演：小花在吃饭的时候会帮忙摆碗筷，还会帮家里扫地、倒垃圾，和妈妈逛街，还会帮妈妈拎东西。

幼儿看情景剧表演"小花在家里"，启发幼儿思考以下几个问题。

教师：小花是怎样关心爸爸、妈妈的？我们可以为爸爸、妈妈做些什么？

教师：当家人感到累的时候，你会怎么做呢？

（2）启发幼儿说出自己的事要自己做，不让爸爸、妈妈操心，还可以帮助他们做一些自己会做的事。

教师：你会帮家人做哪些事情呢？

鼓励幼儿说出自己可以协助爸爸、妈妈做的家务事。

幼儿回忆自己从事过的劳动内容，如：摆收碗筷、擦桌子、扫地、洗手绢和袜子、叠衣服、拿牛奶、倒垃圾等。

3.画一画：我是爸妈的小帮手。

请幼儿把自己帮助爸爸、妈妈做的某一件事画出来并说给同伴听，让幼儿互相学习。

活动延伸建议

幼儿回到家后，跟家长商量自己要为家人做哪些事情，并且一定要坚持下来，回到幼儿园后，还要讲给教师和其他小朋友听。

日常教育

教师在日常生活中利用户外散步的时机，和孩子谈谈长辈爱护晚辈和晚辈孝敬长辈的

故事，让幼儿知道在自己的成长过程中，家里人付出了很多心血和爱心。

家园共育

1.请爸爸、妈妈把幼儿在家做小帮手的情景拍摄下来，照片、视频均可。

2.将幼儿的照片布置成专栏，供其他幼儿观看，视频可以在某段时间集中播放。

3.鼓励幼儿制订一个帮助长辈做事的计划，有意识地引导幼儿思考家里人都需要自己帮助做哪些事，根据大家的需要制订计划。如：星期一帮妈妈倒垃圾、星期二帮爸爸擦皮鞋、星期三给爷爷捶背……

环境创设

布置"爸妈小帮手"墙饰，引导幼儿说一说平时在家里会帮家长做哪些力所能及的事情，让幼儿把这些事情画出来，呈现在墙上，供幼儿互相学习，争做爸妈的小帮手。

主题二　幼儿园里我真棒

活动一　谁对谁不对

活动目标

1.树立幼儿园常规意识，并学会遵守。

2.能对行为的对错进行判断。

3.遵守行为规范得到表扬和肯定，体验遵守行为规范的快乐。

活动准备

1.经验准备：了解幼儿园及社会生活中有一些行为规范要遵守。

2.物质准备：两段视频，表演用的道具。

活动重点

了解幼儿园常规和社会生活中的行为规范。

活动难点

自觉遵守行为规范，对行为的对错有判断能力。

活动过程

1.观看视频，说说自己的感受。

（1）第一段视频是人们遵守交通规则，走人行横道，道路很顺畅。

教师：大家看了以后，感觉怎样？（道路很顺畅，给人以祥和的感觉）

（2）第二段视频是人们没有按交通规则行走，造成交通堵塞。

教师：大家看了以后，感觉怎样？（道路拥挤不堪，人们心情很烦躁）

教师：那么我们应该怎么做呢？（每个人都应该遵守交通规则）

讨论规则的重要性，如果没有了规则，社会秩序就会被打乱，每个人的生活都会受到影响。

（3）教师：除了要遵守交通规则，还应该在什么地方遵守哪些规则呢？

如上下楼梯要靠右走、在图书馆不能大声说话等。

（4）教师：遵守规则会给大家带来哪些好处？不遵守规则会有哪些危害？

幼儿通过具体事例说明遵守规则会给大家带来方便，不遵守规则会给自己和大家带来麻烦，严重时还可能危及生命等。

2.分组制订本班的规则。

（1）将幼儿分成若干小组，每个小组自选一个幼儿园日常生活环节讨论，制订相应的规则，并用绘画的形式表现具体的规则要求，教师帮助写上简短的文字说明。

（2）请小组代表向全班介绍本组讨论制订的规则。

（3）各小组展示本组画出来的、不同生活环节的规则。

（4）各小组将所制订的规则粘贴在主题墙饰上。

3.分角色表演：谁做得对。

幼儿自由选择角色进行表演。

第一组：做客。客人来了，主人问候，让坐，倒水，削水果或端来小点心。

第二组：乘车。公共汽车开过来了，排队上车，为老人让座，不随地吐痰。

第三组：逛公园。排队买票，不踩踏草坪，不折花，不乱扔果皮、纸屑。

教师：哪些幼儿的行为是对的？大家说一说。

4.幼儿做练习，巩固经验。

教师：翻到幼儿用书《社会与情感》第4~5页，下面这两个小朋友小玉和丁丁谁做得对？请沿着正确的行为走，画出路线。

活动延伸建议

1.引导和鼓励幼儿在日常教育中，体验自己制订规则的可行性及需要调整的内容，不断丰富、完善规则内容。

2.引导幼儿继续制订本班各项活动的规则，如进餐、如厕、喝水等环节的规范要求，让幼儿画出图片后张贴在相应的地方，以提醒大家遵守规则。

区域活动

指导幼儿为活动区制订活动规则，并用文字或绘画的形式将规则展示出来，粘贴在相应的地方。

日常教育

1.在日常生活中渗透规则教育，如吃饭、游戏、外出活动时，提醒幼儿应该注意的事项，强化幼儿的规则意识。

2.在日常生活中发现幼儿遵守规则的行为及时给予肯定，引导大家向好的榜样学习。

家园共育

1.家长和孩子一起制订家庭生活中共同遵守的规则，如作息时间、收拾物品、外出做客的规则等，引导幼儿用绘画形式将规则内容画出来，家长帮助写上文字说明，贴在家里适当的位置。

2.家长带孩子外出时，引导其关注并遵守公共场所的行为规范，如排队上车、不随地乱扔废弃物等，引导幼儿体验遵守规则给大家带来的好处。

环境创设

布置"谁对谁不对"墙饰，教师和幼儿一起讨论一日生活中各种不同的做法，了解哪些行为是对的、哪些行为是不对的，将这些行为画出来，并请教师帮忙标注文字，将绘画

社会与情感

作品贴在墙上，让幼儿之间就这些行为展开讨论，树立正确的行为规则意识。

活动二　今天，我过生日

活动目标

1.通过同伴为自己过生日，感受同伴之间的友谊和集体的温暖。

2.积极、主动地参加生日庆祝活动，和同伴友好交往。

3.感谢同伴的祝福，与大家一起分享快乐。

活动准备

1.经验准备：有过过生日的经历。

2.物质准备：布置好过生日的场景，歌曲《生日歌》。

活动重点

通过同伴为自己过生日，感受同伴之间的友谊和集体的温暖。

活动难点

积极、主动地参加生日庆祝，和同伴友好交往。

活动过程

1.营造气氛，激发兴趣。

播放《生日歌》，师幼随歌曲一起歌唱《生日歌》。

教师：今天，我们唱起了《生日歌》，班里有个小朋友过生日了。

2.相互讨论，大胆发言。

（1）讨论生日的意义。

教师：你们知道什么是生日吗？我们为什么要过生日呢？过生日时，我们最应该感谢谁？你愿意和谁一起分享自己的快乐呢？

小结：生日就是我们出生的那一天，是家人最高兴的日子。因为宝宝出生了，给我们的家庭带来了很多欢乐。所以，大家都记得宝宝出生的日子。

（2）回忆自己过生日的情景。

教师：你们的爸爸、妈妈怎样给你过生日的呢？他们给你准备了什么？

教师：如果你过生日，你想怎么过呢？

3.交流与表现，分享快乐。

（1）教师：现在，我们请出今天的小寿星——晶晶，我们一起为她唱《生日歌》。

（2）教师：今天是晶晶的生日，我们大家应该送上怎样的祝福呢？

小结：我们要对晶晶说祝福的话，为她唱《生日歌》，也可以为晶晶送上一份自制的礼物。

（3）教师：晶晶收到大家的祝福，应该怎么做呢？

小结：晶晶应该感谢大家的祝福，可以跟大家一起分享自己过生日的喜悦，一起吃蛋糕。

4.大胆想象，自由创编。

教师：我们过生日除了买蛋糕，还可以怎样过得开心、有意义呢？

小结：我们可以自己动手制作一些小礼物，可以做有意义的事情，还可以和家人一起

逛公园等。

5.欣赏儿歌，结束活动。

超级链接

今天，我过生日

过生日，真热闹，
小朋友们都来到。
今天我又长一岁，
吹灭蜡烛许心愿：
祝愿人人都开心，
大家一起吃蛋糕！

生 日 歌

祝你生日快乐！
祝你生日快乐！
祝你永远快乐！

活动延伸建议

1."看一看"。教师：看看妈妈怀着宝宝大肚子时候的照片和妈妈悉心照顾宝宝的照片，感受妈妈的辛苦。

2."说一说"。教师：回家后，让妈妈讲讲我小时候的故事，感受妈妈对我浓浓的爱。

3."做一做"。教师：妈妈那么爱你，你爱妈妈吗？那你就大声说出来或者可以抱抱妈妈、亲亲妈妈哦！

区域活动

1.语言区："我过生日时"。利用照片回忆自己在家过生日时的情景，给教师、同伴讲一讲。

2.娃娃家：可以创设一个主题：今天，宝宝过生日，我们怎么给她过生日？

日常教育

1.统计班内幼儿的生日日期，并在生日前一天请小朋友准备自己的生日礼物、生日祝福。可以给孩子们一些建议：画一幅画、唱一首歌、说一句话、做一个动作都可以。

2.每次给小朋友过生日时将孩子们的笑脸定格在照片中，让他们感受过生日的幸福、给同伴过生日的开心。

家园共育

1.家长与孩子一起看孩子小时候的视频或照片，讲讲小时候的故事。

2.平时，家长积极地将自己的体会、感受用语言表达出来，如：妈妈很累了，宝宝帮妈妈做些事情，好吗？宝宝这么爱妈妈，妈妈好开心啊！妈妈也很爱你！……这样可以给孩子一些心灵的慰藉、爱的启迪，孩子也会效仿。

环境创设

布置"今天，我过生日"墙饰，幼儿将自己过生日的照片带到幼儿园，请教师将照片贴在墙上，再请幼儿互相分享自己是在哪里和谁一起过生日的、过生日那天发生了哪些有意义和有趣的事情，给幼儿提供彼此交流的话题。

社会与情感

活动三　感恩的心

活动目标

1.知道父母养育子女很辛苦，自己是在父母亲切关怀、照顾下长大的。

2.体会到父母对自己的爱，产生爱父母的情感。

3.愿意做孝敬父母的好孩子。

活动准备

1.经验准备：活动前，幼儿向父母了解自己成长过程中得到亲人照顾的情况。

2.物质准备：每个幼儿带几张反映自己成长过程的照片，每个幼儿从家里带两个生鸡蛋。

活动重点

学会感恩父母，学会体贴、关心他人。

活动难点

培养责任感，理解父母养育的艰辛，学会照顾他人。

活动过程

1.讨论：我们怎样长大的。

（1）幼儿相互介绍刚出生时的照片。

（2）教师：小朋友们知道自己刚出生时是什么样的吗？那时，你们会做什么？不会什么？

引导幼儿知道自己刚出生时都非常弱小，处处需要家人的照顾。

（3）教师：小朋友是怎样从一个只会哭和吃奶的新生儿长成现在这个样子的？

引导幼儿讨论父母及亲人抚育自己成长的故事，体验父母和其他长辈的辛苦。

（4）小结：每个人刚出生只会吃奶，睡觉，其他事情都要别人照顾，为了让我们健康成长，爸爸妈妈、爷爷奶奶经常吃不好饭、睡不好觉，非常辛苦。

2.认识蛋宝宝。

（1）教师出示鸡蛋，告诉幼儿它是鸡妈妈的孩子，叫蛋宝宝。鸡妈妈可以用它孵出小鸡。

（2）教师：蛋宝宝非常脆弱，一不小心就会打碎。你们小时候也是这样，所以，爸爸、妈妈非常小心地把你们抱在怀里，呵护你们。

3.幼儿保护蛋宝宝。

（1）教师：你们愿意向爸爸妈妈照顾你们那样，当蛋宝宝的爸爸或妈妈，照顾它们几天吗？

激发幼儿照顾蛋宝宝的兴趣和热情。

（2）向幼儿提出照顾蛋宝宝的要求。教师：每天上课、游戏、吃饭、睡觉时，都要带着蛋宝宝，不能让它破碎。

4.交流"我当爸爸、妈妈"的感受。

（1）教师：照顾蛋宝宝时，你遇到了哪些问题和困难？你是怎样解决的？解决这些问题后，你的心里感觉怎么样？

社会与情感

（2）教师：照顾蛋宝宝时，你感到辛苦吗？和不照顾蛋宝宝时，有什么不一样？

（3）教师：你觉得照顾蛋宝宝和爸爸、妈妈照顾你有哪些相同的地方呢？（要精心照顾和保护）

5.为爸爸、妈妈做一件事。

教师：从今天开始，我们每天为爸爸、妈妈做一件事，能坚持下来的小朋友就能得到"最爱爸爸、妈妈"奖。

6.表演歌曲《感恩的心》，结束活动。

超级链接

感 恩 的 心

小时候，爸爸陪我玩耍；

生病的时候，妈妈照顾我；

每一天，爸爸、妈妈给我温暖，伴我长大。

我要送给他们一张小小的贺卡，上面写着：

"我爱爸爸，我爱妈妈。"

活动延伸建议

1.引导幼儿继续交流养育蛋宝宝的体会。

2.将全班幼儿在照顾蛋宝宝的过程中为蛋宝宝制作物品，如蛋宝宝的摇篮等，放在主题墙上展示。

区域活动

1.美工区：幼儿将照顾蛋宝宝的过程及自己的情感体验画出来。

2.图书区：将全班幼儿绘画的照顾蛋宝宝美术作品汇集成册，放在图书区供大家阅读。

日常教育

1.该活动的重点是第3环节"照顾蛋宝宝"，此环节应持续3天，让幼儿在所有生活环节中照顾蛋宝宝，以培养幼儿的责任感和任务意识。

2.活动过程中，应重视引导幼儿体验生命的脆弱和生命成长过程的艰难，理解父母养育自己的辛苦，体会父母对自己的情感，强化幼儿对父母的热爱和感激之情。

3.教师特别关注比较粗心的幼儿，提醒他们在活动中要照顾好蛋宝宝，发现他们爱护蛋宝宝的行为及时给以表扬和鼓励。

家园共育

1.家长在家里和幼儿一起饲养一些小动物，让幼儿照顾并进行记录，培养幼儿的责任感。

2.家长和幼儿谈论自己成长过程中接受了哪些人的帮助、自己是如何感恩的，也让幼儿说说谁最关心、爱护他，谁是他最好的朋友，这些人为他做了什么，自己又是如何感恩这些人的，从而让幼儿懂得感恩、学会感恩。

环境创设

布置"感恩的心"墙饰，让幼儿把家人对自己的爱和自己对家人的爱有哪些表现画出来，将绘画作品贴在墙上。引导幼儿分享与交流，说说自己对"感恩"一词的理解，以及自己是如何做的。

社会与情感

活动四 涂鸦日记

扫码看视频4-2

扫码看视频4-3

活动目标

1.学会用画画的形式记录每天发生的事情。

2.互相交流自己的绘画作品，体验绘画的成功感。

3.制作自己的涂鸦日记，体验成功的喜悦。

活动准备

1.经验准备：会用绘画的形式记录自己发生的事情。

2.物质准备：画笔、画纸、教师自制图书。

活动重点

学会用画画的形式记录每天发生的事情。

活动难点

制作自己的涂鸦日记，坚持做记录。

活动过程

1.欣赏教师自制的图书。

（1）教师：今天，老师有一件喜事要告诉你们。瞧，我自己会做书了，请大家一起来看看吧！

（2）教师：大家先仔细看看。看完后，我有问题要问问大家了！

教师：我的这本书和从书店里买来的书有什么相同的地方？

小结：都有封面，封底，有页码，有图案，有文字等。

教师：我的这本书和从书店买来的书有什么不同的地方？

小结：是自己用画笔画出来的，里面所有的内容都是自己做的。这本书里记录了我星期天做的一些事情，我们一起看看吧！

2.幼儿制作自己的涂鸦日记。

（1）制作步骤：

①裁几张大小一样的纸张。

②将一天发生的事情画下来并涂色。每张纸上画一件事情，如我和小朋友一起收拾玩具、今天我是值日生、我帮老师擦桌子……

③对绘画页面进行修饰。

④制作封面和封底。

⑤用订书机订好。

（2）分享交流。

教师：我们把做好的图书和同伴换着看看吧！看看同伴书里都记录了哪些事情。

3.爱护图书，珍惜劳动成果。

教师：现在，我们学会了用画笔记录事情的方法了。以后有什么有趣的事情发生了，我们就可以记录下来，让每个人都知道。

教师：把做好的图书都保存好，等你们长大了再看时，一定会感觉很快乐的！

活动延伸建议

1.继续鼓励、帮助幼儿将发生的事情编成有情节的故事，用画笔记录下来。

2.引导幼儿发现小朋友们图书中好的表现手法，通过交流向同伴学习，并学着接纳和欣赏同伴。

3.对胆小、不敢动笔的幼儿，教师可以带领他先看看别的小朋友是怎样画的，告诉他怎么开始画，甚至帮他勾画几笔，坚持一段时间后，当他逐渐建立起自信心之后，就可以更好地表达自己的想法了。

区域活动

1.美工区：以"快乐的节日"为主题将自己的经历画出来，编成故事，讲给同伴们听。

2.图书区：阅读自己和同伴们自制的图书。如果看不懂，就去问问书的作者，互相交流、学习。

日常教育

1.在日常教育中，教师帮助幼儿整理事件，将事件按情节分成段落，再用画笔记录下来，时间久了，孩子们学会这种方法，就能完整地记录事件了。

2.利用过渡环节，引导幼儿互相说一说日常生活中发生了哪些有趣的事或有意义的事，提高幼儿提炼、总结事情的能力及口语表达能力。

家园共育

1.家长多带幼儿参加一些有意义的活动，丰富幼儿社会交往经验，并鼓励幼儿将所见所闻以绘画的形式记录下来，带到幼儿园与其他小朋友分享。

2.家长每天晚上用固定的时间带领幼儿用绘画的方式记录一天当中发生的最有趣的事或最有意义的事。每隔一段时间，家长就把幼儿这些绘画作品装订成册，作为《涂鸦日记》，收藏起来，将来等孩子长大了，可以拿出来看一看，一起回味当时发生的事。

环境创设

布置"我的涂鸦日记"墙饰，引导幼儿将自己用画笔记录的事件收集起来，带到幼儿园，贴在墙上，与其他幼儿分享，互相说一说自己画的是什么事情，体验与同伴交流的快乐。

主题三 不一样的世界

活动一 不同的民族

活动目标

1.知道我国是一个多民族的国家，各族人民勤劳、勇敢，他们都是中国人。

2.从服装上尝试辨认蒙古族、藏族、维吾尔族、朝鲜族4个民族，了解其主要生活习惯及居住地。

3.尊重少数民族的生活习俗，激发想要了解的兴趣。

活动准备

1.经验准备：课前丰富有关地理知识与音乐、舞蹈方面的技巧。

2.物质准备：师生共同收集反映少数民族生活的服饰、民俗、物产、文化等图片、照片、实物以及相关纪念品；中国地图；歌曲《爱我中华》的音乐。

活动重点

从服装上分辨蒙古族、藏族、维吾尔族、朝鲜族4个民族。

活动难点

了解蒙古族、藏族、维吾尔族、朝鲜族的主要生活习惯和居住地。

活动过程

1.开始部分。

出示中国地图，复习儿歌《中国地图》，巩固以前所学的地理知识。

教师：中国是个多民族国家。请小朋友们说一说，你们知道有哪些民族？他们居住在地图上的什么位置？

幼儿讨论：出示朝鲜、蒙古族、藏族、维吾尔族4个民族的娃娃，一起找出他们居住在"大公鸡"的什么地方，并将民族娃娃与他们的居住地标记在地图上。

2.认识几个少数民族。

出示挂图，认识4个民族的服饰特征并了解其生活习俗。

（1）出示蒙古族图片，让幼儿通过观察、讨论，了解蒙古族人的服饰特征与主要生活习俗。

教师：蒙古族人穿什么样的衣服？他们的服饰跟我们有什么不一样？他们爱好什么？

（2）出示蒙古族的图片，深入引导幼儿观察。

教师：他们穿什么样的衣服？手里拿着什么乐器呢？

小结：蒙古族人身穿长袍，斜开衣襟，头上扎着头巾或戴着皮帽子，腰间束丝带，脚穿皮靴。他们生活在大草原上，以放牧为生，住在可以随拆随搭的蒙古包里，他们爱吃牛肉、羊肉，喝奶茶。蒙古族人喜欢唱歌、跳舞、弹马头琴。

（3）用同样的方法，介绍藏族、维吾尔族、朝鲜族。

（4）欣赏4个民族的音乐，欣赏民族舞蹈。

幼儿根据平时积累的知识边听音乐边跳舞，区分各民族不同的舞蹈风格。

3.玩"到少数民族地区去旅游"的游戏，引导幼儿介绍不同的少数民族。

（1）将幼儿分成几个小组，各组选一名导游，各组导游以亲切的态度将客人带往自己的家乡。

（2）导游向游客介绍少数民族的名称、居住地、生活情况、服饰特点、物产、文化习俗等。

（3）向旅游者展现本民族歌舞或赠送自制的小饰物。

4.结束部分。

（1）培养幼儿热爱少数民族的情感，进行爱国主义教育。

教师：我们今天认识了几个少数民族，他们和我们一样都是中国人。我们五十多个民族生活在一起，一起劳动，一起唱歌、跳舞，共同建设我们的国家……

（2）播放歌曲《爱我中华》。

幼儿随歌曲拍手，自由起舞，感受民族团结的欢乐。

社会与情感

活动延伸建议

1.请幼儿说说自己还知道哪些少数民族，不断丰富和交流关于少数民族的信息。

2.可以请中班的弟弟、妹妹来参观展览，幼儿分组进行介绍。

区域活动

1.图书区：投放有关少数民族的书籍，供幼儿翻阅。

2.美工区：投放具有民族特色的娃娃、彩纸等材料，供幼儿制作少数民族的服饰、饰物等。

3.音乐区：提供民族音乐和民族服饰等，幼儿表演民族舞蹈。

日常教育

1.引导幼儿继续关注、收集关于我国少数民族的信息，互相交流，并充实到展览中。

2.利用谈话活动，引导幼儿互相介绍一下自己是来自哪个民族的、本民族住在哪里、有哪些习俗等，丰富幼儿见闻，扩充幼儿相关知识。

家园共育

1.家长从电脑上查阅有关少数民族的新闻、风俗等，加强幼儿对少数民族的认识。

2.通过看电视节目，让孩子欣赏、了解祖国各民族的服饰特征、习俗、文化，向孩子介绍少数民族的风土人情与节日。

环境创设

1.利用幼儿收集的各地土特产、服饰或服饰图片、特产的包装盒、袋等，举办"中国特产展""民族服饰展"。师幼一起讨论地方特产或民族服饰的分类，按不同民族进行分类，再展出。

2.布置"不同的民族"主题墙，分为3个版块"我知道的民族""民族服饰展""舌尖上的民族"。"我知道的民族"，将幼儿收集到的不同民族图片贴在这里，并用文字标注，方便幼儿了解。"民族服饰展"，请幼儿收集不同民族服装的图片，通过绘画的形式细致了解不同民族服装的特点，并将幼儿绘画作品呈现出来。"舌尖上的民族"，将不同民族饮食文化中最具特色的菜肴、土特产以图片的形式呈现出来，方便幼儿进一步了解。

活动二　蚂蚁大家族

扫码看视频4-4

活动目标

1.了解蚂蚁大家族的成员、生活习性及家族生活。

2.通过观察，了解蚂蚁的合作活动。

3.萌发团结互助的意识。

活动准备

1.经验准备：以前有过观察蚂蚁的经验，选择安全、舒适的观察场地，用各种食物来引诱小蚂蚁，观察蚂蚁觅食的特性。

2.物质准备：教学挂图（将蚂蚁洞穴中每个"房间"进行遮挡）；蚁后、工蚁、雄蚁的图片及文字；课件《蚂蚁大家族》。

活动重点

了解社会分工、团结合作与秩序井然的蚂蚁家族生活。

活动难点

由蚂蚁家族的生活迁移到生活中人们的社会分工，了解其社会性。

活动过程

1.实践活动之后的讨论。

教师：小朋友们，你们找到蚂蚁了吗？你们是在哪儿找到蚂蚁的？你们是怎么找到蚂蚁的？蚂蚁是单独住在一个地方，还是一大群住在一起的？你们还发现了什么小秘密？

此环节请幼儿畅所欲言，教师不予点评，可以适当补充相关信息。

2.利用小图片介绍蚂蚁大家族的成员。

教师：我们找到了蚂蚁，也发现了好多蚂蚁都是住在一起的。这个大家族里都有谁？

出示蚁后图片，教师：我是蚁后，是小蚂蚁的妈妈，是这个大家族的女皇，他们都要听我的话。在家里，我的个头最大，特别是我的肚子也很大，我的主要工作就是产卵和繁殖后代。

出示雄蚁图片，教师：我是雄蚁，是小蚂蚁的爸爸。我什么事情都不做，每天就是吃东西，和蚂蚁妈妈生宝宝。我最特别的地方就是有一对翅膀。我的房间就在巢穴最中心的地方。

出示工蚁图片，教师：我是工蚁，我没有翅膀的。在家里，虽然我个头最小，但是，我们工蚁的数量却是最多的。我们的工作就是建造巢穴、采集食物、喂养蚂蚁宝宝和蚂蚁妈妈。

3.出示大挂图，了解蚂蚁的家族生活。

教师：下面，我带着小朋友们一起到小蚂蚁家里去看看。

请幼儿仔细观察每一幅图，根据教师前面的介绍，来确定每幅画面中蚂蚁的种类及它正在做的事情。

（1）出示图片一：一群蚂蚁正在运粮食。

讨论：这些小蚂蚁正在做什么？它们是怎么搬粮食的？（排好队，一个跟着一个走）

教师：如果一只蚂蚁发现了粮食，可是它搬不动，它会怎么做呢？（它会通知它的伙伴）

教师：它怎么通知其他蚂蚁呢？（小蚂蚁不会说话，如果有消息要告诉伙伴时，它们会互相碰碰小触角，传递消息）

教师：那请你说说，这是哪一类蚂蚁？（工蚁）

教师：瞧，我们的小蚂蚁一个人做不了的事情，大家会一起帮着做，真是团结的小蚂蚁！搬粮食还能排着整整齐齐的队伍，也是做事有秩序的小蚂蚁。我们赞美它！

（2）出示图片二：工蚁往储藏室里搬粮食。

提问：小蚂蚁排着队，搬着粮食，沿着这条长长的通道，它们来到了哪里？（房间里、洞里等）

教师：这个小房间是专门储存粮食的地方，里面不仅通风，而且冬天暖和、夏天凉快，食物也不容易坏掉。

教师：正在里面忙着摆食物的是哪种蚂蚁呢？（也是我们的工蚁）

（3）出示图片三：工蚁扩建巢穴，把洞里的土运到地面上来。

教师：蚂蚁妈妈生了很多小宝宝，结果以前的房间不够住了，这个时候，就得再造几间房子，把洞穴建得大大的。那谁来挖洞，谁来往地面上运土呢？（还是我们的工蚁）

社会与情感

（4）出示图片四：工蚁在化蛹室看着蛹。

教师：还有一个房间里面住着蛹，还有专门的工蚁看着它们。

（5）出示图片五：蚁后正在生宝宝。

讨论：一个一个的小白点就是蚂蚁妈妈产下的卵。那这个大肚子的是谁？（蚂蚁妈妈）哦，蚂蚁妈妈正在产卵。旁边这些呀，还是工蚁，它们正忙着把刚生下来的卵宝宝转移到另一个房间里。一会儿，还得给蚂蚁妈妈喂食呢！

（6）出示图片六：工蚁在卵室照顾卵宝宝。

教师：蚂蚁妈妈生下卵宝宝已经很累很累了，再也没有精力照顾自己的宝宝了。卵宝宝是由工蚁来照顾、长大的。

教师：瞧，我们的工蚁多能干！好多事情都是由它来做的。

4.观看课件，帮助幼儿梳理有关蚂蚁生活习性的内容。

重点说出：这是什么蚁？它在做什么？

5.提升与迁移。

教师：今天，我们去蚂蚁家里看了看，知道每只蚂蚁都有自己的工作，每只蚂蚁都在辛苦地劳动着。它们总是在一起做事情，做得很开心。它们也很团结，所以每件事情都能做好。那我们今后也学学小蚂蚁，与伙伴好好相处，做事情时能够分工合作，大家团结一心，共同把事情做好，好吗？

教师设定几种场景请幼儿思考：遇到这种情况，我会怎么做？

如"平衡木倒了，明明扶了好半天，也扶不起来。我们看到了，该怎么办"等。

活动延伸建议

1.依据幼儿兴趣，扩展其他有关蚂蚁的知识，如认识兵蚁。

2.带领孩子到户外寻找蚂蚁，观察蚂蚁，再次加深幼儿有关蚂蚁做事有序与团结的印象，鼓励孩子向小蚂蚁学习。

设计意图

本次活动虽然有科学领域的知识，但是在让孩子们了解蚂蚁生活习性的过程中，也让他们观察到了小蚂蚁的群居生活，井然有序的社会分工，各负其责，体现了社会性。幼儿具有特有的学习特点，如果教师说教式地灌输，让他们谦让，鼓励他们团结，也许根本就没有成效。但是借助"小蚂蚁"这个群体生活，孩子们由惊奇转为赞美、向往，他们会以小蚂蚁为榜样，更好地约束自己的行为，去学习那些好的品质。

日常教育

1.利用户外活动时，引导幼儿观察、发现蚂蚁的行踪及蚁穴，用拍照或绘画的方式进行记录，通过观察了解蚂蚁的外形特征、生活习性、食性等。

2.利用户外游戏环节，组织幼儿玩"小蚂蚁运食物"的游戏，幼儿扮演小蚂蚁，合力从起点到终点搬运食物（大纸箱），让幼儿体会"人多力量大"的好处，了解小蚂蚁在找到大的食物时，会招唤同伴，一起来搬运食物。

家园共育

1.家长和幼儿一起上网搜集有关蚂蚁的相关知识，引导幼儿通过看视频、看图片的方式直观地了解蚂蚁的外形特征、巢穴、群居的生活习性等。

2.天气好的时候，家长带领幼儿带着放大镜到户外寻找蚂蚁窝，观察蚂蚁，发现蚂蚁

社会与情感

分工不同，有的负责挖筑巢穴，有的负责寻找、搬运食物等。

环境创设

布置"蚂蚁大家族"主题墙，分成3个版块"蚂蚁家庭成员""蚂蚁的穴巢""工蚁的任务"。"蚂蚁的家庭成员"分别介绍蚁后、雄蚁和工蚁。"蚂蚁的穴巢"，呈现蚁穴的布局，说明不同的洞有着不同的功能，分别是干什么用的。"工蚁的任务"，引导幼儿将收集到有关工蚁的任务画下来，呈现在这个版块里。

活动三 广告大世界

扫码看视频4-5

活动目标

1. 了解身边广告的特点、作用及各种各样的广告形式。
2. 能从广告中吸取有用的信息，尝试自己创编广告词。
3. 对身边的广告感兴趣。

活动准备

1. 经验准备：活动前，找找生活中常见的广告——"哪里有广告"。在电视上或者电脑上欣赏广告，学学里面的广告词。

2. 物质准备：各种广告图片（如食品广告、汽车广告、化妆品广告、药品广告等），超市广告宣传单，带有广告的报纸，下载几个广告视频。

活动重点

认识广告，了解广告的特点、作用及各种各样的广告形式。

活动难点

能从广告中吸取有用的信息，尝试自己创编广告词。

活动过程

1. 游戏：接说广告词。

康师傅方便面——好吃看得见。

今年过节不收礼——收礼就收脑白金。

要想皮肤好——早晚用大宝。

钻石恒久远——一颗永流传。

维维豆奶——欢乐开怀。

2. 导入主题。

教师：小朋友们说得真棒！老师没有教你们，你们怎么都接得上来呢？（看电视看的，听来的）

教师：哦！这些都是广告词，小朋友们都是从电视上学到的。

教师：今天，老师也带来了几段广告，请大家欣赏。

3. 播放广告视频，请幼儿欣赏。

提问：广告里分别介绍了什么商品？

教师：广告里说了些什么？它是怎么说的？（请幼儿尝试模仿）

教师：你还听过哪些广告？可以说给我们大家听吗？

（此环节重点想给幼儿提供一个想说、敢说、喜欢说、有机会说的机会）

社会与情感

4.讨论广告的特点。

教师：广告里面会说些什么呢？

小结：广告里面会介绍商品的名字、特点、功能、作用……当然还得夸夸这样东西的优点和特长。说得好了，大家才会买啊！

教师：为什么我们很容易就记住了广告词呢？

小结：因为广告词短短的，很有趣，读起来朗朗上口，所以一下子就记住了。

教师：你见过哪些商品的广告呢？（出示相应图片）汽车广告、服装广告、食品广告、玩具广告、化妆品广告……

5.分组讨论：哪里有广告？

教师：你们在哪里见过各种各样的广告？

幼儿：在衣服上、超市里、遮阳伞上、汽车上、报纸上、电梯里、楼顶上、公交车站、商店橱窗等。

翻到幼儿用书《社会与情感》第14~15页，欣赏不同形式的广告并做相应的介绍。

如店铺广告、楼顶广告、电梯轿厢里的广告、公交车身广告、报纸广告、购物车身广告、电梯旁边的电视广告、公交车站广告、楼体的电视广告等。

小结：生活中，我们随处都能见到广告，它和我们的生活紧密相连。

6.通过看、想、说了解广告的作用。

教师：广告哪儿都有，随处可见。我们每天都能看到、听到各种各样的广告，你知道为什么要播广告吗？（幼儿自由阐述个人观点）

出示超市广告宣传单，教师：你们认识它吗？这是一份超市宣传单，这也是广告的一种。超市为什么要发这样的宣传单呢？

幼儿：这是在给超市做广告，人们从传单上了解到了有些商品便宜卖，大家就都去买了。

出示报纸广告，教师：有的病人通过阅读报纸上刊登的医院广告信息，了解到这种疾病这家医院比较擅长治疗。于是，前往医院求治，结果治好了。

出示肯德基宣传海报，教师：这是什么？它告诉我们什么信息？

幼儿：通过看这张海报，我们就能知道肯德基餐厅的地址及开业的时间。

小结：广告可以用来宣传商品，让更多的人知道它、了解它、记住它，愿意去买它。通过广告，我们还能了解更多的信息，帮助我们解决很多问题。

7.总结提升，创编广告词。

请幼儿从身边的事物（如水果、蔬菜、日用品、交通工具、宠物等）中选出一种物品，创编广告词。

广告词要突出这种事物的特点或长处，广告词要短小精悍、押韵、有趣，简单一句话就可以。幼儿创编后说一说，评选出最合适的广告词。

小结：对于广告，我们今天了解了很多，但是有关广告的秘密还有很多很多。回到家里，你们可以和爸爸、妈妈一起去找一找、看一看，把你发现的告诉我们大家。

活动延伸建议

1.在教室一角设立"模仿秀"，并制作一个电视机模型，让有兴趣的孩子在"电视"里学播广告。

社会与情感

2.了解另外几种广告的分类。如：巨型广告与小型广告；流动广告和固定广告；公益广告、幽默广告及商品广告等。

3.举办广告展示会，让幼儿扮演广告解说员，向大家宣传自己的产品，提高幼儿语言表达能力。

日常教育

1.教师可以将健康的、有益的、公益性广告视频让幼儿欣赏，体会其中所传达的思想，对孩子进行相关教育。

2.利用晨间谈话活动环节，引导幼儿说一说自己看到的广告有哪些、这些都是什么类型的广告、人们为什么要为产品做广告、你是在哪里看到的这个广告等，通过讨论引导幼儿关注生活中各种类型的广告，了解广告想要告诉人们哪些信息。

家园共育

1.带孩子观看健康、有益的广告。

2.扩展孩子的知识面，如：查查、看看公益性广告、幽默广告、商品广告。

3.发现并了解乱贴广告的现象及危害。

环境创设

1.收集并展览各种广告标识、广告宣传单等。

2.引导幼儿设计自己喜欢的广告产品，并布置在活动室，供大家欣赏。

主题四　我爱祖国

活动一　山西名小吃

活动目标

1.了解山西家乡的特色面食文化。

2.能够说出几种山西的特色面食。

3.萌发热爱山西、热爱家乡的情感。

活动准备

1.经验准备：请爷爷、奶奶为小孙子做几样拿手的山西面食或特色小吃；与爸妈通过电视、网络等信息手段，了解山西的面食文化。

2.物质准备：各种山西小吃，面食的图片或者照片；下载《舌尖上的中国》之山西面食文化视频；（网址http：//v.youku.com/v_show/id_XNDA1NzE4NjMy.html）《夸土产》的歌曲。

活动重点

了解山西特色的面食文化，能说出几种特色面食的名称。

活动难点

通过了解山西面食文化，萌发热爱家乡的情感。

社会与情感

活动过程

1.听一听。

播放歌曲，请幼儿欣赏。

教师：这是专门送给山西人的一首歌曲，我们听听歌曲里都唱了什么？

播放歌曲《夸土产》。

教师：这首歌是赞美我们山西的。歌曲里唱到了山西好多的小吃，你听到的有哪些？

2.看一看。

教师：曾经有人说过"世界的美食在中国，中国的美食在山西"。山西有很多很有特色的小吃，山西的美食主要是以面食为主。下面，我们就来欣赏连外国人都赞不绝口、垂涎欲滴的山西面食。

播放下载视频《舌尖上的中国之山西面食文化》。

借助视频可以更直观、形象地让幼儿全面地了解山西面食，感受到各种面食感官上的美。

小结：山西人好能干！用白白的面粉可以做出各种形状、各种味道的面食。我们山西人都喜欢吃这些色香味俱全的面食，所以山西人的身体很结实。

3.说一说。

（1）出示一些山西面食的图片。

提问：刚刚看了那么多山西美食，我们口水都要流出来了。现在，请你说说，你吃过哪种面食？这种面食怎么吃？你最喜欢吃哪种面食？为什么？

（2）教师介绍几种有特点的面食，让幼儿简单了解面食的做法或吃法，也可以播放录制好的做面食视频。

如：擦蝌蚪要把一个擦子架在锅上，然后将面放在上面，用力往前推压，擦蝌蚪就从窟窿眼儿里掉下来了。

猫耳朵：因为它的形状很像猫的耳朵，故起此名。它是将一个一个小正方体的面块用手抿成的。（教师可以空做动作）

饺子：用擀好的饺子皮包上馅儿，然后捏好口，就包成半圆形的饺子了。

…………

4.赞一赞。

小结：我们刚刚看到的这些美食，不仅颜色漂亮，香气扑人，而且味道浓香，有好多外地人，甚至是外国人，还专门跑到山西来品尝呢！这么多美食都在我们山西，瞧，我们山西人多有口福啊！为我们是山西人而大声喝彩吧！

超级链接

中国的珍稀动物：东北虎、熊猫、藏羚羊、白暨豚、中华鲟、大鲵等。

中国的山河：长江、黄河、珠穆朗玛峰、内蒙古大草原等。

中国的名胜：长城、故宫、兵马俑等。

活动延伸建议

1.也可以直接播放《舌尖上的中国之山西特色面食文化》视频，由此引出今天的主题。

2.介绍更多面食的做法与吃法。

社会与情感

117

3.幼儿之间结合照片，就"我喜欢吃的面食"进行交流。

4.指导幼儿阅读幼儿用书中《社会与情感》第16~17页的相关内容。

区域活动

美工区：利用橡皮泥等美工材料制作山西面食。

日常教育

1.日常生活中，引导幼儿多关注每日的午餐和晚餐，更多地了解山西的面食文化。

2.利用晨间谈话环节或语言教学活动可以开展主题谈话——"山西知多少"，既锻炼幼儿的口语表达能力，又可以扩展幼儿的知识面。

家园共育

1.利用休息时间进行亲子实践活动"做面食"。

2.可以扩展了解一些中国其他地方的饮食文化。

环境创设

1.各种面食的图片或照片布置成展板。

2.主题墙"我和妈妈做面面"，配上相关图片和文字说明。

活动二　游名山古寺

活动目标

1.了解山西家乡的名胜古迹。

2.能够说出几处名胜古迹的名称和特点。

3.萌发热爱山西、热爱家乡的情感。

活动准备

1.经验准备：有过旅游的经验。

2.物质准备：名胜古迹的图片、照片及相关名胜古迹的介绍卡片，课件《山西的名胜古迹》，录音介绍，幼儿与家长外出旅游时拍的照片，山西地图。

活动重点

了解山西家乡的名胜古迹，丰富幼儿对家乡的了解。

活动难点

能够说出几处名胜古迹的名称、特点。

活动过程

1.谈话活动，直接进入主题。

（1）教师：山西地大物博、风景宜人，不仅有许多特色小吃、特产，还有很多名胜古迹呢！让我们一起看一看吧！

（2）幼儿自己阅读幼儿用书《社会与情感》第18~19页或者观看挂图。

教师：你能说出这些地方的名字吗？

请幼儿间互相交流，补充与扩展相关知识。

（3）教师：你以前去过这些地方吗？在那里，你还看见了什么或者听见了什么？你能说给我们听听吗？

（4）幼儿介绍自己的旅游经历。

鼓励幼儿做简单介绍，教师可以提问并解释，体现了以幼儿为主的教学理念，丰富幼儿的生活经验，锻炼了幼儿的语言表达能力。

2.说一说关于名胜古迹的名称及特征。

（1）悬空寺：远望悬空寺就像一座浮雕镶嵌在悬崖峭壁间。里面有40间殿阁，但是支撑这么大建筑的仅仅是几根碗口粗的木柱，人们都很惊奇。而这个建筑是在1500年前建造的，因此，人们都很佩服当时修建悬空寺的人。诗仙李白也曾到这里旅游，觉得真是了不起。于是，他就在下面的岩石上提笔写下了"壮观"两个字。它因为"奇、悬、巧"，引来了一批又一批的游人前来参观、旅游。

（2）应县木塔：木塔全部用红木搭建而成。外观共有6层，塔顶是八角形，每层都有木质楼梯，每层都塑有佛像。每层塔檐下都装有风铃，微风吹动，叮咚作响，十分悦耳。它是中国现存最高、最古老的用木头建造的楼阁式塔，也是世界四大奇塔之一。

（3）云冈石窟：它是中国最大的石窟之一，距今已经有1500多年的历史了。石窟里面开凿了200多个窟，石窟中有很多雕像，大的有好几层楼那么高，小的就只有几厘米这么大。每一个雕塑形态、神采动人、栩栩如生，有的手捧短笛，有的载歌载舞，有的怀抱琵琶……（出示各石雕图片）这里留下了古代劳动人民的智慧与艰辛。云冈石窟世界闻名，好多外国游人都慕名而来。

（4）简单介绍"晋祠"和"五台山"。

3.欣赏风景，相互学习。

教师：除了书上说过的这些地方，你还知道山西有哪些名胜古迹？请你根据自己的亲身体验来说一说。

介绍自己与家人在山西各地拍的照片，说出自己的感受，如：这是我和妈妈在平遥古城前拍的照片……

通过此环节引发幼儿探索山西其他旅游景点的兴趣。

4.通过游戏，巩固、了解山西名胜古迹。

游戏一："听一听、找一找"。听录音介绍，在山西地图上圈出相应的名胜古迹。

游戏二："请你连一连"。将景点、相应的汉字及介绍卡连起来。

5.操作课件，让幼儿欣赏山西的各个名胜古迹。

通过优美的配乐，欣赏美丽的风景，使幼儿进一步了解我国的大好河山，激发幼儿对家乡的热爱之情。

小结：山西是个好地方，有很多好吃的小吃，还有很多好玩的地方，比如：云冈石窟、应县木塔、悬空寺、晋祠和五台山等，它们有着悠久的历史，蕴含着动人的传说和灿烂的文化，是人们游玩的好去处。我们应该为我们的家乡而感到自豪！

活动延伸建议

1.可以将师幼共同收集的材料布置成展览，用参观游览的方式引出整个活动。

2.将各地风景名胜的图片、照片、挂图等投放在区域内，有兴趣的幼儿可以自己去了解更多的知识。

3.绘画《我热爱的家乡》，可以画出"我想去的地方""我喜欢的名胜""我家乡未来的面貌"等。

4.统计本班幼儿去过和知道的地方，发现那些人们很少去或很少知道的地方，并以此

社会与情感

为题，激发幼儿的探索兴趣，引导幼儿收集相关资料，发现这些地方不为人知的原因，如交通不方便、比较贫困或缺少美丽的风景等。

日常教育

1.建构区：可以让幼儿根据图片搭建山西的一些名胜古迹。

2.语言区：可以讲讲有关山西的美景与美食。教师投放的材料要考虑幼儿的不同层次，可以是图文并茂，也可以是单纯的图片或文字书。

3.美工区：投放各种美工材料，让幼儿用不同的绘画工具、用不同的表现形式来画一幅赞美家乡的画。

家园共育

1.鼓励孩子写旅游日记。家长和孩子共同完成，里面可以有孩子的绘画日记、家长的旁白、景点的留影等。

2.关注旅游频道的节目，从风景宜人的家乡扩展到祖国的名山秀水，增强幼儿的自豪感。

环境创设

1.创设"美丽的山西"主题墙。

2.建构区投放一些名胜图片和辅助材料，如积木、插塑、纸盒等，引导幼儿搭建风景名胜。

活动三　中华面食文化

活动目标

1.了解我国各地方特色的面食小吃。

2.通过特色面食小吃，了解不同地域的面食文化。

3.增长见闻和阅历，萌发热爱中华的情感，产生做中国人的自豪感。

活动准备

1.经验准备：知道或品尝过一些地方特色的面食小吃。

2.物质准备：麻花、云片糕、绿豆糕等面食小吃及图片，橡皮泥，纸，笔。

活动重点

了解我国各地方特色的面食小吃。

活动难点

通过特色面食小吃，了解不同地域的面食文化。

活动过程

1.品尝面食小吃，引出活动。

教师：小朋友们，你们猜，今天，老师给你们带来什么好吃的了？（幼儿各种猜测）我给小朋友们带来了小麻花、云片糕和绿豆糕等面食小吃。你们吃过这些面食小吃吗？还吃过什么名字的面食小吃？它们都是用是什么做的？是在什么地方吃到的？请你说一说吧！

幼儿经过回忆介绍吃过的面食小吃。

2.介绍各地方特色的面食小吃，丰富幼儿阅历。

翻到幼儿用书《社会与情感》第16~17页，请幼儿看书中的图片，让幼儿说一说：这些面食都叫什么名字？你吃过吗？

教师：我们中国地大物博，各地方都有自己特色的面食小吃，像北京的驴打滚、天津的麻花、狗不理包子和耳朵眼儿炸糕、河南烩面、山西的刀削面、陕西的莜面窝窝、新疆的烤馕等。这些都是用面粉做的，里面有的包进去不同的馅料、有的用油炸、有的用水煮，制作方法五花八门。

3.画一画中华特色的面食。

请幼儿拿出纸笔，画一画自己见过的中华特色面食。画完之后，请幼儿自己介绍一下绘画的内容。教师巡回指导。幼儿互相交流、点评，增长见闻。

4.游戏：手工制作各种面食。

准备一些橡皮泥，请幼儿动手制作各种不同的面食，进行展示。

日常教育

1.利用美工区活动，引导幼儿用橡皮泥或超轻黏土制作各种不同的面食，并进行展示。

2.利用过渡环节，教师播放各地不同的面食图片，并进行简单的介绍，引导幼儿了解不同地区的面食文化。

家园共育

1.和孩子一起品尝或制作1~2样祖国不同地区或世界不同国家的食品，如羊肉串、馄饨、奶茶、汉堡、沙拉等，体验各地区、各国不同的饮食文化。

2.和孩子一起观看《舌尖上的中国》节目，更直观地了解中华特色名小吃的食材选用、制作过程、饮食特色等，扩展孩子的认识和视野。

环境创设

1.举办"中华名小吃"展览，引导幼儿收集不同地区特色的饮食文化图片或食物包装盒、袋等，进行展示。通过展览，让幼儿了解中华有名的小吃及其文化内涵，说一说相关的故事，扩展幼儿面食文化知识与经验。

2.布置"中华面食文化"墙饰，教师给幼儿在美工区制作的不同地区面食手工作品拍照，打印出彩色图片，呈现在墙上，供幼儿分享与交流，说说自己为什么选择这款面食来制作，制作的方法是什么等。

活动四　不一样的家

活动目标

1.结合中国地图，将各地民居的建筑图片贴到相应的地理位置上，进行展示。

2.欣赏我国各地方不同的民居建筑，了解不同的建筑风格，体会建筑的造型美。

3.鼓励幼儿相互交流，大胆想象创作未来的建筑。

活动准备

1.经验准备：看过不同的建筑造型。

2.物质准备：各种民居建筑图片。

社会与情感

121

活动重点

欣赏我国各地方不同的民居建筑。

活动难点

了解不同的建筑风格，体会建筑的造型美。

活动过程

1.参观幼儿园活动导入。

组织幼儿参观、欣赏幼儿园的房子、幼儿园周围的房子、附近的步行街或有特色的房子，激发幼儿对建筑的观察兴趣。回来后，引导幼儿了解房子的用途和不同造型房子的建筑美。

教师：小朋友们，刚才，你们都看到了什么样的房子？它们有什么不一样，说一说吧！（有高高的塔楼、有红色的砖楼、有带飞檐的古代建筑）

2.翻到全国版幼儿用书《社会与情感》第18~19页，观察图片，进行讨论。

教师：小朋友们，请你们看看画上的都是哪里的人住的地方？它们造型各异，是不是很有趣？你能叫出它们的名字吗？请你说一说，这种民居是用什么建造的？有什么特点？

重点介绍3种有特色的民居：客家围龙屋（也叫闽南土楼）、北京四合院、蒙古族的蒙古包。

教师：客家围龙屋是什么形状的？（正方形的、圆形的）它们看起来像什么？（像甜甜圈、像飞碟）这么大的一座土楼只有一个门，为什么只建一个门呢？土楼的窗户和我们平时看到的窗户有什么不同？（窗户开得很高很高）为什么把窗户开得这么高？（防御敌人）客家人建造土楼还有什么好处呢？这种圆形的楼房还可以防地震，夏天住在里面会感觉到凉爽，冬天会感觉到很暖和。

教师：北京四合院的形状像什么？（像正方形、像一个盒子，我们可以称它为"口"字形）为什么会叫"四合院"呢？（它是用四面的房屋合在一起，而中间留有一个院子，所以叫"四合院"）你知道四面的房屋有不同的名字吗？分别叫什么？什么会住在里面？（北面的房子称北房、东面的房子称为东房、西面的房子称为西房、南面的房子称为南房。长辈住北房、晚辈住厢房，保姆、管家住南房）

教师：这是什么房子？（蒙古包）它的样子像什么？这种房子是建在什么地方？（草原上）它们是谁住的房子呢？（蒙古族人）它是可以搬动的，因为蒙古族人经常搬家，所以蒙古包是可以拆下来搬走，到另一个地方再建起来的。蒙古包是用什么材料建成的？（布）可是布是软软的，为什么做成蒙古包却能够立起来，还能住人的呢？是什么东西让蒙古包立起来的呢？（里面有很多棍子撑起来）什么地方需要用棍子撑起来呢？（屋顶和墙壁）撑起墙壁的木架叫"哈那"、撑起屋顶的木架叫"乌耐"。他们用什么搭起哈那和乌耐呢？谁来猜猜？（绳子）这种绳子是用马鬃和驼毛拧成的，很牢固，不容易断。外面要盖上什么？（布）可是，下雨时布会漏水，怎么办？（原来最里面要先用羊毛毡围起来，外面再围一层漂亮的布，布上画上好看的图案）蒙古包顶上那个圆圆的东西是什么？（叫"陶脑"或"乌日何"）蒙古包的屋顶为什么做成尖顶的？（可以防雪压、防积水、防大风）

3.游戏：我是小小建筑师。

请幼儿自己动手设计不同风格的建筑，可以先画出设计图（用笔画在纸上），然后再用积木搭建。让幼儿自愿结合成小组，共同完成创作。也可以设计未来的建筑，想想将来科技进步了，建筑会不会越盖越高？能不能在地下建造建筑？建筑的造型会是什么样的？

鼓励幼儿大胆想象，并相互交流，最终创作出新颖、奇特的建筑。

超级链接

建筑之美

建筑艺术是指固定地理位置上造就生活环境的艺术，它与绘画，雕塑被称为三大空间艺术，它的形式美感，使人产生审美愉悦，造成一定的情绪氛围，可以陶冶人的品格，它具有"坚固、实用、美观"等特点。我国的民间建筑丰富多样，其造型功能也各不相同。由于生活习俗不同，民居住宅的形式结构、装饰艺术、色调等有所不同，各具特色。

活动延伸建议

体育游戏：小动物的家。

准备：用纸箱子制作不同造型的房子，如三角形、半圆形、长方形的房顶，分别代表着小猫、小狗和小兔子的家。玩法：幼儿分3组游戏，每人手里拿着不同的食物卡片（如鱼、肉骨头、青草等）给小动物送食物，一名幼儿出发，送到后返回，另一名幼儿再出发。哪组幼儿最先送完即获胜。

区域活动

1.美工区：提供废旧盒子、纽扣、布料、绳子等材料，供幼儿进行房子的造型活动。

2.建构区：引导幼儿利用各种积木、积塑等，建构不同建筑的造型。

日常教育

1.在日常生活中，引导幼儿注意观察幼儿园的建筑结构、风格和建筑特点，激发幼儿了解建筑风格的兴趣。

2.举办"中国民居大展览"的活动，引导幼儿从网上或其他途径收集中国各个地区不同的民宅图片，通过举办展览分享给更多的幼儿，引导他们了解不同的建筑风格和特点，增长见识。

家园共育

1.家长利用接送孩子的路上，有意识地引导孩子观察各种各样的房子。

2.请家长与幼儿一起关注少数民族的房子、江南水乡的民居、云南民居等各种有特色的房子，利用在家时间，做做、聊聊有关房子的手工、谜语、传说。

环境创设

1.创设"欣赏角"，展示各种亲子制作的立体房子。

2.走廊布置"漂亮的民居"环境，用各种民居的照片、画报、挂历、明信片加以布置。

3.活动室内布置"我家的房子"环境，张贴幼儿拍摄的自己家外部整体建筑、内部房屋结构、布置等和一系列在屋子内生活的照片。

4.将活动室的窗户布置成具有飞檐翘角的江南民居造型，营造民居氛围。

社会与情感

主题五 到处逛逛

活动一 热闹的大街

活动目标

1.认识各种店铺,知道其名称、经营范围及功能。

2.初步明白各店铺都很重要,缺一不可。

3.初步认识大商场,了解其特点。

活动准备

1.经验准备:与大人逛街的时候,注意观察大街上的商店。

2.物质准备:各种商店及小动物的图片,大商场图片,芝麻街背景图。

活动重点

认识各种店铺,知道其名称、经营范围及功能。

活动难点

初步明白各店铺都很重要,缺一不可。

活动过程

1.故事导入。

教师:小老鼠美美刚从外地回到家乡。一下火车,他就来到了芝麻街,他想给家里的每个人都买一份礼物,买什么呢? 小老鼠开始犯愁了。

教师:爷爷很喜欢种花。奶奶很喜欢吃哈密瓜。爸爸呢,最喜欢的就是看书了。漂亮的妈妈呢,特别喜欢穿新衣服。哦,还有一个小弟弟,对玩具小汽车很痴迷。

教师:小朋友,你能帮小老鼠出出主意吗? (给爷爷买花、给奶奶买水果、给爸爸买书、给妈妈买衣服、给小弟弟买玩具汽车)。

教师:小朋友的主意真不错,小老鼠决定按你们说的去买了。我们和小老鼠一起出发吧!

2.认识各商铺名称及经营范围。

教师出示背景图,上面贴有各商铺图片,请幼儿仔细观察。

教师:芝麻街的商店可真多啊! 我们看看,都有哪些商店? (幼儿自由阐述)

小结:街上有服装店、书店、玩具店、花店、理发店、蔬菜店、水果店、冷饮店。

教师:你怎么知道这是书店(服装店、玩具店、水果店、花店……)呢? (因为里面卖的全是书……)

教师:那小老鼠该去哪个店买哪几样东西呢? (幼儿各抒己见)

小结:给爸爸去书店买书、给爷爷去花店买花……

3.讨论各商铺的功能。

教师:这些商铺都是干什么用的?

幼儿自由发表个人意见,教师进行小结。

（1）理发店：当我们头发很长了，需要修剪的时候，或者要换个发型、染个色都可以来理发店，理发店还给人们免费洗头发呢！

（2）服装店：服装店里面卖各种各样的服装。这个店啊，男女老少的服装它都卖，但是也有的服装店就比较单一。比如有的专门卖女装，有的专门卖男装，还有的专门卖童装。要是想买衣服，就来服装店里买。

（3）花店：花店里面有各种各样漂亮的、香气扑鼻的鲜花，还有一些用塑料做成的假花，同样也很漂亮，只是没有香味。我们看望病人时，要送病人的花就可以来花店购买。还有就是家里过年、过节时都要买花，到哪儿去买呢？——花店。

（4）玩具店：店里琳琅满目，全是小朋友的玩具。这里是小朋友的乐园，小朋友的天地。小朋友都喜欢到这里逛逛。可是，我们要记住不能乱花爸爸、妈妈的钱，好吗？

4.明白各种商铺都很重要，缺一不可。

教师：芝麻街理发店的老板小刺猬看着别的店生意都很好，而自己的店生意却比较冷清，心想：要是他们这些店都没有了，那所有的钞票不都进了我的腰包了吗？晚上，它做了一个梦，梦见芝麻街真的就只剩下它的理发店一家店铺了。小刺猬开心地笑了。但是，没过多久，小刺猬就再也笑不起来了。你们知道发生什么事情了吗？

请幼儿大胆猜测可能发生的情况。如果幼儿想不到或者想偏了，教师可以进行提示：别的商铺都没有了，人们会遇到什么麻烦？大家会只去小刺猬的理发店吗？理发店生意会如何？小刺猬真的能发财吗？

小结：各个商铺都有它的功能，我们需要进不同的商铺去买自己需要的各种商品或服务。没有了任何一个商铺，人们都会感到不方便。

5.初步认识大商场，了解其特点。

通过故事，让幼儿轻松地了解大商场商品齐全、购物方便的特点。

教师：过了一些天，芝麻街上响起了一阵鞭炮声。小刺猬跑去一看，原来新开了一座很高、很大的商场，进到里面，哇！里面好大好大啊，每一层卖的东西都不一样。再一看，原来街上的小商铺搬进了大商场里。这里有卖服装的，有卖冷饮的，有卖电器的，还有一个大超市，里面水果、蔬菜、图书、玩具……一应俱全。小刺猬一路走一路看，大发感慨：哦，这个商场真厉害！人们不出这个商场就能买到所有需要的商品，既方便了人们，又挣了钞票。小刺猬赶紧去找经理，它也要赶快入驻这个大商场了。

教师与幼儿共同回顾并总结。

活动延伸建议

1.请家长带孩子逛逛大商场和小商铺，比较一下两者的区别。

2.完成幼儿用书《社会与情感》P20~21的内容。

3.自由谈话：你还见过哪些商店？它是干什么用的？

4.畅想未来"未来的商场会是什么样的"，动笔画出来。

区域活动

1.角色区：可以在创设商场背景的前提下，分角色进行购物活动，进一步讨论在商场、商店里应遵守的规则。

2.美工区：制作各种"商品"，再提供到角色区让伙伴表演用。这样，既让幼儿产生成就感，又不会浪费材料。

社会与情感

家园共育

1.家长带孩子逛商场、商店，感受其不同的功能。

2.让幼儿自己购物，体验购物的乐趣。

环境创设

布置"形形色色的店铺"墙饰，引导幼儿收集不同店铺的门脸图片，呈现在墙上，并请教师标注店铺名称，供幼儿分享与交流，了解不同的店铺销售不同的产品、提供不同的服务。

活动二　逛逛菜市场

扫码看视频4-6

活动目标

1.认识菜市场，知道其名称、经营范围。

2.初步感知在菜市场买菜的生活内容，积累相关生活经验。

3.萌发尊敬菜市场工作人员，珍惜蔬菜、粮食的情感。

活动准备

1.经验准备：有和家长一起去菜市场买菜的经历，向家长了解购买蔬菜的方法，观看过在菜市场买菜的全过程及菜贩进菜的视频。

2.物质准备：教学挂图，肉、蛋、米、菜、奶的图片及相应汉字，游戏所需的钞票、菜篮子、各种商品的图片、塑料袋、秤等。

活动重点

认识菜市场，知道菜市场里有不同的摊位，了解其名称和经营范围。

活动难点

初步感知在菜市场买菜的生活内容，积累相关生活经验。

活动过程

1.谈话活动：这是哪儿。

出示教学挂图，教师：老师要带你们去一个地方，我们看看，这是哪里？你从哪里看出是菜市场的？

2.认识菜市场，知道其名称、经营范围。

（1）教师：这个地方是菜市场，里面卖好多好多的东西，都有些什么呢？

幼儿每说出一种，教师即出示相应的图片及文字。

小结：菜市场里卖的东西真多，有各种米、各种肉、各种菜、各种蛋，还有牛奶之类的东西。

（2）教师：菜市场的人都是干什么的？

小结：菜市场的人真多！他们有的是卖菜的，有的是买菜的。站在摊位后面拿着秤或者拿着其他工具，如渔网、刀子、大勺的就是卖菜的。提着篮子或者包包的人都是出来买菜的。我们平时家里饭桌上常吃的东西，基本上都能在菜市场买到。难怪人们都来这儿呢！

（3）教师：去菜市场要准备什么东西呢？

小结：准备塑料袋、菜篮子或者布袋子，用来装买好的东西，还得准备好钞票或手机

扫码付款。

（4）幼儿讨论：如何买菜？

先请幼儿依据调查的结果或者自己的亲身体验自由阐述如何买菜。

请幼儿观看买菜视频，了解买菜的过程。

小结：要买什么心中有数，然后挨着菜摊选中意的菜，既要便宜，还要新鲜、有营养。吃多少买多少，挑好后，就放在秤盘上。然后，摊主就会告诉你应该付多少钱。摊主给你把菜装进袋子里，你付过钱之后，菜就买好了。

教师：菜市场的蔬菜及其他都有分类摆放的特点。这样，我们很快就能找到自己要买的东西，很方便。

3.了解菜市场工作人员的工作，感受他们工作的辛苦。

播放视频，教师配解说。

教师：菜场里卖菜的人每天天不亮就得起床，到很远的地方去拉菜，菜都是一捆一捆的，非常重！他们需要费很大的力气才能把菜扛到车上。然后，一刻也不敢休息，就往回赶。因为一些老人已经早早地来到菜市场买菜了。他们白天也不能回家，中午就在菜摊上随便吃点儿饭。晚上很晚，才能收拾摊子，回到家里休息。真的好辛苦！

教师：菜场师傅这么辛苦，我们吃的菜、肉、蛋、米都是他们很辛苦地从很远的地方运回来的。因此，我们一定要珍惜，不要浪费一粒米、一根菜，好吗？

4.游戏：今天我买菜。

请幼儿扮演顾客，教师扮演菜市场卖菜的，利用道具进行买菜、卖菜的情境表演，让幼儿在表演中进一步体验在菜市场买菜的生活内容，积累相关的生活经验。

活动延伸建议

1.将材料投放在活动区，让幼儿在区域活动中玩买菜的游戏。

2.教师：说说我们身边的菜市场和书上的有什么不同？

3.带着幼儿参观附近的菜市场，亲眼所见、亲耳所闻要比课堂上学得更全面、更扎实。

4.认识菜市场里的其他人：清洁工人、保安、管理人员。

5.设立一个小主题：我对菜市场工作人员说的一句话。

家园共育

1.家长可以带孩子逛菜市场，尝试让孩子自己去购买一样商品。

2.与爸爸、妈妈学习一些挑菜的学问。

3.向周围人宣传要尊敬菜市场工作人员，珍惜蔬菜、粮食。从我做起，从身边的每一个人做起。

4.宣传环保"提着菜篮子去买菜"。

环境创设

1.照片墙"我在菜市场"，旁边附文字说明，引导幼儿了解不同店铺的功能。

2.菜市场布局图展。

3.将幼儿会认读的汉字，如米、面、奶、菜、果、肉、蛋等，和相应的图片展示出来，激发幼儿对汉字的兴趣，鼓励同伴间互相学习、交流。

活动三　我向长辈问声好

活动目标

1.了解老人年纪大了，做很多事情存在着种种不便。

2.学会尊敬老人，知道照顾别人也是一种美德。

3.萌生尊敬老人、关爱老人的情感。

活动准备

1.经验准备：让幼儿观察和讨论爷爷、奶奶的日常生活。

2.物质准备：收集有关爷爷、奶奶日常生活细节的信息，如图片、文字记录等。

活动重点

了解老人年纪大了，做很多事情存在着种种不便。

活动难点

学会尊敬老人，知道照顾别人也是一种美德。

活动过程

1.通过谈话，自然引入主题。

教师：小朋友们，请你们说说自己的爷爷、奶奶长得什么样子？和自己哪些地方不一样？

幼儿自由讲述，教师小结。

教师：爷爷、奶奶年纪大了，脸上有了很多的皱纹，头上长出了很多的白发，腰也弯了，背也驼了。走起路来颤颤巍巍的，有时还得拄拐杖呢！

教师：我们的爷爷、奶奶年龄大了，需要我们小朋友来帮忙。

2.讨论：我为爷爷、奶奶来帮忙。

教师：想一想，爷爷、奶奶做哪些事情不方便？我们可以帮他们做什么？两个小朋友可以结伴表演一下。

幼儿自由结伴扮演。

教师：我们小朋友在家里为爷爷、奶奶做过什么事情？（帮爷爷、奶奶看时间，帮爷爷、奶奶拿凳子，给爷爷、奶奶捶背，给爷爷、奶奶拎东西……）

教师：爷爷、奶奶年纪大了，我们小朋友要主动去关心爷爷、奶奶，给爷爷、奶奶敲敲背、捶捶腿，做个尊敬老人的好宝宝。

教师：爷爷、奶奶有什么反应呢？

幼儿：爷爷、奶奶很开心。爷爷、奶奶说我懂事了。爷爷、奶奶奖励我好吃的。爷爷、奶奶搂住我、亲我……

教师：我们很小的时候都是爷爷、奶奶照看我们的。现在，他们老了，需要我们来照顾他们了。我们也要像他们照顾我们一样，细心照顾好爷爷、奶奶的身体，还要让他们开心。这样，才是一个尊敬老人、关爱老人、孝顺老人的好孩子。

鼓励幼儿为爷爷奶奶做些力所能及的事情。

3.节日引题。

（1）以"今天是重阳节"为话题，引发幼儿开展关注老人、照顾老人的活动。

社会与情感

（2）引导幼儿讨论：给爷爷、奶奶过节，要准备什么？

教师总结，如带上小礼物，准备好表演的节目等，会说关心和祝福的话语。

活动延伸建议

1.游戏：我为爷爷、奶奶画张相。画画自己的爷爷和奶奶，表现他们的特征和活动。画完后，和伙伴们交流一下，说一说画上的爷爷、奶奶在干什么。如：给花浇水、擦桌子、缝衣服等。

2.将自己制作的礼物送给爷爷、奶奶。

3.鼓励孩子回家后为爷爷、奶奶做件事。如：捶背、讲故事等，通过幼儿亲自去做这件事，获得关心别人、收获幸福的体验。

日常教育

1.在和孩子们聊天的时候，有意识地问问：今天，你帮爷爷、奶奶做什么事了？他们开心吗？爷爷、奶奶是不是年轻了许多？

2.午睡前，可以给孩子们讲一些尊老爱幼的故事，让孩子被爱感动，被爱感染。

家园共育

1.全家人陪爷爷奶奶一同看戏、郊游、聊天……满足老人的心愿。

2.请爷爷、奶奶讲讲年轻时候的故事。

环境创设

布置"孝敬长辈我知道"墙饰，引导幼儿说一说如何孝敬长辈，自己可以为爷爷、奶奶、爸爸、妈妈做哪些事情，如捶捶背、端水、送拖鞋、梳梳头等，将这些事情画下来，呈现在墙上，供幼儿互相交流，形成孝敬长辈的意识。

数学 与 思维

一、领域说明

1.教育价值

数学是研究人类生活中数量关系和空间形式的科学，事物间总是存在着一定的数量关系，有一定的形状。因此，在数与形的表现形式上就具有共性，这也是数学区别于其他学科的根本属性。幼儿数学教育旨在帮助和引导幼儿建构初步的数概念，探究周围环境中的数、量、形、时间和空间等现象，通过分析、比较、排序、找规律、概括、抽象等方法，引导幼儿从具象思维向抽象思维转化，学习运用简单的数学方法解决生活和游戏中的问题，为今后数学能力的发展奠定基础。

2.教育策略

（1）变被动为主动，变机械记忆为主动建构。

幼儿数学教育不仅体现在教学活动中，也贯穿在日常生活中的各个环节。教师要引导幼儿从简单机械式记忆学习转变为主动式建构学习，从单纯的数字、符号学习转变为以实际生活中运用为主的学习方式。在科学探究和操作的过程中，通过各种生动、有趣的活动形式吸引幼儿兴趣，让他们自然而然地融入数学教育。

（2）动手操作，丰富感性认识。

幼儿在学习数学的过程中，会亲自动手操作材料、摆弄物体，比较、分析，得出结论，从而获得丰富的感性认识和初步的数学知识，帮助幼儿更加容易地理解事物之间的数量关系和空间形式。

（3）充分利用身边的资源，在生活中学习。

由于数学概念的形成与现实生活密不可分。因此，教师应利用幼儿在园的各个环节，通过幼儿在实际生活中经常接触的各种与数、形有关的事物，调动幼儿已有经验，引导幼儿感知事物的数量关系和空间形式，抓住生活中的随机事件和常见现象，使幼儿丰富数、量、形、时、空等方面的经验。

（4）关注幼儿个体差异。

加德纳的多元智能理论研究已经证明，人的智能存在个体差异，对于正在发展和成熟中的幼儿来说，更是如此。因此，教师在施教过程中，要针对每个幼儿的特点和发展水平，提出不同的数学活动要求，有针对性地帮助个别幼儿及时调整教育计划，不能给孩子贴标签。

3.教育目标与内容

（1）数学领域教育总目标。

初步感知生活中数学的有用和有趣。

感知和理解数、量及数量关系。

感知形状与空间关系。

（2）大班数学领域教育目标。

◎能发现事物简单的排列规律，并尝试创造新的排列规律。

◎能发现生活中许多问题都可以用数学的方法来解决，体验解决问题的乐趣。

◎初步理解量的相对性。

◎借助实际情境和操作（如合并或拿取）理解"加"和"减"的实际意义。

◎能通过实物操作或其他方法进行10以内的加减运算。

◎能用简单的记录表、统计图等表示简单的数量关系。

◎能用常见的几何形体有创意地拼搭和画出物体的造型。

◎能按语言指示或根据简单示意图正确取放物品。

◎能辨别自己的左右。

（3）大班上学期数学领域教育内容。

◎用不同标准对同一物体进行多角度分类；会点数计数。

◎会二次分类，体验数量的包含关系。

◎理解相邻数的概念，知道5以内各数的相邻数。

◎学习在田字格里书写10以内的数字，掌握正确的书写方法。

◎认识10以内单数、双数，了解单、双数规律。

◎学习成组数数，会2个2个地数，能数到10。

◎会唱数10以内的倒数，发现倒数数序的排列规律。

◎认识数字11~20，会点数，了解数量递增的规律。

◎学习成组数数，会5个5个地数，掌握多种数数的方法。

◎理解符号"＞""＜"的意义，能用符号表示数量关系。

◎认识"+"，初步理解加法的含义，通过数点的方式学习加法。

◎认识"+"、"="；学习3以内数的组成，会列加法算式。

◎学习4的组成，会4的加法。

◎学习5的组成，会5的加法。

◎学习3以内数的分解，会用点卡表示。

◎认识"−"，理解其含义；通过划掉物体的方式学习3以内的减法。

◎通过4的分解学习4以内的减法，尝试根据图意列算式。

◎学习5的分解，通过分解学习5的减法。

◎学习二等分、四等分的方法，感知等分中的包含关系和等量关系。

◎学习三种事物的比较方法，会比较长短、高矮、粗细等。

◎会自然测量的方法，发现测量工具的长短与测量结果的关系。

◎体验长度守恒，了解相同的长度不受形状、图案、颜色等的影响。

◎认识测量工具，用直尺测量并读数，据此判断游戏名次。

◎认识正方体和长方体及其主要特征，会辨识。

◎通过操作发现正方体和长方体的区别，发展空间知觉的能力。

◎通过数小正方体的方法了解什么是体积守恒。

◎会以自身主体为中心分辨左右。

◎会以客体为中心分辨左右。

◎会区分上下，了解物品上下叠放的空间位置关系，并用序数表示。

◎识别、熟悉场所位置；会辨识并描述物体的空间位置关系。

◎了解什么是行与列，学习坐标位置的表达方式。

◎知道一周有7天，知道一年有12个月，认识星期和月历。

◎了解钟表的主要结构，会区分时针和分针，认识整点。

◎能熟练认识整点和半点，学习整点和半点不同的计时方法。

数学与思维

134

二、课程内容

主题一　秋天来啦

活动一　秋天的菊花

活动目标

1.探索用不同的标准对同一物体进行分类，并用语言讲述分类结果。

2.学习从多角度观察、分析、思考问题。

3.会点数计数，体验分类的乐趣。

活动准备

1.经验准备：已掌握用一种标准对物体进行初步的分类。

2.物质准备：大小、颜色、形状、扣眼不同的扣子，每人若干个扣子，放在各自的小盒子里。鱼、皮球、花、伞、树叶、气球的小图片若干（具备颜色不同、大小不同、形状不同的特征），记录纸6~7张（教师用，表5-1），幼儿用的纸若干，彩色笔。

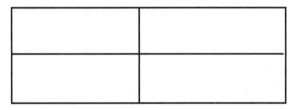

表5-1

活动重点

探索用不同的标准对同一物体进行分类，并用语言讲述分类结果。

活动难点

学习从多角度观察、分析、思考问题。

活动过程

1.活动导入。

教师：小朋友们，今天，老师给你们带来了一些礼物。你们看看是什么？（扣子）

教师：这些纽扣有什么不同？（颜色、大小、形状等不同）

教师：请你们把这些纽扣分成两类，看看能怎么分？有几种分法？

幼儿操作给纽扣分类，教师巡回观察并指导。

2.尝试进行多角度分类。

请幼儿说说，发现了几种分法，各是怎么分的，每一类有几个纽扣。

教师在记录纸上做记录。

如按大小分（表5-2）：

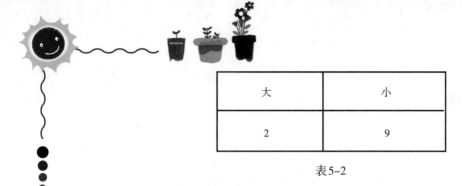

大	小
2	9

表5-2

如按颜色分（表5-3）：

咖啡色	黄 色
5	5

表5-3

按扣眼儿分（表5-4）：

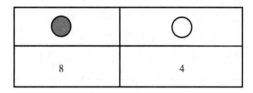

8	4

表5-4

如按花纹不同分：（略）。

把扣子放回小盒子里。

3.巩固练习。

提供鱼、皮球、花、伞、树叶、气球等几组小图片。幼儿人手一份操作材料，继续进行分类练习。要求幼儿对分类结果进行记录。

如：皮球可以按颜色分，也可以按大小分，还可以按花纹分。

鼓励幼儿发现多种分类方法。

使用同类材料的幼儿相互交流分类结果。

4.打开幼儿用书《数学与思维》第1页，请幼儿观察图中蝴蝶的异同，继续进行分类练习，要求幼儿对分类结果做记录。

活动延伸建议

教师可以引导幼儿对教室内同一类物体进行多角度分类，如各种乐器、玩具、水果等，幼儿在进行实物分类的过程中，边分类边记录，看看同一类物体有多少种不同的分法。教师帮助幼儿梳理并总结相关经验。

区域活动

1.益智区：投放不同形状、不同颜色的图形卡片，如圆形、三角形、正方形、长方形等，引导幼儿进行多角度分类，分完之后，和同伴说一说自己分类的理由，请同伴帮忙判断是否正确。

数学与思维

2.建构区：投放不同形状、不同颜色的雪花片或积木，引导幼儿进行多角度分类，提高幼儿对多角度分类的理解，掌握正确的分类方法。

日常教育

引导幼儿按自己确定的分类标准对本班其他幼儿进行分类，如从性别、服饰、发型、高矮等方面进行多角度分类练习。同时，能判断别人的分类标准是否正确，增进对分类活动的兴趣。

家园共育

1.提供机会，让孩子在家里将自己的物品按用途、颜色、款式等不同标准进行多角度分类游戏。

2.家长带领孩子逛商场、超市时，引导孩子观察商品是怎样分类摆放的。

环境创设

布置"想一想 分一分"墙饰，引导幼儿为学会多角度分类，将多角度分类的例子展示在墙上，如分树叶、分糖果、分图形等，为幼儿提炼、总结、梳理有关多角度分类的方法，强化练习，方便幼儿掌握相关知识点。

活动二　树叶落下来

活动目标

1.学习二次分类，体验包含关系。

2.能用完整的语言讲述操作过程。

3.体验完成二次分类的乐趣。

活动准备

1.经验准备：了解包含的意义，会多角度分类。

2.物质准备：二次分类板（图5-1）一个，树叶的图片9个（参照幼儿用书《数学与思维》第2页，按形状、颜色、大小不同）3套，几何图形8个（形状、颜色、大小不同）。

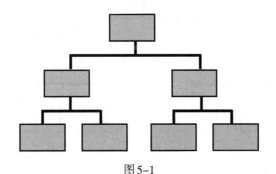

图5-1

活动重点

学习二次分类，体验包含关系。

活动难点

能用完整的语言讲述操作过程。

活动过程

1.情境导入。

翻开幼儿用书《数学与思维》第2页。

教师：秋天来了，小浣熊和它的宠物小狗来到了公园里。秋风吹得树叶满天飞。请小朋友们看看，这些树叶都一样吗？什么地方不一样？请你用"有的……有的……"的句式来说一说。（幼儿观察后自由表述）

2.尝试进行第一次分类。

出示分类板的上半部分（图5-2），教师将第一套的9片树叶放在第一层框内，请幼儿想一想，如果把这些树叶分成两类，可以怎么分？应该用什么标记来表示？如果幼儿说按颜色分，则出示相应的标记，贴在第二层的两个框内，将第二套相同内容的9片树叶按颜色分别放在两个框里。

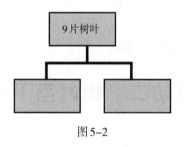

图5-2

3.进行第二次分类。

引导幼儿观察第二层框里的树叶，请幼儿想一想，能不能再给它们分一分？怎么分？应该用什么标记来表示？如果幼儿说按形状分，则出示相应的标记，贴在第三层各自下属的两个框内，运用第三套相同内容的树叶图片，将其按形状分放在下面的两个框里（图5-3）。

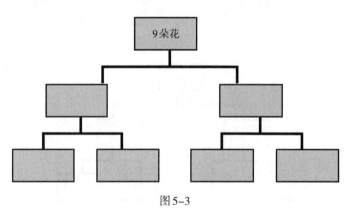

图5-3

4.总结二次分类的方法。

引导幼儿整体观察分类板，分析每一次分类的情况，如按什么分的，体验物体的包含关系，并懂得这就叫二次分类。

5.操作练习活动。

（1）翻到幼儿用书《数学与思维》第2页，请幼儿自己动手将相应数字的贴纸贴到方框里。

（2）运用二次分类板、几何图形（形状、颜色、大小不同）进行二次分类练习。教师可以根据幼儿的能力提供数量不等的几何图形，供幼儿练习。

活动延伸建议

1.户外活动时，引导幼儿捡拾自然物，如树叶、小石头等，对实物进行二次分类，巩固、加强练习。

2.在益智区投放一些大小不同、颜色、图形不同的实物，如图形卡、积木等，引导幼儿对此进行二次分类。

区域活动

美工区：引导幼儿绘画各种不同的形象，如小兔、小猫等，要求画出大小不同、身上花纹不同、颜色不同的小动物，将画好的形象剪下来，做为教具或学具，对这些小动物进行二次分类，激发幼儿分类兴趣。

日常教育

在过渡环节，可以让幼儿排队，对全班幼儿进行二次分类，依据不同的分类标准进行分类，如个高的、个矮的；男生、女生；穿同一种颜色衣服的，穿花色衣服的；长发的，短发的等。

家园共育

家长和幼儿在家里玩"分糖果""分水果"等，利用家里各种不同的物品引导幼儿进行二次分类，让幼儿了解分类中的包含关系，掌握更多的分类方法。

环境创设

布置"我会二次分类"墙饰，引导幼儿对玩具进行二次分类，并将分类结果用拍照或绘画的形式呈现在墙上。同时，可以展示对玩具的不同分法，发散和拓展幼儿思维。

活动三　一起开火车

活动目标

1.理解相邻数的概念，找出相邻数之间的关系。

2.知道5以内各数的相邻数。

3.通过游戏练习，发展判断、推理能力。

活动准备

1.经验准备：会1~5的点数。

2.物质准备：6只贴纸兔子（1只白、2只灰、3只黑），1~5的数卡，1~5的点卡，操作卡3张（图5-4~图5-6），彩色笔，五角星形印章、印泥。

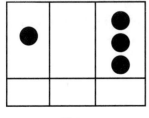
图5-4

图5-5

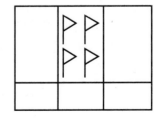
图5-6

活动重点

知道5以内各数的相邻数。

活动难点

理解相邻数的概念，找出相邻数之间的关系。

活动过程

1.认识相邻数。

（1）出示6只贴纸兔子。提问：纸板上有什么？它们有什么不同？

教师：我们来把一样的兔子放在一起，并且按数目的多少给它们排队，应该怎样排？请一名幼儿上前来排。排完后，引导幼儿讨论。

教师：他是怎么排的？为什么要把1只白兔子放在2只灰兔子的前面，而3只黑兔放在2只灰兔子的后面呢？（1只比2只少1，排在2的前面，3只比2只多1，排在2的后面）

（2）教师：谁来在兔子下面贴上数字，表示它们的数目？

一名幼儿上来贴数字。

讨论：看看2的前面是几？2的后面是几？比比它们的多少。1比2怎样？3比2又怎样？

小结：1比2少1，它是2的朋友，排在2的前面。3比2多1也是2的朋友，排在2的后面。所以1和3是2的相邻数。

（3）出示3的长条点卡。

提问：这张卡片上是几个点？它的朋友又是谁呢？先找在它前面的朋友，应该是几点？它比3点怎样？再找它后面的朋友是几点？它又比3点怎样？谁来说说，3有几个朋友？是谁？再比比它们的多少。2和4是3的相邻数。

小结：比一个数少1的数和多1的数，就是这个数的相邻数。

2.分小组活动，进行相应练习。

根据幼儿能力强弱，分别提供难易程度不同的操作材料，进行分组操作。

（1）第一组：材料纸若干（图5-4）、彩色笔若干（能力弱组）。

教师：请你在空格的地方画出相应的点数，说说它比前面的数怎样，比后面的数又怎样？它的朋友是谁和谁？再在下面写上数字，说说几比2少1，几比2多1，1和3是几的相邻数？2的相邻数是几和几？

（2）第二组：材料纸若干（图5-5）、彩色笔若干（能力中等组）。

教师：请你数数中间的五角星有几个？请你在它前后的空格中印出比它少1和多1的五角星形印章。再在下面写上数字，说说几比3少1，几比3多1，3的相邻数是几和几？

（3）第三组：材料纸若干（图5-6）、彩色笔若干（能力强组）。

教师：看看卡片上有什么？请你在前面和后面的空格内分别画上相应数量的小旗，说说前面的小旗比中间小旗的数量怎样？后面的小旗又比中间小旗的数量怎样？它们是谁的朋友？再在下面写上数字，说说4的相邻数是几和几？

3.活动评价。

展示几张幼儿完成的材料纸，比较它们的数量关系。

4.游戏。

（1）口头游戏。如教师问：我是2，我的朋友是几和几？幼儿答：你是2，你的朋友

是1和3。

（2）游戏：找朋友。

幼儿每人戴一个1~5的数字头饰，听音乐，自由做动作；音乐停，幼儿各自找到自己的相邻数字朋友，3人为一组，手拉手，看看谁找的朋友对。

5.操作活动练习。

翻开幼儿用书《数学与思维》第3页，完成书上相应的练习。

活动延伸建议

户外活动时，幼儿每5人一组，排好队。教师将"1~5"的数字卡按顺序发给每名幼儿一张数字卡。请幼儿听教师指令，如"请3的相邻数小朋友组成一组"等，重新组合排队，看看哪组幼儿反应最快、数字组合得最正确。

区域活动

益智区：投放"1~5"的数量实物卡、数量圆点卡、数字卡，请幼儿先给相应的卡片按照"1~5"的顺序排好队，再分别找出2、3、4的相邻数，在记录纸上进行记录。排好后，请同伴帮忙检查排得是否正确。

日常教育

利用过渡环节引导幼儿玩"叫号"游戏。幼儿5人一组，先给幼儿按"1~5"的顺序编好号。当教师发出"2的相邻数"口令时，数字编号是1、2、3的幼儿就抱在一起。教师检查各组幼儿抱得是否正确。游戏重新开始，可以反复多次进行，以巩固幼儿关于5以内相邻数的认知。

家园共育

家长和幼儿在家里玩"找找相邻数"的游戏。家长可以准备一些小零食，摆放在大盘子里，再给幼儿面前准备三个小碗或小碟子。幼儿听家长口令，如"找出2的相邻数"，数出相应数量的零食，摆放在小碗或小碟子里。家长检查幼儿摆放是否正确，给予适当的鼓励与指导。如果幼儿对5以内的相邻数掌握得比较好，家长也可以把游戏扩展到10以内的相邻数，根据幼儿的实际情况设计游戏的难度。

环境创设

布置"5以内的相邻数"墙饰，引导幼儿画出5以内数量的小猫或小狗等小动物，再画出5以内数量的圆点卡，写出"1~5"的数字卡，张贴在墙上，同时，展示出5以内不同数字的相邻数。让幼儿互相之间说一说5以内的相邻数分别是几，在交流的过程中，加深对5以内相邻数概念的认知。

活动四　写写数字1~5

活动目标

1.学习在田字格里书写5以内的数字。

2.掌握正确的书写方法。

3.学习正确的书写姿势，养成良好的书写习惯。

活动准备

1.经验准备：会握笔进行运笔练习，掌握了正确的握笔姿势。

2.物质准备：放大的田字格和已写好的1、2、3、4、5的数字，磁性板，铅笔。

活动重点

学习在田字格里书写5以内的数字。

活动难点

掌握正确的书写方法，能按照要求书写在田字格里。

活动过程

1.认识数字1、2、3、4、5。教师：今天，我们来学习书写数字1、2、3、4、5。

2.出示田字格，引导幼儿认识田字格并观察已写好的1、2、3、4、5的数字占格情况。提问：你们知道这些数字是怎么写的吗？

教师边示范书写边分析、讲解字形特点和笔顺。

"1"的写法：从右上角附近起，斜线到左下角附近。

"2"的写法：起笔碰左线，再向上，向右碰线，略成半圆形，斜线到左下角，碰线一横。

"3"的写法：起笔不碰线，向上碰线。向右不碰线，略成半圆形（比2字上端的半圆小），再向中间，在虚线以上停止，转向右下方碰线，向下碰线，弯弯地到左碰线为止。上下都是大半个圆圈，但下面比上面大。

"4"的写法：从上线当中起，向左斜线到下格，碰左线后再横过去，向右碰线。第二笔从右上一半不到的地方向下，斜下去到下面的当中碰线。

"5"的写法：从上线一半不到的地方，向左到中格角，再向上超过中线画一个大半圆碰右线、下线到左线为止。上面一横平，在右上线下面一点，向右碰线。

3.带领幼儿做书空练习。

4.打开幼儿用书《数学与思维》第4页，幼儿在其田字格内参照已写好的数字模仿书写"1、2、3、4、5"。要求幼儿保持良好的书写姿势：坐的姿势要端正，胸离桌一拳远，不歪头，眼和手保持一定距离（约一尺），书或纸放正，左手按住书或纸，右手握笔，约离笔尖一寸远。

幼儿书写过程中，教师随时提醒幼儿保持良好的姿势。

活动延伸建议

1.教师可以结合本班幼儿书写数字1~5的情况，让幼儿分组练习书写。请本组书写最规范的幼儿充当小老师，指导其他幼儿书写，强化幼儿书写规范的意识。

2.教师在引导幼儿书写数字1~5时，注意观察幼儿笔顺、书写姿势是否正确，及时予以纠正和指导。

区域活动

美工区：请幼儿在大田字格上规范书写数字1~5，制作出数字书写卡，为墙饰做准备。

日常教育

1.利用过渡环节，教师带领幼儿做书空练习，在空中书写数字1~5，边写边说书写要求，强化幼儿按规范书写数字的意识。

2.举办"书写数字"比赛，全班幼儿在规定的时间内，如10分钟（可以根据本班幼儿书写速度确定），在田字格纸上书写数字1~5。写完后，将幼儿书写的数字进行展示、

数学与思维

评奖，颁发"书写小能手"奖状。

家园共育

家长和幼儿在家里比赛在田字格纸上书写数字1~5，看谁写得又快又好。为了激发幼儿书写数字的兴趣，家长注意放慢书写速度，写的过程中，有不规范的数字写法等。然后，请幼儿当老师，给家长判卷，指导家长规范的数字书写方法。

环境创设

布置"我写数字1~5"墙饰，教师将规范的数字1~5田字格占格写法呈现在墙上，提示幼儿准确的数字写法，同时，也可以让幼儿看着墙饰进行书空练习，掌握数字1~5的正确写法。

活动五　开心派对

活动目标

1.认识单数、双数。

2.掌握区分单数、双数的方法。

3.能正确区分10以内的单、双数。

活动准备

幼儿练习纸（圆点图，图5-7）人手一张、彩色笔、大图（同幼儿练习纸）一张，数字卡片1~10，珠子（或小石子、贝壳）若干，室内地上画有大小圆圈，圈内写数字。

○	○ ○	○ ○ ○	○ ○ ○ ○	○ ○ ○ ○ ○	○ ○ ○ ○ ○ ○	○ ○ ○ ○ ○ ○ ○	○ ○ ○ ○ ○ ○ ○ ○	○ ○ ○ ○ ○ ○ ○ ○ ○	○ ○ ○ ○ ○ ○ ○ ○ ○ ○
									1

图5-7

活动重点

认识单数、双数，掌握区分单数、双数的方法。

活动难点

能正确区分10以内的单、双数。

活动过程

1.认识单数。

幼儿每人一张画有圆点图的练习纸（上图），请幼儿用彩色笔在下面的格内填上圆点的数量，并将框内的圆点两个两个地圈在一起。

（1）引导幼儿观察并说出它们的特点：有的两个两个正好圈完，有的两个两个圈完之

后还剩1个。

（2）教师在大图上演示幼儿的操作结果（图5-8）。

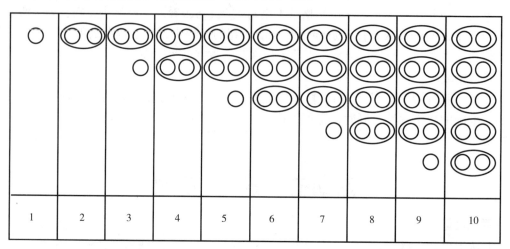

图5-8

引导幼儿讨论：哪些数两个两个正好圈完，没有单的？哪些数两个两个圈完之后还剩一个单的？

小结：2、4、6、8、10正好圈完，没有剩一个单的；1、3、5、7、9圈完之后，还剩一个单的。

教师：两个两个圈完之后，还剩一个单独圆圈的数，叫"单数"；两个两个圈完后，没有剩下的数，叫"双数"。

（3）请幼儿找找数字1~10中，哪些是单数，哪些是双数，并给单数、双数分别涂上不同的颜色。

2.游戏：数珠子。

给幼儿提供珠子（或小石子、贝壳等），数量不超过10个。幼儿自由抓一把放到桌上，两个两个地数，看看是单数、还是双数。在此基础上，启发幼儿动脑筋想一想：怎样将单数变成双数？将双数变成单数？

3.游戏：看谁接得快。

（1）教师分别出示1~10数字卡片，请幼儿说出它是单数、还是双数？速度由慢到快。

（2）教师说出一个单数，幼儿马上说出另一个不同的单数。

（3）教师说出一个双数，幼儿马上说出另一个不同的双数。

4.找一找，说一说。

（1）让幼儿说说自己身上哪些器官是单数，哪些是双数。如2只眼睛、10个手指是双数；1个鼻子、5个扣子是单数。

（2）让幼儿找找教室里哪些物品是单数、哪些物品是双数。

5.游戏：占圈。

玩法：地上画有大小不同的圆圈，圈内分别写有数字1~10。游戏开始，幼儿听音乐四散地做各种动作。音乐停，教师发出单数（或双数）的指令后，幼儿按指令迅速站入相

数学与思维

应的单数圈（或双数圈），并要根据圈内所标数字站够相应的人数。

6.操作活动练习。

翻到幼儿用书《数学与思维》第5页，请幼儿进行操作练习。

活动延伸建议

1.引导幼儿给实物区分单、双数。教师注意提供实物的数量为10个。

2.引导幼儿根据幼儿用书《数学与思维》P5中的表格画出相应数量的圆点，分析表格中的数字，找出其中的数量关系，如数量一行比上一行多一个；当两个物品为一组时，单数的只有一个，双数的刚好够一组。

区域活动

益智区：提供10颗豆子、扣子或花生米等实物，放在一次性纸盘里。幼儿随手抓出一些，进行点数并记录数量，确定是单数、还是双数，在单、双数的表格里做标记。然后，请同伴帮忙检查是否正确。

日常教育

1.餐前环节，引导幼儿区分本组幼儿餐具的单、双数，如筷子、勺子、碗等，通过点数说是数量，并确定是单数、还是双数。

2.加餐环节，请各组幼儿选出一名代表根据本组人数，领回相应的水果或点心，并进行点数，说出水果或点心的是数量及单、双数。

家园共育

1.家长和幼儿去户外游玩，可以随机请幼儿点数车辆、树木、花朵、坐椅等的数量，并说出是单数、还是双数。

2.家长做菜前，请幼儿帮忙点数蔬菜的数量，如西红柿、黄瓜、豆角等，说出总数，并说一说是单数、还是双数。也可以点数水果或其他实物的数量，如玩具、书籍、手机等。

环境创设

布置"10以内的单、双数"墙饰，将幼儿用书P5的内容放大呈现在墙上，同时做出相应的圆点表格，并排张贴在墙上。然后，请幼儿观察表格，找出10以内单数和双数的数量关系，互相分享并交流。

主题二　勤劳的小蚂蚁

活动一　收集食物

活动目标

1.学习2个2个数的方法。

2.会2个2个地数，能数到10。

3.能在实际生活中应用2个2个数的方法。

活动准备

1.经验准备：会1个1个地点数。

数学与思维

2.物质准备：草地背景图，松2鼠的小卡片10张，每人10根游戏小棒，计数器，豆子，小花卡片，小动物图卡，水果图卡等。

活动重点

学习2个2个数的方法。

活动难点

会2个2个地数，能数到10，并能在实际生活中应用。

活动过程

1.幼儿自由数数。

（1）教师：请小朋友数一数盘子里的实物，它们各是几个？你是用什么方法数的？

幼儿自由数，教师先不要干预，留心观察，发现幼儿不同的数数方法。

（2）幼儿交流数数方法，展开讨论，自己的数数方法与别人的数数方法有何不同。说一说按这种方法数有什么好处。

2.比较1个1个地数与2个2个地数有何不同。

出示背景图草地。

教师：草地上有几只松鼠？我们来数一数。（和幼儿一起1个1个地数）

教师：小松鼠要一起出去游玩，它们2个2个地排好了队，就像小朋友排队一样，我们应该怎样数？

引导幼儿学习2个2个地数的方法。

教师：1个1个数和2个2个数有什么不同？哪种方法数得快？

幼儿：1、2、3、4、5、6、7、8、9、10，说了10个数字。

幼儿：2、4、6、8、10，说了5个数字，这样数得快。

教师：2个2个地数没有出现哪些数字？（1、3、5、7、9）

3.幼儿练习。

（1）实物练习。

给幼儿提供多种材料，如游戏小棒、计数器、豆子、小花卡片、小动物图卡、水果图卡等，让幼儿自选一种材料练习2个2个地数，数完后说出总数。

（2）动笔练习。

翻到幼儿用书《数学与思维》第6页，请幼儿进行操作练习。

活动延伸建议

教师或家长为幼儿提供尽可能多的实物，引导幼儿2个2个地点数实物，巩固练习点数方法。

区域活动

1.建构区：引导幼儿点数雪花片、积木等材料，运用2个2个地点数方法进行点数。请教师或同伴帮忙判断正误。

2.美工区：引导幼儿在纸上2个2个地画出小花或小虫子，再运用2个2个点数的方法数一数，一共有多少。

日常教育

利用过渡环节，引导幼儿2个2个地点数本班或本组幼儿人数，看看一共有多少人并验证数量的正误。

家园共育

家长和幼儿一起2个2个地点数家里的食物、玩具或其他物品数量并记录下来。幼儿点数，家长帮忙验证点数的数量是否正确。也可以交换游戏。

环境创设

举办"点数"比赛。教师准备了各种可供幼儿点数的实物。点数比赛中，只能运用2个2个点数的方法进行点数。幼儿6人一组，先通过小组点数，选出每组点数又快又准确的幼儿，再组织第二轮点数比赛，最终选出比赛名次。给获奖幼儿颁发奖状"点数小能手"，并发放奖品。

活动二　照顾蚁宝宝

活动目标

1.复习巩固10以内数的顺数。

2.学习10以内数的倒数。

3.掌握10以内倒数数序的排列规律，增强自信心和成就感。

活动准备

1.经验准备：会10以内数的顺数。

2.物质准备：圆点卡、数字卡等操作材料。

活动重点

学习10以内数的倒数。

活动难点

掌握10以内倒数数序的排列规律，熟练唱数10以内倒数。

活动过程

1.卡片游戏。

（1）教师：小朋友们每人一套圆点卡，请你按照从1~10的顺序给它排序。比比看，后面的圆点卡比前面一张圆点卡上的圆点数量多还是少？

引导幼儿发现越往后排的圆点卡，点子数量越多，逐一增加一个。

（2）在圆点卡上面放上相应的数字，引导幼儿感知，数字越往后排越大。

2.学习倒数10~1。

将数字卡片收集起来，把10个数字打乱，按照从10~1的顺序排好，并口述排好的数字卡顺序。

在数字下面放上相应数量的圆点卡，排好后，比比看，越往后圆点卡上圆点的数量越怎样？

引导幼儿发现数字越来越小，圆点数量越来越少，逐一减少1个。

3.练习倒数游戏。

（1）口头游戏：教师先数10，然后让9名幼儿轮流倒数至1，也可以让幼儿数10，然后教师指到谁，由谁来数，看谁数得对。

（2）感官游戏：通过拍手、拍腿等身体动作练习倒数。教师做动作，幼儿听听是几下，然后按倒数的顺序依次做相应的动作。通过听声音来练习倒数。

4.巩固练习，翻到幼儿用书《数学与思维》第7页。

教师：今天，我们一起来看看有谁在照顾蚁宝宝。这些工蚁真能干，看看工蚁身上的数字是几，翻到贴纸页，找到身上写有相应数字的蚁宝宝贴纸，把它揭下来，贴到工蚁的怀里吧！

幼儿进行操作练习，教师巡视并指导。

活动延伸建议

巩固练习，学习10以内的倒数。

玩法：（1）准备每人1~10的数字卡片一套，每组一个口袋。请幼儿按从大到小的顺序排数字卡片，并说说排列的顺序。小组之间比比谁的速度快。（2）教师出示一张数字卡片，玩"点指兵兵"的游戏，点到哪个幼儿就从这个数开始倒数到1。（3）摸卡片倒数。将1~10的数字卡片放进一个不透明的大口袋里，每组请一名幼儿闭上眼睛，从口袋里任意摸出一张数字卡片，睁眼后说出数字是几，并从这个数开始倒数。幼儿轮流摸，轮流数。

区域活动

表演区：幼儿听音乐，按音乐节奏从1到10唱数，再从10到1倒数，通过正数、倒数10以内数字，掌握数序。

日常教育

利用过渡环节，让幼儿排成一路纵队，从第一个幼儿开始唱数，唱数顺序从1到10，再从10到1。通过唱数游戏，引导幼儿集中注意力，锻炼其反应能力和唱数能力。

家园共育

1.家长和幼儿玩"唱数接龙"游戏，两至三人轮流唱数，从1开始，唱数到10，再从10开始，唱数到1，看谁接得又快又对。

2.家长和幼儿玩"我说你数"游戏。家长说出一个10以内的数字，幼儿从这个数字开始顺数唱数，再倒数唱数，看看幼儿是否能说对。游戏也可以交换角色进行。

环境创设

布置"10以内的数序"墙饰，引导幼儿制作1至10的数字卡两套，请幼儿将10以内的数字卡片按照顺数和倒数两种形式排列并粘贴到墙上。幼儿可以根据墙上的数字玩顺数和倒数游戏。

活动三　开　饭　啦

活动目标

1.认识数字11~20，了解其数字意义。

2.会进行实物点数，能数到20。

3.熟练唱数1~20。

活动准备

1.经验准备：已有熟练唱数1~10的经验，会点数实物。

2.物质准备：写有数字1~20的图卡，挖出圆洞的纸箱。

活动重点

认识数字11~20，了解其数字意义。

活动难点

会进行实物点数到20，熟练唱数1~20。

活动过程

1.情境导入。

翻开幼儿用书《数学与思维》第8~9页，请幼儿观察画面。

教师：小蚂蚁干了许多活儿，这会儿饿了。它们开饭啦！请你说说它们分别在吃什么食物？（棒棒糖、饼干、蛋糕、曲奇、甜甜圈、巧克力、香肠、匹萨、奶酪、大蛋糕）蚂蚁围成了一圈儿，请你数一数每种食物周围有多少只蚂蚁？

幼儿点数，教师巡视。

教师：下面，我们一起来数一数围着棒棒糖的蚂蚁有多少只？数的时候，可以用笔在第一只蚂蚁的头上做个记号，表示从这里数起，免得多数或漏数了，边数边用手指按着顺序点着蚂蚁。可以按照顺时针的顺序数，也可以按照逆时针的顺序数。

教师：数到10的时候，接着往下数就是11。11比10多1个。

2.幼儿练习点数。

请点数能力强的幼儿带领大家点数。幼儿出现问题时，教师及时纠正、指导，或请别的幼儿纠正。

从11一直数到20。幼儿每数完一个，教师就在白板上从上到下竖着写出相应的数字。数完后，请幼儿找到相应的数字贴纸，贴到方框里。

3.讨论。

请幼儿观察11到20数字变化的规律，幼儿会发现，右边的数字是从1、2、3、4……一直到0的变化。每个数字比前一个数字多1个。

4.练习唱数1~20。

游戏：摸数字卡片。将写有数字1~20的卡片放进纸箱里，让幼儿从里面任意掏出一张卡片，是几就从几开始数，一直数到20。

活动延伸建议

教师为幼儿提供各种可供点数的20个物品，请幼儿通过点数熟悉1~20的数序，能熟练唱数1~20。

区域活动

建构区：教师为幼儿提供各种塑料拼插玩具各20个，如雪花片等，引导幼儿点数，熟练掌握1~20的数序。

日常教育

平时幼儿进餐、做操等环节，可以让幼儿练习数数。

家园共育

家长将家里的零食拿出少于20个，请孩子练习点数。

环境创设

布置"1~20的数字"墙饰，引导幼儿选择自己喜欢的小动物或其他物品，画出20个，贴在墙上。同时，教师在相应数量的小动物或物品下面写出相应的数字，让幼儿了解——

数学与思维

对应的数量关系。

活动四　整理储藏室

活动目标

1.学习5个5个地数数，掌握多种数数的方法。

2.发现不同数数方法的区别。

3.体验不同数数方法的乐趣。

活动准备

1.经验准备：已掌握2个2个地数的方法。

2.物质准备：点子图（图5-9）。

图5-9

画有花的卡片若干、串珠、小棒若干。

活动重点

学习5个5个地数数，掌握多种数数的方法。

活动难点

发现不同数数方法的区别。

活动过程

1.复习2个2个地数。

出示点子图（图5-9）。

请幼儿数数图中的圆点有几个，并说说各自是怎么数的。

教师先和幼儿1个1个地点数，得出总数是20个圆点。

启发幼儿想想还有什么比较快的点数办法，帮助幼儿回忆2个2个数的方法。师幼一起复习2个2个数的方法。

启发幼儿想想，还有没有更快的点数办法？

2.学习5个5个地数。

（1）出示点子图，教师1个1个点数，每数到5、10、15、20时，将相应的圆点涂黑，并在其上方标出数字，如图5-10。

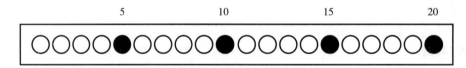

图5-10

（2）教师示范5个5个地数，让幼儿说说，教师说了哪几个数字？ 5、10、15、20。

教师：和1个1个点数有什么不同？相同的地方是什么？总数有没有改变？

教师：和2个2个数的方法有什么不同？相同的地方是什么？总数有没有改变？

启发幼儿得出结论：1个1个点数比较慢，2个2个地数比较快，而5个5个地数要更快一些。无论哪种方法点数，总数是不变的。

3.幼儿操作练习。

（1）幼儿操作。教师：老师给每个小朋友准备了一些卡片。请你看一看，卡片上有什么？数一数有多少？

（2）交流各自数数的方法。教师：你是怎么数的？

（3）启发幼儿5个5个地数。教师：每张卡片上有几朵花？（5朵）我们来试一试5个5个地数，5、10、15、20、25、30……

（4）出示串珠，数一数每串上有几颗珠子，练习5个5个地数。

（5）出示黄豆，将黄豆按5个一堆分开，数一数有多少个。

（6）翻到幼儿用书《数学与思维》第10页，进行相关练习。

活动延伸建议

教师为幼儿提供各种物品，如花生米、串珠、积木块等，引导幼儿5个5个地点数，看看一共有多少并记录下来，请同伴帮忙验证数量是否正确。

区域活动

角色区：开设"小超市"，让幼儿扮演售货员，帮助扮演顾客的幼儿点数其需要的商品数量，点数时可以5个5个地点数并记下总数，顾客来验证售货员数得是否正确。

日常教育

利用户外活动环节，幼儿排好队，5个5个地点数，练习点数的方法。

家园共育

家长和幼儿去户外，可以让幼儿点数自然物。数的时候，用两种点数的方法，一种是2个2个的数，一种是5个5个的数，看看幼儿点数得是否正确。

环境创设

布置"5个5个地数"墙饰，引导幼儿制作数字卡片（5、10、15、20等）和小花卡片，按照5个一组贴在墙上，同时将数字卡片贴在小花卡片的下方。幼儿之间互相分享点数方法，5个5个地点数小花的数量，同伴帮忙检查点数得是否正确。

活动五　写写数字6~10

活动目标

1.学习在田字格里书写数字6~10。

2.掌握正确的数字书写方法，注意占格位置准确。

3.能以正确的书写姿势进行书写，养成良好的书写习惯。

活动准备

1.经验准备：已认识数字6~10，会书写数字1~5，有一定的运笔能力。

2.物质准备：放大的田字格和已写好的6、7、8、9、10的数字，磁性板，铅笔，生字本。

活动重点

学习在田字格里书写数字6~10。

活动难点

掌握正确的数字书写方法，注意数字的占格位置要准确。

活动过程

1. 复习数字6~10。

教师：小朋友们，你们还记得这些数字读作几吗？出示数字6~10，请不同的幼儿站起来读一读。

教师：今天，我们来学习书写数字6、7、8、9、10。

2. 出示田字格，引导幼儿认识田字格的位置，观察已写好的6、7、8、9、10的数字。

教师：你们知道这些数字是怎么写的吗？

教师边示范书写数字边分析讲解字形特点和笔顺。

"6"的写法：从上线偏右一点起，向左下方画一个弧形，碰左线、底线，绕圈向上，画成一个小圆。小圆上面超虚线，不能把圆写得太小。

"7"的写法：靠近上线，从左上角到右上角，再弯斜到下面，在中间偏左的地方碰线。

"8"的写法：从右向上到左一个半圆，拐向右下，碰右线、下线、左线、回上去，在虚线以上和原线相交，直线到右上角附近与起笔的地方稍离开一些为止。8是不分口的。

"9"的写法：上面一个圆是长圆，稍斜些，但四角碰线，在右上角附近向左下再一竖到下线中间。

"1"的写法：从右上角附近起，斜线到左下角附近。

"0"的写法：从上线中间起，作弧形向左碰线，作弧形碰下线，向上作弧形碰右线，作弧形向上与起点相交。

3. 带领幼儿做书空练习。

教师：请小朋友抬起手臂，伸出右手食指，咱们一起在空中练习写这些数字。

4. 进行书写练习。

翻开幼儿用书《数学与思维》第5页，幼儿在其田字格内参照已写好的数字模仿书写6、7、8、9、10。幼儿书写过程中，教师随时提醒幼儿保持良好的姿势，同时也要注意占格是否正确。

活动延伸建议

教师或家长为幼儿提供6~10个物品，先引导幼儿点数出相应数量的物品，再在田字格里写出相应的数字。

区域活动

益智区：投放大田字格和10个以内的串珠等物品，请幼儿点数，并在田字格里写出相应的数字。

日常教育

引导幼儿在等候游戏或如厕等过渡环节时，做书空练习，在空中写一写数字6~10，掌握数字笔画的书写顺序

家园共育

家长在家里和幼儿一起点数相应数量的物品，如玩具、零食或水果等，然后在田字格的纸上记录下相应的数字，以起到强化练习书写数字的作用。

数学与思维

环境创设

布置"写写数字6~10"墙饰。教师将数字6~10书写在大田字格里,贴在墙上,方便幼儿掌握数字6~10的书写顺序和规范的占格要求。

主题三　一起去郊游

活动一　乘车去郊游

活动目标

1.认识"+",了解其意义。

2.通过数点的方式学习加法。

3.初步感知加法的含义。

活动准备

1.经验准备:已经认识了"=",了解其意义。

2.物质准备:6只画有小鸡的图片,加号和等号的图片,6个等大的圆形。

活动重点

认识"+",了解其意义。

活动难点

通过数点的方式学习加法,初步感知加法的含义。

活动过程

1.情境导入,认识加号,复习等号。

教师出示写有加号和等号的图片。

教师:小朋友们,你们看,今天,我把谁请来了?你们认识它们吗?(举起等号图片)这个是等号宝宝,(举起加号图片)这个是加号宝宝。今天,它们两个要和我们一起来玩游戏。

加号宝宝:我是加号宝宝,当你看到我的时候,一定要把我身体两边的数量合起来。下面,我先给大家演示一下。

教师在等号的左边贴上一只小鸡的图片,等号的右边贴上两只小鸡的图片。

加号宝宝:数一数我的左边有几只小鸡?(1)我的右边有几只小鸡?(2)

教师边用手指点数边在小鸡图片的下方写上数字1和2。

加号宝宝:现在,数一数合起来,一共是几只?

教师数的时候,用一只手将加号宝宝捂住,按从左往右的顺序数"1、2、3",噢,一共是3只小鸡。

加号宝宝:现在,你们明白了吧!看到我的时候,就把我左边和右边的两个数量合起来。有请等号宝宝出场。

等号宝宝:大家好,我是等号宝宝,我要是一出场,就表示我身体左边和右边的两个数量是相等的。(教师将等号宝宝贴在2只小鸡图片的后面)小朋友们,请你们想一想,

数学与思维

应该在我身边的右边贴上几只小鸡啊？（3只小鸡）再数一数，左右两边小鸡的数量是相等的吗？（教师盖住加号宝宝，点数等号左边小鸡数量"1、2、3"，再点数等号右边的小鸡数量"1、2、3"）是不是一样多啊？（是）

小结：加号就是告诉我们要把它左右两边的数量合起来。等号就是告诉我们要让它左右两边的数量相等，一样多。

2.通过数点的方式学习加法。

教师：我们现在用圆点来表示小鸡的数量，数一数有几个圆点就表示有几只小鸡了。在小鸡图片的下方贴上圆点，有几只小鸡就贴几个圆点。请小朋友和我一起数一数。

3.操作练习。

翻开幼儿用书《数学与思维》第12页，完成相关练习，请幼儿体会感知加法的意义。

活动延伸建议

教师为幼儿提供10以内数量的动物或其他图卡，在白纸的中间写上加号。在加号的左边摆放3张动物图卡，在加号的右边摆放2张动物图卡，引导幼儿点数完左边的图卡数量后，在图片的下方写下相应的数量，再点数右边的图卡数量并记录。最后，在等号的后面写出全部的数量。

区域活动

益智区：教师为幼儿提供10以内的圆点或动物图案的加法算式，引导幼儿通过点数的方式计算加法算式并写出相应的数字。

日常教育

利用过渡环节，教师提问幼儿什么是加号、什么是等号，并请幼儿说出加号和等号的意思。通过幼儿的回答，了解本班幼儿对加号和等号掌握的情况。

家园共育

家长引导幼儿学习简单的加法算式，通过实物展示、图卡等形式，让幼儿了解加法算式的意义，认识加号和等号。

环境创设

布置"加号和等号"墙饰，引导幼儿制作加号和等号图卡，以及小动物图卡，通过在墙上展示10以内的加法算式，让幼儿了解加法算式、加号和等号的意义。

活动二　来到池塘边

活动内容

2的组成

活动目标

1.学习2的组成，知道2可以分成1和1。

2.理解分合的意义，认识分合号，知道怎样记录和用语言表达。

活动准备

实物玩具娃娃2个，镜子2面，数字1~2及分合号若干；材料纸若干份（材料纸①图上有2个大小不一的苹果，分放在2个盘子里；材料纸②图上有2辆玩具汽车，分给2个小

朋友；材料纸③图上有2条鱼，分给2只小猫）、铅笔。

活动过程

1.学习用语言讲述分合2个娃娃的过程。

教师手拿2个娃娃，请2名幼儿上来，将2个娃娃分给他们一人一个，再请幼儿将各自手中的娃娃还给老师。

教师一边演示，一边请幼儿用语言讲述分合2个娃娃的过程。

2.认识分合号，理解含义。

（1）教师：我们怎样才能把这件事记下来呢？让我们一起来看一下：老师手里有2个娃娃，用几来表示？（2）

教师：分给××小朋友的一个娃娃用几来表示？（1）

教师：分给另一位小朋友的一个娃娃用几来表示？（1）

教师一边让幼儿回答，一边在磁性板上出示数字：

教师：这里只有数字2、1、1，还不能表示将2个娃娃分成1个1个。应该用什么符号来表示"分"呢？

（2）出示分合号"∧"，教师：这个符号叫"分合号"。小朋友看看它是什么样子的？（上面是连在一起的，下面是分开的）

把它放在2和两个1的中间，就可以表示将2分成1和1。如

教师：请小朋友想一想，连在一起的部分靠近的是哪个数字？分开的部分对着的是什么数字？谁能看着这个式子把分娃娃的事情讲清楚？

教师：这个式子该怎么读呢？（2可以分成1和1，1和1合起来是2）

教师：我们把这样的记录叫作"分合式"。

3.语言讲述分合过程。

出示两面小镜子，请幼儿用上述方法进行分、合，然后用语言讲述分、合过程，再尝试用分合号和数字记录分合结果。

4.操作活动。

出示材料纸，请幼儿先看看图上有什么，有几个，它们有什么不同。如材料纸①图上有2个大小不一的苹果，分放在2个盘子里。

请幼儿用分合式记录分苹果的事情。

其他材料纸，方法同上，允许幼儿自选其一练习操作。

活动内容

3的组成

活动目标

1. 学习将数量为3的物品分成2份，并用简明的语言表达分合物品的过程与结果，知道3有两种分法。

2. 用不同的方式记录3的分合式。

活动准备

萝卜图片3张，白兔、灰兔图片，数字1、2、3及分合号若干；幼儿操作材料：铅笔、数量是3的小图片（皮球、花、小旗等）若干、记录纸。

活动过程

1. 情境导入。

出示3个萝卜图片和白兔、灰兔的图片。

教师：这里有3个萝卜，我们把它们分给白兔和灰兔吃，可以怎么分？

请幼儿上前面操作。

当幼儿按一种方式分开时，请幼儿用语言讲述分萝卜的过程，如：我把3个萝卜分给白兔1个（或2个），分给灰兔2个（或1个）。

当幼儿说出一种分法时，启发幼儿想一想还可以怎么分。

引导幼儿用分合式记录刚才分萝卜的过程。如：

$$\begin{matrix} 3 & & & 3 \\ \wedge & & & \wedge \\ 1 \quad 2 & & & 2 \quad 1 \end{matrix}$$

念读分合式：3可以分成1和2，1和2合起来是3；3可以分成2和1，2和1合起来是3。

2. 了解3的不同分法，引出分合式。

提问：3有几种分法？（2种）

比较这2种分合式，引导幼儿说出异同：都有数字3、1、2和分合号，只是数字1、2的位置不同。

教师介绍一种新的记录方法：

$$\begin{matrix} 3 \\ \wedge \\ 1 \quad 2 \\ 2 \quad 1 \end{matrix}$$

帮助幼儿理解该分合式所表示的意思。

3. 幼儿操作学具，尝试记录分合结果。

活动内容

3以内的加法

活动目标

1. 认识"+""="，理解其含义。

2. 练习3以内的加法。

数学与思维

活动准备

数字1、2、3及"+""="图卡若干，磁性板，草地背景图一幅，小鸡、小兔、蘑菇等的小图片数量不等。

活动过程

1.情境导入。

出示草地背景图，教师逐一出示小鸡，并编成应用题如：一只小鸡来到草地上散步，一会儿又来了一只小鸡。现在，草地上一共有几只小鸡？当幼儿说出得数时，可追问：你是怎么知道的？

教师：我们可以用一个算式把这件事记下来。出示数字1、1、2卡片。

教师：第一个1表示什么意思？（一只小鸡来到草地上散步）

教师：第二个1表示什么意思？（又来了一只小鸡）

教师：2表示什么意思？（草地上一共有2只小鸡）

出示"+""="符号卡片，教师：你们认识它们吗？知道它们表示什么意思吗？

教师："+"读作加号，表示"合起来""一共有"的意思。"="读作等于号，表示相等的意思，即"="两边的数是一样多的。

列出式子：1+1=2。引导幼儿读一读：1加1等于2。

2.巩固练习。

教师运用小兔采蘑菇的情节编成应用题。

教师：一只小兔来到草地上采蘑菇，一会儿又来了两只小兔。现在，草地上一共有几只小兔？

请幼儿说出得数，并运用上述经验列出加法算式：1+2=3。

启发幼儿分别说说算式中各个数字和"+""="所表示的意思。

3.列出3的加法算式。

借助上述方法用蘑菇编出应用题，引导幼儿练习3以内的加法，能根据题意列出不同数字的加法算式。如1+2=3、2+1=3。

4.列出3以内的加法算式。

1+1=2   1+2=3   2+1=3

让幼儿读一读：1加1等于2；1加2等于3；2加1等于3。

5.操作练习。

翻到幼儿用书《数学与思维》第13页，请幼儿进行相应的练习。

活动延伸建议

引导幼儿利用生活中的实物学习2和3的组成，在动手操作、拼拼摆摆的过程中，理解2和3的组成，认识分合号，了解分合式如何记录。

区域活动

益智区：提供各种小动物或其他幼儿感兴趣物品的图片及3以内的数字卡和圆点卡，供幼儿拼摆2和3的分合式。摆完后，说一说2和3的组成。

日常教育

利用区域活动环节，让幼儿在活动区自由选材拼摆2和3的分合式，掌握其分合规律。

数学与思维

家园共育

家长带领幼儿在家里用零食、玩具等摆出2和3的分合式，并说一说2和3的组成，强化练习。

环境创设

布置"2的组成和3的组成"墙饰，引导幼儿将2和3的分合式用小动物图片或食物图片来展示，贴在墙上，供幼儿交流与分享，了解分合式的形式，知道分合号的意思。

活动三 海边堆沙堡

活动内容

4的组成

活动目标

1.能尝试用不同的分法将数量为4的物品分成2份，知道4有3种分法。

2.初步感知、理解互换规律。

活动准备

数字1、2、3、4及分合号图卡若干，磁性板，铅笔，数量是4的物品（纽扣、雪花片、小圆片），记录纸（图5-11）。

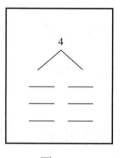

图5-11

活动过程

1.幼儿操作活动。请每位幼儿自选一份数量是4的物品（纽扣或雪花片或小圆片）和记录纸，然后尝试将这些东西分成两组，数数每组有几个，记录下来，看看有几种分法。

2.小组交流。

请取相同材料的幼儿坐在一起，交流自己的记录结果，并说说4的几种分法。

3.集体交流。

（1）请取纽扣材料组的幼儿交流。回答问题：你们拿着几枚纽扣？ 4有几种分法？

教师边听幼儿回答边在磁性板上写出相应的分合式。如：

（2）请取雪花片材料组的幼儿交流他们的记录结果，并请他们看看和纽扣组的幼儿记

录结果是否相同。

（3）请取小圆片材料组的幼儿交流他们的记录结果。同样，请他们看看和纽扣组的幼儿记录结果是否相同。

（4）引导幼儿比较其中两种分合式的异同，感知、理解互换规律。

（5）和幼儿一起分析几种记录方式，发现便于记录的一种。如：

$$
\begin{array}{c}
4 \\
\wedge \\
1\ 3 \\
2\ 2 \\
3\ 1
\end{array}
$$

左边的数字一个比一个大1，右边的数字一个比一个小1。

活动内容
4的加法
活动目标
1.学习4的加法。
2.初步理解加法的交换律。
活动准备
数字1、2、3、4及"+""="图卡若干，磁性板，有小河、草地的背景图一幅，小鱼、小青蛙、小乌龟等的小图片数量不等。
活动过程
1.复习4的组成、分解。
2.情境导入。

出示小河背景图。

（1）教师一边出示小鱼图片，一边编应用题。

教师：小河里有1条小鱼，一会儿，又游来了3条小鱼。现在，小河里一共有几条小鱼？

当幼儿说出得数时，可以追问：你是怎么知道的？

启发幼儿想一想，可以用一道什么算式把这件事记录下来。

列出算式：1+3=4。

提问：

1表示什么意思？（小河里有1条小鱼）

3表示什么意思？（又游来了3条小鱼）

4表示什么意思？（现在小河里一共有4条小鱼）

知道"+"、"="表示什么意思吗？请说一说。

（2）出示小青蛙的图片，教师：请小朋友看看，图片上有几只小青蛙？小河里有几只？草地上有几只？你能列出一道关于小青蛙的加法式子吗？

3+1=4

提问方法同上，让幼儿分别说出加法式子中各个数字和+、=所表示的意思。

（3）出示小乌龟的图片（两只在河里，两只在岸上），请幼儿根据图意列出算式：

2+2=4

3.列出4的三道加法算式。

1+3=4　　　3+1=4　　　　2+2=4

我们一起把算式读两遍。

引导幼儿比较其中一组式子的异同，初步体验加法的交换律。

如：1+3=4

3+1=4

都有数字1、3、+、=，得数都是4，只是1和3的位置不同。

教师小结：在两个加法式子中，如果它们的两个部分数相同，位置交换，总数不变。

4.幼儿操作练习。

打开幼儿用书《数学与思维》第14页，学习看图列算式。

活动延伸建议

引导幼儿运用实物、图片、圆点等学习4的组成，掌握4的加法算式，会列出算式并计算，记录计算结果。

区域活动

益智区：投放多个4以内加法的应用题及其相应的图片，引导幼儿根据应用题列出加法算式，并记录计算结果。

日常教育

利用户外活动环节，幼儿玩"站队"游戏。要求每组人数为4人，必须排成2队，请幼儿根据游戏规则自由站队，保持小组总人数为4人。通过游戏掌握4的组成这一基本概念。

家园共育

家长和幼儿在家里玩拼摆游戏，家长为幼儿提供各种同类玩具、食物等，引导幼儿进行4的组成练习。

环境创设

布置"4的组成"墙饰，引导幼儿制作自己喜欢的物品卡片，如小汽车、小兔子等，在墙上展示4的组成分合式及加法算式，供幼儿分享与交流，了解并掌握4的组成及其加法算式。

活动四　拍　照　片

活动内容

5的组成

活动目标

1.能根据图中物体显示的数量关系填写5的分合式，知道5有4种分法；

2.进一步理解互换规律，递增、递减规律。

活动准备

数字1、2、3、4、5及分合号卡片若干，磁性板，幼儿操作材料纸（图5-12），铅笔，

记录纸（图5-13）。

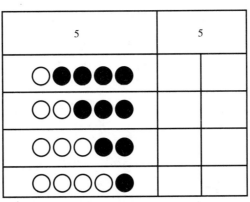

图5-12

图5-13

活动过程

1.动手操作导入。

（1）出示幼儿操作材料纸（图5-12）。

请幼儿观察并说出图中有什么，数一数每行圆点的数量。每行圆点的数量应该都是5个。

（2）启发幼儿说出每行不同颜色圆点的数量，初步体验数的互补关系：左边白色的圆点是1个，右边黑色的圆点是4个；左边白色的圆点是2个，右边黑色的圆点是3个；左边白色的圆点是3个，右边黑色的圆点是2个；左边白色的圆点是4个，右边黑色的圆点是1个；左边白色的圆点一行比一行多1个，右边黑色的圆点一行比一行少1个。但是，每行白色和黑色的圆点合起来都是5个。

（3）尝试在右边的格内填写相应的数字。

2.引导幼儿运用记录纸记录5的分合式。

3.集体讨论与交流。

（1）提问：5有几种分法？（4种）

集体口述一遍5的分合式，教师在磁性板上做记录。

（2）引导幼儿找出具备互换规律的两组数字。启发幼儿思考：运用互换规律，我们能否根据其中的一种分合式写出另外一种分合式？如，根据

$$5$$
$$\wedge$$
$$1 \quad 4$$

能写出什么？

（3）观察5的分合式，思考：左边的数字一个比一个怎么样？右边的数字一个比一个又怎么样？进一步理解递增、递减规律。

4.幼儿个别操作：运用数字1、2、3、4、5及分合号拼摆5的分合式，要求体现互换规律或递增、递减规律。

活动内容

5的加法

活动目标

1.学习看图列算式，能用一句话讲清每一幅图的图意。

2.学习5的加法，能用语言讲述5的加法算式中每个数字和符号所表达的含义。

活动准备

4幅图如下（图5-14、图5-15、图5-16、图5-17），贴纸数字及符号（1、2、3、4、5、+、=）若干，5的加法算式若干张。

盘子里有1个大苹果，4个小苹果	草地上有4只白兔，1只黑兔	河里有2条小鱼，3条大鱼	小明有3个花皮球，2个绿皮球
图5-14	图5-15	图5-16	图5-17

活动过程

1.集体活动导入。

（1）复习5的组成。拍手对数：幼儿拍手数和教师拍手数合起来正好是5。

如教师拍1下，幼儿拍4下，拍完后说出：1和4合起来是5。

（2）看图学习5的加法。

①出示图5-14。"这幅图说的是一件事，请小朋友仔细看，看看什么地方有什么？有多少？看完后讲给大家听。"

启发幼儿讲出来：盘子里有1个大苹果，4个小苹果，盘子里一共有5个苹果。

谁会用一道算式来表示图意？要求幼儿一边放一边讲。

1+4=5

说说这道算式是怎么表达这件事的？1表示什么？4表示什么？5又表示什么？"+"表示什么意思？"="表示什么意思？

②出示图5-15。启发幼儿根据图意列出算式：4+1=5提问方法同上。

③图5-16、图5-17方法同上。

2.列出5的4道加法算式，引导幼儿比较其中两组式子的异同，体验加法的交换律。

1+4=5   2+3=5

4+1=5   3+2=5

第一组：都有数字1、4、+、=，得数都是5，只是1和4的位置不同。

第二组：都有数字2、3、+、=，得数都是5，只是2和3的位置不同。

得出结论：在两个加法式子中，如果它们的两个部分数相同，位置交换，总数不变。

我们一起把算式读两遍。

3.幼儿操作练习。翻开幼儿用书《数学与思维》第15页，学习看图列算式。

活动延伸建议

为幼儿投放5以内的图卡、圆点卡和数字卡，引导幼儿拼摆出5的组成分合式，并梳理、总结规律。

区域活动

建构区：引导幼儿用雪花片、积木等材料拼摆5以内数字的分解与组合，强化练习。

日常教育

利用过渡环节，组织幼儿玩手头游戏。幼儿两人一组，两人伸出手指的总数为5，猜拳决定谁先伸出手指。如一人伸出1根手指，另一人则伸出4根手指，保证手指总数为5。游戏可以互换先后顺序进行。

家园共育

家长和幼儿在家里玩"画一画"游戏。家长和幼儿分别在白纸上画出相同的小动物形象，家长用黑色的笔先画出2个小动物形象，幼儿用红色的笔跟着画出3个小动物形象，要求两人画出来的动物形象总数是5。游戏也可以互换先后顺序进行。

环境创设

布置"5的组成"墙饰，引导幼儿制作自己喜欢的物品卡片，如小动物、汽车等，在墙上展示5的组成分合式及加法算式，供幼儿分享与交流，了解并掌握5的组成及其加法算式。

主题四　鳄鱼先生开店

活动一　卖　菜　喽

活动目标

1.感知体验1个数分成2个部分数的分合关系。

2.学习3以内数的分解。

3.会用点卡表示3以内数的分解。

活动准备

1.经验准备：已经学过5以内数的组成。

2.物质准备：8个雪花片、6个空盒子、16个等大的圆形。

活动重点

感知体验1个数分成2个部分数的分合关系。

活动难点

学习3以内数的分解，会用点卡表示3以内数的分解。

活动过程

1.体验1个数分成2个部分数的分合关系。

（1）教师出示2个雪花片，摆成一排，旁边放2个空盒子。

教师：哪位小朋友来帮老师的忙，把这2个雪花片分成2组？（幼儿操作，把1个雪花片放进1个盒子里，另1个雪花片放进另1个盒子里）他是怎么分的啊？

（2）教师出示3个雪花片，再请幼儿帮忙分一分，第一种分法分完之后，教师再拿出3个雪花片，引导幼儿想一想还有什么分法。幼儿操作。教师：一共有几种分法？（两种）分别是怎么分的？

幼儿口述分的过程。

小结：3有两种分法，一种是把3分成1和2，另一种是把3分成2和1。这两个有什么相同？有什么不同？分完之后，总数不变，但是一种是1和2，另一种是2和1，两个数交换了位置。

2.列出2和3的分解式。

（1）教师拿出2个圆点代表2个雪花片，请幼儿上前操作，将雪花片分成2组。教师在旁边列出2的分解式，引导幼儿数一数分解前后圆点的总数，得出总数不变。

（2）同样地，教师再拿出3个圆点代表3个雪花片，引导幼儿操作。教师列出3的分解式。

小结：一个数可以分成两组数，且总数保持不变，这就是数的分解。

3.巩固练习。

翻开幼儿用书《数学与思维》第16页，请幼儿做相关练习。

活动延伸建议

引导幼儿利用小动物图卡、蔬菜图卡等进行3以内数的分解练习，熟练掌握3的分解式。

区域活动

小菜站：引导幼儿制作不同的蔬菜图卡，通过玩"卖菜"的游戏，掌握3以内数字的分解。

日常教育

利用过渡环节，引导幼儿口头说说3以内数字的分解与组成，熟练掌握其分合式。

家园共育

家长和幼儿在家里利用各种玩具、水果等进行3以内数的分解练习，通过摆弄实物熟练掌握这一知识点。

环境创设

布置"2和3的分解"墙饰，引导幼儿制作自己喜欢的小动物图卡、圆点卡和数字卡（3以内），在墙上展示出2和3的分解式，供幼儿之间分享交流，巩固学习这一知识点。

数学与思维

活动二　算　一　算

活动目标

1.认识"–"，理解其含义。

2.练习3以内的减法。

活动准备

数字1、2、3及"–""="若干；磁性板。图片3幅，图1：兔妈妈手里提着篮子（里面有2根萝卜）、小兔、萝卜的图。图2：大树图一幅（树上有2只小鸟，另1只小鸟飞离大树）；图3：小猴吃桃（盘子里有3个桃子）的图。

活动过程

1.出示图1：兔妈妈、小兔、萝卜的图。教师将其编成应用题如：兔妈妈拔了2根萝卜，给小兔子吃了1根。现在，篮子里还有几根萝卜？

当幼儿说出得数时，可追问：你是怎么知道的？

教师：我们可以用一道式子把这件事记下来。出示数字2、1、1。

教师：2表示什么意思？（兔妈妈拔了2根萝卜）

教师：第一个1表示什么意思？（给小兔子吃了1根萝卜）

教师：第二个1表示什么意思？（篮子里还有1根萝卜）

出示"–"，教师：你们认识它吗？知道它表示什么意思吗？

教师："–"读减号，表示"去掉""拿走"的意思。

列出算式：2–1=1，引导幼儿读一读：2减1等于1。

2.出示图2：大树图一幅（树上有2只小鸟，另1只小鸟飞离大树）。

教师：原来树上有3只小鸟，有一只小鸟飞走了。现在，树上还剩几只小鸟？

当幼儿说出得数时，可追问：你是怎么知道的？

出示数字3、1、2。请幼儿说说这三个数字分别表示什么意思。想一想，3和1中间应该放一个什么符号？　1和2中间应该放一个什么符号？

列出算式：3–1=2，让幼儿读一读：3减去2等于1。

3.出示图3：小猴吃桃的图。

教师：盘子里有3个桃子，小猴要吃掉2个。想一想，盘子里还会剩几个桃子？

启发幼儿理解题意，列出算式：3–2=1。

提问方法同上。

4.操作练习。

翻到幼儿用书《数学与思维》第17页，请幼儿进行相应的练习。

活动延伸建议

引导幼儿摆弄各种3以内数量的实物进行3以内减法练习，了解减号的意义，巩固并掌握3以内的减法。

区域活动

益智区：教师为幼儿准备类似幼儿用书P17右侧算式的图卡，请幼儿根据划掉物体的方式学习3以内的减法，列出算式并计算出结果。

数学与思维

日常教育

利用过渡环节，引导幼儿一起说一说3以内的减法算式，通过反复讲述加深印象，熟练掌握3以内的减法算式。

家园共育

家长和幼儿在家里玩"减一减"的游戏。家长为幼儿提供数量为3的各种实物，如小零食、水果等，请幼儿摆出3以内所有的减法算式，再说一说这么摆的理由。

环境创设

布置"3以内的减法"墙饰，引导幼儿利用小动物图片或其他物品图片，拼摆出3以内的减法算式，贴在墙上，供幼儿之间互相学习，彼此说一说这么摆的理由。

活动三 发生了什么事

活动目标

1.学习4的减法，进一步理解减法的意义。

2.尝试根据图意列算式。

活动准备

数字1、2、3、4及"–"、"="若干，磁性板，图片3幅，如下：

 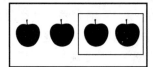 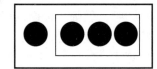

图5-18 图5-19 图5-20

活动过程

1.出示图5-18。

（1）提问：图上有什么？有几个？最后一个五角星怎么了？（被划掉了）你能说说这幅图表示的是什么意思吗？

引导幼儿说出：图上有4个五角星，被划掉了1个，还剩3个。

（2）出示数字4、1、3，请幼儿想想4和1中间应该用什么符号，1和3中间应该用什么符号。

（3）列出算式：4-1=3，请幼儿分别说出减法算式中各个数字和–、=所表示的意思。读一读算式：4减1等于3。

2.出示图5-19，引导幼儿说出图意并尝试列出算式：4-2=2。

同上，让幼儿分别说出减法算式中各个数字和–、=所表示的意思。

读一读算式：4减2等于2。

3.幼儿独立操作。

出示图5-20，幼儿独自观察后运用数字1、2、3、4及"–""="列出算式。

4.集体交流对图意的理解和列式情况4-3=1。

5.翻开幼儿用书《数学与思维》第18~19页，请幼儿进行相应的练习。

数学与思维

活动延伸建议

引导幼儿玩各种开店铺的游戏，通过开店铺卖货的形式，引导幼儿了解4以内的减法算式并会计算。

区域活动

益智区：投放4以内数字点卡和数字卡，教师为幼儿列出4以内数字点卡的减法算式，请幼儿根据算式，摆上相应的数字卡，再说说这样摆的理由。

日常教育

利用晨间谈话环节，教师为幼儿创设不同的情境，如鸡妈妈有4个蛋，它孵出了2只小鸡，还剩几个蛋？请幼儿根据这个信息说出算式，并说出结果，看看谁的反应快，说得又快又对。

家园共育

家长和幼儿玩"超市购物"的游戏，幼儿扮演超市店员，家长扮演顾客。家长为幼儿准备数量是4的商品，如玩具、日用品、蔬菜、水果等，引导幼儿掌握4以内的减法算式并会计算。

环境创设

布置"4以内的减法"墙饰，引导幼儿利用图卡、圆点卡、数字卡，在墙上贴出4以内的减法算式，供幼儿分享与学习，熟练掌握4以内数的分解。

活动四 好吃的蛋糕

活动目标

学习5的减法，进一步理解减法的意义。

活动准备

数字1、2、3、4、5及"-""="卡片若干，磁性板，小碗，数量是5的玻璃球、小花片、木珠等材料幼儿人手一份，记录纸，笔。

活动过程

1.幼儿口述复习5的组成分解。

2.幼儿操作学具练习5的减法。每人自选一样材料（玻璃球、小花片、木珠），取5个放在小碗里。然后逐次从小碗里取出数量不等的玻璃球（或小花片或木珠），看看小碗里还剩几个？将每次取的过程用算式记录在纸上，如第一次取了1个玻璃球，碗里还剩4个，列出算式：5-1=4。

列完第一个算式后，将玻璃球放回碗里，再取出2个或3个、4个玻璃球，看看小碗里还剩几个，列出全部的算式：5-2=3、5-3=2、5-4=1。

3.集体交流。教师先请幼儿讲述自己的操作过程，然后将幼儿列出的算式展示在磁性板上，引导幼儿集体讨论对与错。

4.将5的减法算式全部列出，引导幼儿发现其中的规律：

$$5-1=4$$
$$5-2=3$$
$$5-3=2$$

$$5-4=1$$

5的总数不变，所减去的部分数一个比一个增大，得数也就一个比一个减小。

5.翻开幼儿用书《数学与思维》第20页，指导幼儿完成上面的练习。

活动延伸建议

利用户外活动环节，引导幼儿玩"小鸟飞走了"的游戏。在地面上画上一个大圆圈，当作鸟窝，保证可以站5个人。幼儿5人为一组，扮演小鸟。小鸟都站在鸟窝里。听到教师的口令如"飞走3只小鸟"，3名幼儿从鸟窝里飞出，教师提问"鸟窝里还有几只小鸟"，幼儿回答"2只"。教师请一名幼儿在黑板上列出算式。通过游戏引导幼儿了解5的分解式，强化5以内减法练习。

区域活动

小商店：创设"小商店"角色区，引导多名幼儿扮演商店售货员售卖商品。教师提供的商品总数为5，引导其他幼儿购买商品，请售货员列出5以内的减法算式并计算出结果。

日常教育

利用过渡环节，引导幼儿用圆点卡摆出5以内的减法算式并计算出结果。

家园共育

家长和幼儿在家里玩"你来画，我来划"的游戏。家长在纸上画出5以内的简单形象，请幼儿用笔划掉其中的3个或其他数量，并列出相应的算式，计算出结果，巩固练习5以内的减法。

环境创设

布置"5以内的减法"墙饰，引导幼儿利用图卡、圆点卡、数字卡，在墙上贴出5以内的减法算式，供幼儿分享与学习，熟练掌握5以内数的分解。

主题五　欢乐圣诞节

活动一　圣诞大餐

活动内容

二等分

活动目标

学习将物体二等分的方法，感知等分中的包含关系和等量关系（整体和部分的关系）。

活动准备

圆形的饼一张，小刀一把，每人一支笔，剪刀，一样大的圆形、正方形、长方形纸若干张，毛线绳。

活动过程

1.以情境导入，引导幼儿初步感知二等分。

（1）教师：熊妈妈有两个孩子。一天它们饿了，熊妈妈给它们找食物，可找来找去，只找到了一张饼。熊妈妈的两个孩子都想吃，怎么办呢？

启发幼儿说出将饼分开给它们吃。

（2）出示圆形的饼一个，教师用小刀将饼从中间切开。引导幼儿观察并说说饼发生了什么变化，变成什么形状。（两个半圆形）

教师：这两个半圆形一样大吗？

（3）给每个幼儿一张圆形纸，一把剪刀。让他们试着折一折、剪一剪，要求剪开的两个图形一样大。

（4）讨论与分析。

①教师：你把一个圆形分成了2个一样大的什么图形？（半圆形）

②教师：这2个半圆形合起来和原来的图形比，是大了、还是小了？为什么？

③教师：分出的这一个半圆形和原来的圆形比是大了、还是小了？为什么？

④小结：一个圆形可以分成2个一样大的半圆形。这2个半圆形合起来和原来的圆形一样大。分出的一个半圆形比原来的圆形小，原来的圆形比分出的一个半圆形大。把一个物体分成相等的两份，就叫"二等分"。

小结：将圆形纸对折，压出中线，再沿中线剪开，然后将两个半圆重叠做比较，说说半圆形大、还是原来的圆形大。

2.出示毛线绳，启发幼儿想一想怎么分才可以分成一样长的两根。

（1）幼儿尝试。

（2）讨论与交流：你是怎么分的？分开的两根毛线绳一样长吗？怎么知道它们是一样长的？

小结：将绳子对折，两端对齐，从折处剪断。比较时，将两根绳子的一头对齐，捋直后，就会发现是一样长的。

3.正方形二等分。

（1）操作比较。

提问：一张正方形纸，要分成一样大的两份，可以怎样分？

让幼儿想一想，也可以用折纸画线（折好后沿缝画线）的方法分一分。教师鼓励幼儿想出不同的方法，对不能等分图形的幼儿提供帮助。幼儿完成以后，教师把幼儿分出的结果展示在磁板上（图5-21）。

图5-21

（2）讨论与分析。

①教师：把一个正方形分成2个一样大的图形，有几种分法？分开后的两个图形是什么形？它们一样大吗？

②教师：分开的2个图形合起来和原来的正方形比，哪个大？哪个小？为什么？

③教师：分出来的一份和原来的正方形比是大还是小？为什么？

④教师：每种分法各取一份，你们想一想，它们一样大吗？

先让幼儿充分发表意见，再让幼儿想一想：怎么样才能证明两部分一样大？（剪开后拼合）

活动内容

图形四等分

活动目标

学习图形四等分的方法，感知等分中的包含关系和等量关系（整体和部分的关系）。

活动准备

每人一支笔，剪刀，一样大的圆形、正方形、长方形纸若干张。

活动过程

1.圆形四等分。

（1）操作比较，提问：把一张圆形纸，分成一样大的4份，应该怎么分？

教师：请小朋友们拿一张圆形纸折折，沿折线画一画，说一说自己是怎么分的。

幼儿完成后，教师按幼儿分的方法把圆形纸剪成一样大的4份，展示在磁板上（图5-22）。

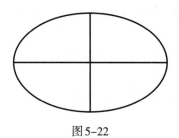

图5-22

（2）讨论与分析。

①教师：你把一个圆形分成了4个一样大的什么图形？（扇形）

②教师：这4个扇形合起来和原来的图形比，是大了、还是小了？为什么？

③教师：分出的这一个扇形和原来的圆形比，是大了、还是小了？为什么？

④小结：一个圆形可以分成4个一样大的扇形。这4个扇形合起来和原来的圆形一样大，分出的一个扇形比原来的圆形小。原来的圆形比分出的一个扇形大。

2.正方形四等分。

（1）操作比较。提问：一张正方形纸要分成一样大的4份，可以怎样分？

让幼儿想一想，也用折纸画线（折好后沿折线画线）的方法分一分。教师鼓励幼儿想出不同的方法，对不能等分图形的幼儿提供帮助。幼儿完成以后，教师把幼儿分出的结果展示在磁板上（图5-23）。

 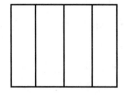

图5-23

数学与思维

（2）讨论与分析。

①教师：一个正方形可以分成4个一样大的什么图形？

②教师：这4个图形合起来和原来的正方形比，哪个大？哪个小？为什么？

③教师：分出来的一份和原来的正方形比，是大、还是小？为什么？

④教师：每种分法各取一份，你们想一想，哪份大？哪份小？还是一样大？为什么？

先让幼儿充分发表意见，再让幼儿想一想：怎么才能证明阴影部分一样大？（剪开后拼合）

3.长方形四等分。

鼓励幼儿用不同的方法四等分长方形，并进行数量关系的讨论。

（1）教师：一个长方形可以分成4个一样大的什么图形？

（2）教师：这4个图形合起来和原来的长方形比，哪个大？哪个小？为什么？

（3）教师：分出来的一份和原来的长方形比，是大、还是小？为什么？

（4）教师：每种分法各取一份，你们想一想，哪份大？哪份小？还是一样大？为什么？

建议：游戏时，可以用剪剪拼拼的方法，体验图形的守恒及图形部分和整体的关系。

4.操作练习。

翻开幼儿用书《数学与思维》第21页，请幼儿做相应的练习。

活动延伸建议

引导幼儿对生活中各种圆形、三角形、正方形、长方形的物品进行二等分和四等分，进一步掌握二等分、四等分的方法，感知等分过程中物品的包含关系和等量关系。

区域活动

益智区：投放各种可供幼儿进行二等分和四等分的材料，让幼儿通过动手操作，真正理解和掌握二等分、四等分的方法。

日常教育

利用户外活动环节，引导幼儿

家园共育

家长为幼儿提供各种可供幼儿等分的食物，如圆形的比萨、正方形的蛋糕、三角形的三明治等，请幼儿二等分或四等分这些食物，并说一说其中一块分好的食物和整体的食物之间是什么关系、每一块食物之间是什么关系。

环境创设

布置"二等分、四等分"墙饰，分为"二等分"和"四等分"两个版块。引导幼儿制作各种食物或水果图卡，并在图卡上用笔画出二等分或四等分的线，将图卡贴在墙上相应的位置，让幼儿结合墙饰说一说这样分的理由，以及等分中数量的包含关系与等量关系。

活动二　大家比一比

活动内容

3种事物比较、排序。

活动目标

1.学习3种事物比较长短、高矮、粗细。

2.进行3种事物排序，会从长到短或从短到长两种方式排序。

3.通过排序，体会事物的长短具有相对性，了解3种事物排序的方法。

活动准备

1.经验准备：会两种事物进行比较。

2.物质准备：3根长短不同的棍子（没有棍子也可以用长纸条代替），3个高矮不一的瓶子，3根粗细不同的绳子。

活动重点

学习3种事物比较长短、高矮、粗细。

活动难点

进行3种事物排序，会从长到短或从短到长两种方式排序。

活动过程

1.出示实物进行比较。

（1）出示3根棍子，其中1根最长，1根中间长的，还有1根最短的。

教师先拿出最长的和中间长的2根棍子，请幼儿进行比较，得出结论。

再出示中间长的和最短的2根棍子，请幼儿比较。

然后，出示3根棍子，请幼儿尝试比较。

比的时候注意，将棍子的一端对齐，然后再看另一端的位置，最后得出结论：1根最短、1根中间长、1根最长。

（2）重复上述活动，比较3种高矮不一的瓶子和3根粗细不同的绳子。

2.进行排序，尝试两种排序的方法。

教师：如果按照从长到短的顺序排列3根棍子，你会排列吗？试试吧，还可以怎样排列？（从短到长）

请幼儿尝试高矮和粗细的两种排序方法。

3.操作练习。

翻开幼儿用书《数学与思维》第22页，请幼儿做相应的练习。

活动延伸建议

引导幼儿收集生活中的各种物品，同一类物品至少3个，如玩具、乐器、日常用品等，对物品进行比较，比一比它们的长短、高矮、粗细等，并给物品按照一定的顺序排序。

区域活动

益智区：投放各类物品大小、长短、粗细各不相同，每类物品3种，引导幼儿比较物品并排序，在记录纸上记录下来。

日常教育

利用户外活动环节，引导幼儿找一找周围环境中的物品，给物品分类并比较，按照大小、长短、高矮、粗细等不同的标准进行比较，请同伴或教师验证是否正确。

家园共育

家长和幼儿玩"比一比"的游戏，家长准备同一类的物品准备3个，分别是不同大小、长短、高矮、粗细的物品，请幼儿比一比并在纸上记录比较的结果，家长验证其结果是否正确。

环境创设

布置"大家比一比",引导幼儿画出不同大小、长短、高矮、粗细的各种物品(每种物品3个),并按照不同的顺序给物品排序,张贴在墙上。请幼儿说一说排列的顺序是否正确。

活动三 动手动脚量一量

活动内容

测距离

活动目标

学习用目测、工具和脚步测量物体两端的距离。初步了解测量工具的长短与测量结果的关系。

活动准备

大图片一幅,人手一根木棒、火柴棍、曲别针、相同大小的图书。

活动过程

1.目测。

(1)人与人或人与物间的距离。

教师站在讲台前面对幼儿,请幼儿观察:谁离教师最近?谁最远?

请幼儿观察:教师离什么物体最近?又离什么物体最远?

(2)目测两个物体之间的距离。

出示图片,请幼儿观察,教师:房子离什么近?又离什么远?为什么?

引导幼儿仔细观察后说出各自的理由:房子离××近,离××远,因为远处的东西看起来比较小。

2.自然测量。

(1)用小棍测量桌子。

请幼儿用小棒测量自己桌子的长和宽,并做记录。

请幼儿各自说出测量的结果。针对不同的结果,引导幼儿讨论:为什么一样的桌子,测量的小棍一样长,而测量的结果不一样?

最后明确正确的测量方法:测量工具的顶端要和被测量物体的顶端对齐;测量过一次后要做个记号;第二次测量时,工具的顶端要紧挨着记号的位置接着量,这样测量的结果才会比较准确。

(2)请幼儿分别用火柴棍和曲别针测量同一本书的长度,记录测量结果,看看有何发现。

用火柴棍测量的结果数字小,用曲别针测量的结果数字大。

(3)脚步量距离。

请幼儿用脚步测量从教室到卧室的一段距离。

请幼儿说说,这段路自己走了几步,然后引导幼儿讨论:同样的距离,为什么有的小朋友步数多?有的小朋友步数少?测量结果的多少和什么有关系?

(4)结论:测量时,测量的结果与测量用的工具长短有直接的关系。量一样长的东西,工具长,量的次数就少;工具短小,量的次数就多。

活动内容

自然测量

活动目标

学习并掌握几种自然测量的方法，不断积累测量经验。

活动准备

幼儿每人一种测量工具（绳子或小棍或尺子），记录纸、笔。

活动过程

1.复习说说用小棍进行自然测量的方法。

一次一次连着量，中间不能留空，也不能重复。每量一次都在测量工具小棍的末端处画上记号，然后再从这个记号接着量（即前一次的结束处，为这一次的开始点，可以用铅笔画记号）。注意沿直线量。量完后，记录总数。

2.练习实际测量物体的方法。

幼儿拿出自己带的测量工具，比一比各自的工具有何不同。

教师：量一量教室里的桌子与磁性板，谁长、谁短？

幼儿用工具测量后，教师个别提问，引导幼儿发现测量工具与量数的关系：工具长，量数少。

3.找一找，量一量。

（1）测量教室内某一段距离，启发幼儿用不同的测量工具来尝试，如用绳子、尺子、棍子等进行测量。注意沿直线量，中间不留空隙；量完后记录总数。

（2）提问：生活中会遇到许多事，当我们身上没有带尺子时，我们身体上的哪些部位也可以作为测量工具？（手、脚、胳膊）

启发幼儿尝试用身体上的某个部位进行测量，可以是教室内某一个柜子或一段距离，也可以是院子里的一段距离。

4.操作练习。

翻开幼儿用书《数学与思维》第23页，请幼儿进行相应的练习。

活动延伸建议

测量工具放入益智区，请幼儿随意测量幼儿园的一些物品，不断积累测量经验。

区域活动

益智区：引导幼儿自制测量工具，并用测量工具量一量教室里的物品长度，并记录在纸上。请同伴或教师帮忙验证测量得是否准确。

日常教育

利用户外活动环节，引导幼儿用脚步和手臂测量一下室外各种物体之间的长度，如操场的长和宽、小树之间的距离、沙坑的长和宽等，记录下来，请同伴帮忙验证。

家园共育

家长带领幼儿用自制的测量工具量一量家里常用物品的长度，记录在纸上。

环境创设

布置"动手动脚量一量"，将幼儿在家里和在幼儿园测量的记录单呈现在墙上，供幼儿分享与交流。

数学与思维

活动四 玩 游 戏

活动目标

1.复习长度的测量。

2.理解长度守恒的意思。

3.实际操作，体验长度守恒。

活动准备

1.经验准备：会用实物测量物体。

2.物质准备：两根一样长的铁丝，4根一样长的毛线，每个幼儿8根火柴棍。

活动重点

复习长度的测量，理解长度守恒的意思。

活动难点

实际操作，体验长度守恒。

活动过程

1.讨论。

（1）出示一样长的两根铁丝，让幼儿比一比，说一说这两根铁丝是不是一样长。

（2）变化铁丝的摆放位置和形状，每次变化后，分别让幼儿说一说，现在两根铁丝是不是一样长，为什么？

（3）出示不一样长的两根毛线，让幼儿说一说，这两根毛线一样长吗？怎么才能知道它们是不是一样长？

（4）出示一样长的两根毛线，一根伸直，另一根团成一团。

教师：这两根毛线是不是一样长？怎么知道的？为什么一样长的毛线看起来不一样长，请小朋友比一比。

2.幼儿操作练习。

（1）按图5-24，用火柴棍拼摆。

图5-24

教师：两排火柴棍是不是一样长？为什么？

（2）幼儿用8根火柴棍自由摆各种图形，说出每种不同的图形各用了几根火柴棍。

小结：8根火柴棍可以拼摆各种图形，但是无论怎么拼摆，连起来都是一样长。

（3）翻开幼儿用书《数学与思维》第24页，请幼儿进行相应的练习。

活动延伸建议

引导幼儿先用眼睛观察物体，猜测物体是否一样长，再用测量工具量一量，验证是否真的一样长。

区域活动

美工区：引导幼儿用不同材料制作一把尺子，在尺子上标记上相应的刻度，并用它量一量教室里物品的长度，记录下来。

日常教育

利用过渡环节，引导幼儿玩"画绳子"的游戏。教师为每名幼儿提供一根绳子。请幼儿在纸上摆出绳子的不同造型，并用笔描下来，说一说纸上画的绳子长度都一样吗，为什么。

家园共育

家长和幼儿玩摆火柴图案的游戏，家长为幼儿提供8根火柴，请幼儿摆出不同的造型，家长用手机拍下摆好的造型，然后再重新摆。最终，家长将手机照片里的图给幼儿看，请幼儿说一说这些图案分别用了多少根火柴，摆出造型的线长度是否一样，为什么。

环境创设

布置"是否一样长"墙饰，教师投放2~3根一样的毛根，请幼儿任意弯折出不同的形状，将其呈现在墙上。让幼儿说一说这些毛根一样长吗，为什么。

活动五　看谁跳得远

活动目标

1.认识测量工具——尺子，会用尺子进行测量。

2.学习用尺子测量并读数。

3.会对测量结果进行排序。

活动准备

1.经验准备：会自然测量，有测量的基本经验。

2.物质准备：尺子、剪刀、胶水、笔。

活动重点

认识测量工具——尺子，会用尺子进行测量。

活动难点

学习用尺子测量并读数，会对测量结果进行排序。

活动过程

1.游戏导入。

教师请3名幼儿上台，在地上画一条直线，让幼儿站在线后，进行立定跳远。提醒幼儿跳完后不要动，请台下的幼儿说一说，谁跳得最远？谁跳得最近？你们知道他们跳了有多远吗？我们怎么才能知道？引导幼儿说出自然测量的方法，可以用相同长度的绳子量一量，记下数字。还有什么方法可以知道准确的长度？（引导幼儿说出用尺子量）

教师请幼儿协助操作，在幼儿脚后跟的地方用白色粉笔或彩色条贴纸做一下记号，拿出尺子测量。

2.学习用尺子测量的方法，会读取数字。

教师：小朋友们，你们看，这把尺子上有一些数字，这些数字表示什么意思？（表示

数学与思维

有多少厘米）

教师：谁能告诉我应该怎样量，才准确？

教师可以比画一下，做一些错误动作（如把尺子的顶端放在直线后面），再让幼儿说一说。最后做出正确的动作，将尺子的0刻度线对齐直线的位置，再把尺子拉直测量，读出到达记号位置所对应的数字，是多少就表示有多少厘米。

3.巩固练习。

翻开幼儿用书《数学与思维》第25页，请幼儿先将长颈鹿尺子图案剪下来（注意图书背面的内容最好是已经学习过了的）。幼儿自己动手制作尺子。做好后，再按要求量一量。

4.户外游戏：投沙包。

教师带领幼儿到户外玩游戏"投沙包"，请幼儿用皮尺测量沙包落地的位置，看谁投得远。

活动延伸建议

引导幼儿认识各种各样的尺子，如皮尺、直尺、钢卷尺等，教会幼儿掌握测量物体长度的方法，如一端对齐零刻度线，找到另一端在尺子上的位置，准确读出读数。

区域活动

美工区：教师为幼儿提供各种彩色正方形折纸，引导幼儿折一折小青蛙，然后比一比，看谁折的小青蛙跳得远，用尺子量一量并记录测量结果。

日常教育

利用户外活动环节，引导幼儿统一站在起始线后，进行立定跳远比赛，再用尺子量一量，看谁跳得远。

家园共育

家长给孩子一把尺子，让孩子在家里随便找物品量一量，记下相应的数字。

环境创设

布置"尺子量一量"墙饰，分为两个版块"各种各样的尺子"和"用尺子测量长度的方法"。"各种各样的尺子"，引导幼儿收集各种尺子的图片，张贴在墙上。"用尺子测量长度的方法"，请幼儿根据自己的测量经验，画出用尺子测量长度的步骤图，张贴在墙上，供幼儿分享与交流，互相学习测量方法，掌握相关知识。

活动六　捉　迷　藏

活动目标

体验形与体的不同，认识正方体，了解其主要特征。

活动准备

每人一块正方体积木和与积木每一面大小相同的正方形纸6张，一个正方体的盒子。

活动过程

1.比较正方形与正方体。

（1）让幼儿拿一张正方形纸，说出它的名称。折一折，比一比。

说说正方形的特点：四条边一样长，四个角一样大，对边或对角折都能对齐。

（2）发给幼儿每人一块正方体积木和与积木每一面大小相同的正方形纸6张。

引导幼儿比较正方形纸与积木有什么相同与不同。允许幼儿用自己理解的语言描述形与体的不同，如："正方形扁扁的，积木是鼓鼓的""积木的每一面都是正方形的"。

（3）数一数，有几张正方形纸，在纸上写上数字1~6，然后将它们贴在积木上。引导幼儿发现积木有6个正方形的面。

（4）出示正方体的盒子、积木，为正方体命名。

2.拆盒子。

启发幼儿将纸盒一个个拆开，看一看它变成了什么样，由几个图形组成，在每个图形上写上1~6的数字，每个图形是什么形状。

讨论：你发现了什么秘密。引导幼儿发现体与形的关系。

3.找一找。

想一想，找一找，教室里有哪些东西像正方体。

4.打开幼儿用书《数学与思维》第26~27页，请幼儿将书中是正方体的物品圈起来。

活动内容

认识长方体

活动目标

1.形与体的不同，认识长方体，了解其主要特征。

2.能在周围环境中找到与它相似的物体。

3.激发对周围物体形状的兴趣，培养观察、比较、分析能力。

活动准备

1.经验准备：已了解正方体的特点。

2.物质准备：每人一块长方体积木和与积木每一面大小相同的正方形纸2张，长方形纸4张，一个长方体的盒子；每人正方形、长方形纸片各一张（两个图形能重叠一部分），小棒一根（与正方形的边等长），等长的火柴棒（去头）若干。

活动过程

1.比较长方形与长方体。

（1）数一数正方形、长方形各有几边条、几个角。

用重叠对应比较的方法，和小棒测量的方法找出两个图形的不同点（正方形四条边一样长，长方形对边一样长，邻边不一样长）。

用火柴棒摆正方形、长方形感知它们的不同。

（2）幼儿拿一张长方形纸，说出它的名称。折一折，比一比。

说说长方形的特点：四条边不一样长，但每两条对边是一样长的，四个角一样大，对边折能对齐，对角折不能对齐。

引导幼儿回忆一下正方形的特点，说出长方形与正方形的不同之处。

（3）每人一块长方体积木和与积木每一面大小相同的正方形纸2张，长方形纸4张。

引导幼儿比较长方形与积木有什么相同与不同。提问：积木有几个面？都是正方形的吗？（不是）都是长方形的吗？（也不是）它们是什么形状的？（积木有6个面，2个面是正方形的，4个面是长方形的）

（4）教师：数一数，有几张正方形纸，它们一样大吗？有几张长方形纸？它们是否也一样大？

要求幼儿在纸上分别写上数字1~6，然后将它们贴在积木上。引导幼儿发现积木有6个面，2个面是正方形的，一样大，4个面是长方形的，也一样大。

（5）出示长方体的盒子、积木，为长方体命名。

2.拆盒子。

启发幼儿将纸盒一个个拆开，看一看它变成了什么样，由几个图形组成，在每个图形上写上1~6的数字，每个图形是什么形状。

讨论：你发现了什么秘密。引导幼儿发现体与形的关系。

3.找一找。

教师：想一想，找一找，教室里有哪些东西像长方体？生活中，常见的物体有哪些物体像长方体？

4.打开幼儿用书《数学与思维》第26~27页，请幼儿将书中是长方体的物品圈起来。

活动延伸建议

引导幼儿找一找教室里、操场上有哪些不同形状的物体，并说一说它们分别是什么形状的，如正方体、长方体等。

区域活动

美工区：投放橡皮泥等立体塑形材料，引导幼儿用这些材料捏出正方体、长方体，请幼儿说一说正方体和长方体有哪些特点。

日常教育

利用过渡环节，引导幼儿从玩具中找一找哪些是正方体、长方体，并说一说为什么。

家园共育

家长给幼儿找一找有关立体形状的绘本，引导幼儿阅读并了解正方体、长方体的特征。

环境创设

布置"正方体、长方体"墙饰，分为"正方体"和"长方体"两个版块。引导幼儿收集类似正方体和长方体的物体图片，张贴在墙上，供幼儿分享与交流。

活动七　自制小汽车

活动内容

区分比较正方体和长方体

活动目标

1.进一步体验形与体的不同，能区分正方体和长方体，了解它们各自不同的特征。

2.发展空间知觉和动手、动脑的能力。

活动准备

胶棒、抹布、小纸条若干张、长方体、正方体制作材料纸若干张（图2-25）。

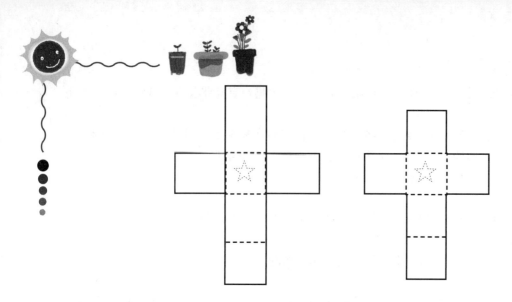

图 5-25

活动过程

1. 集体活动。

观察两张制作材料，讲述异同。

教师：每位小朋友的前面都有两张材料纸，请你仔细观察，讲讲它们有什么不一样？（一张材料纸上是 6 个正方形，还有一张材料纸上有 2 个正方形，还有 4 个长方形）

2. 幼儿操作活动。

教师：今天，老师要请小朋友用这张材料纸做东西，怎么做呢？

（1）介绍制作形体的方法。

教师：把材料纸沿虚线向五角形方向折出折痕，成垂直状，把相邻的开着边用小纸条（或透明胶带）粘住。最后，看看你们制作了什么形体？做完一张，再做另一张。

（2）制作后讲述异同，介绍形体名称——正方体，长方体。

教师：你们做的两件东西像什么？（积木，盒子）它们完全一样吗？（不一样）怎么不一样？（一个上面都是正方形，另一个上面有正方形、还有长方形）

教师手指正方体的一面，教师：这就叫"面"。我们一起数数，它有几个面？（6 个）这 6 个面都是怎样的？（同样大小的正方形）

小结：由 6 个大小相同的正方形围合的形体，就叫"正方体"。请你把你做的正方体找出来，说说它是什么样的。

教师：现在，请你们拿出你制作的另一个形体，数数有几个面？（6 个）每个面一样吗？（不一样），怎么不一样？（6 个面里有正方形和长方形）它也有名字，叫"长方体"。

3. 操作活动。

（1）在教室中寻找类似正方体、长方体的物品，发散幼儿思维。

教师：想一想，找一找，教室里有哪些东西像正方体、哪些东西像长方体？

（2）分类游戏，出示贴有正方体与长方体标记的两个篮子，请幼儿把桌上的积木分别放入带有特征标记的篮子里，并说出送的是什么形体。

（3）翻开幼儿用书《数学与思维》第 28 页，动作制作小汽车。

活动延伸建议

引导幼儿拆开正方体或长方体的盒子，在纸上画下其平面展开图，数一数平面展开图

数学与思维

中正方形和长方形的数量，了解正方体和长方体6个面的特点。

区域活动

建构区：引导幼儿给积木分类，将正方体和长方体的积木分开，并说一说为什么这么分。

日常教育

利用过渡环节，引导幼儿找一找教室里各种类似正方体和长方体的物品，并说说正方体和长方体的区别。

家园共育

家长和幼儿在纸上画出正方体和长方体的平面展开图，用折、粘等方法制作正方体和长方体纸盒。

环境创设

布置"正方体和长方体纸盒"墙饰，引导幼儿将正方体和长方体纸盒平面展开图及制作好的正方体和长方体纸盒呈现在墙上，同时，收集各种正方体和长方体物体图片，也贴在墙上，方便幼儿了解从平面到立体的过程，理解正方体和长方体的特征。

活动八　搭　积　木

活动目标

1.通过数小正方体的方法，体会体积守恒。

2.了解物体摆放时的遮挡关系，能正确查数正方体的数量。

3.对探究正方体的空间位置关系感兴趣。

活动准备

1.经验准备：有过搭积木的经验。

2.物质准备：正方体积木每人若干。

活动重点

通过数小正方体的方法，体会体积守恒。

活动难点

了解物体摆放时的遮挡关系，能正确查数正方体的数量。

活动过程

1.情境导入。

翻开幼儿用书《数学与思维》第29页，教师：丁丁和妹妹在玩搭积木。请你数一数各用了多少块积木？把相应的数字写在圆圈里。说说它们用的积木一样多吗？

幼儿进行操作，点数没有遮挡关系的积木块个数，并填写数字4。

小结：这些积木每块的体积都是一样的，都是4块，但是它们的形状却是不同的。这种现象叫体积守恒。我们可以通过数出相同数量的积木知道它们总的体积是相同的，这些积木不受形状、颜色的影响，只跟数量有关。

2.学习点数有遮挡关系的积木数量。

教师：现在，我们一起动手搭积木，看谁摆的造型最多？要求每组积木用6块，看看可以搭出多少种造型？

幼儿进行操作，教师巡视，找有遮挡关系的积木造型，请幼儿说说这些积木一共有几块，让幼儿动手点数一下，建构立体空间逻辑关系。

3.游戏：数积木。

教师摆出几组有遮挡关系的、数量多一些的积木造型，请幼儿点数。可以请一名幼儿点数，也可以全班幼儿一起点数。

小结：我们虽然看不到被遮住的积木，但是，我们知道那个地方一定会有积木，要不然积木就会掉下去，掉到桌面上。上面的积木是不可能悬空待在那里的。因此，在点数的时候，也要把我们看不到的积木数出来。

活动延伸建议

引导幼儿将一杯200毫升的水从量杯倒入不同形状的容器里，给容器拍照，再将水倒回量杯，了解液体体积守恒的概念。

区域活动

建构区：提供12块同样大小的正方体积木，引导幼儿用这些积木搭出不同的造型。请教师给搭出来的造型拍照。幼儿数一数每个造型用了多少块积木，并记录在纸上。通过比较，了解相同数量积木搭出来的造型体积是相同的，即体积守恒。

日常教育

利用过渡环节，引导幼儿玩捏泥巴的游戏。教师为每位幼儿提供一块同样大小的橡皮泥，请幼儿随心所欲地捏自己喜欢的形状，要求把橡皮泥全部用完，不能有剩下的橡皮泥。请幼儿说一说，这些造型的体积是一样的吗？理由是什么？

家园共育

家长带领幼儿在家里拼摆同样大小的积木块，摆出不同的造型，并数一数积木块的个数，进一步体会体积守恒的概念。

环境创设

布置"体积守恒"墙饰，引导幼儿收集能够体现体积守恒的图片，贴在墙上，供幼儿分享与交流。

主题六　小真和小可

活动一　伸出左手和右手

活动目标

1.了解什么是左，什么是右。

2.发现自身的左右，能初步以自身为中心区分与周围物体的左右关系。

3.通过游戏区分左右，促进幼儿空间知觉的发展。

活动准备

1.经验准备：知道有左右之分。

2.物质准备：各种图案的小贴画，"左""右"字卡。

活动重点

发现以自身为中心的左右和以客体为中心的左右差别。

活动难点

掌握以自身为中心区分左右的方法。

活动过程

1.正确认识左、右手。

（1）请幼儿伸出两只手，教师：小朋友们，请把你的小手伸出来，数一数有几只？（两只）

教师：这两只手都有自己的名字，你们知道叫什么吗？

出示"左""右"两个字，问幼儿是否认识。

教师：一只叫左手，一只叫右手。

（2）教师将各种图案的小贴画发给幼儿，请幼儿将小贴画贴在自己的左手上。教师要注意检查幼儿贴得是否正确。

帮助幼儿正确区分左、右手。告诉幼儿贴有小贴画的手就是左手，另一只没有贴画的就是右手。

2.发现自身的左右。

（1）启发幼儿发现自身的左右，说说自己身上有哪些部位是分左右的。如眼睛、耳朵、眉毛、鼻孔、胳膊、腿、手、脚等。

幼儿每说出一种，教师及时引导幼儿分辨其左右，并以游戏的形式巩固、强化其方位感。

（2）游戏：看谁做得对。

当幼儿说出眼睛分左、右时，教师先请幼儿分别找准左眼或右眼，然后让幼儿听指令分别做"闭上眼睛""睁开左眼睛""睁开右眼睛""闭上右眼睛"等的游戏。其他部位方法相同。

（3）游戏：听指令做动作。

幼儿根据教师指令做相应动作。如"举右手""拍左腿""摸右耳朵""左手摸右肩""右手叉腰，左手摸头"等。

请幼儿说说自己左边有谁，右边有谁，左边有什么物品，右边有什么物品等，尝试区分自身与周围物体的左右关系。

如果幼儿说对了，教师要给予表扬和鼓励。说错了，教师要耐心纠正和指导。

3.总结区分左右的方法。

教师：小朋友们，你们知道哪边是左、哪边是右了吗？如何判断？有什么好的办法可以记住？

教师与幼儿身体都是朝前的，教师伸出左手告诉幼儿这就是左，放下左手，再伸出右手，告诉幼儿这边就是右边。将身体从中间分为两部分，左手这边的就是左边，右手这边的就是右边。左边相应的有：左耳、左眼、左胳膊、左腿……右边相应的有：右耳、右眼、右胳膊、右腿……如果幼儿不习惯使用左手的，可以告诉他握笔写字的手就是右手，那这边就是右边，相反的就是左边，通过这种方法记住左右。

4.巩固练习，进行操作活动。

翻到幼儿用书《数学与思维》第30页，看图完成相应的练习。

活动延伸建议

引导幼儿听教师指令做动作，如"举左手""出右脚"等，提高幼儿以自身为中心分辨左右的能力。

区域活动

表演区：投放音乐《健康歌》，引导幼儿跟随音乐内容做动作，如"左三圈"时，左臂或左脚伸出，转动三圈，提高幼儿分辨左右的能力。

日常教育

1.引导幼儿练习走楼梯，右边上，右边下，养成靠右走的好习惯，边走可以边念儿歌："小楼梯，一级级，上面高，下面低，上下楼梯靠右走，注意安全别拥挤。"

2.游戏："穿鞋"比赛。请5位幼儿上台，成圆圈坐好，脱下鞋子，打乱摆放。在规定的时间内，找到各自的鞋并穿好，左、右脚不能穿错，比一比哪组快。

家园共育

1.平时可以和孩子一起听指令做动作，玩分辨左右的游戏，家长说出"举左手""伸右腿"等，孩子做相应的动作。

2.家长在家里引导幼儿分清左、右，如穿脱衣服、鞋袜时，进餐时，一起散步、游戏时等。

环境创设

布置"我的左和右"墙饰，引导幼儿分别用左手和右手做动作，请教师拍照，将图片贴在墙上，让幼儿说说哪个手是左手、哪个手是右手，伸出相应的手，做出相应的动作。

活动二　涂色小游戏

活动目标

1.初步理解以客体为中心的左右关系。

2.会以客体为中心区分左右。

3.发现以自身为中心和以客体为中心左右的差别，促进空间知觉的发展。

活动准备

1.经验准备：知道有左右之分，会以自身为中心区分左右。

2.物质准备：准备一些动物贴绒教具、彩笔、图画纸。

活动重点

会以客体为中心区分左右。

活动难点

发现以自身为中心和以客体为中心左右的差别。

活动过程

1.复习以自身为中心区分左右。

（1）游戏：看谁做得对？

教师发出不同的指令，如"举左手""左手摸右肩""左手摸头、右手叉腰"等。幼儿根据教师的指令做出相应的动作。

（2）游戏：迷迷转。

请幼儿边念儿歌"迷迷转，迷迷转"边原地转圈。教师喊停后，幼儿站住，然后观察周围，说说左右各有谁，有些什么。

2.尝试以客体为中心辨别左右。

（1）教师一会儿背对幼儿站好，一会儿正对幼儿站好，让幼儿分别说出从教师自身出发，当她在背对幼儿时，什么物体在他的左边和右边；当她正对幼儿时，什么物体在他的左边和右边。

启发幼儿说说，为什么教师正对和背对小朋友的时候，左、右发生了变化？左边和右边的物体发生了什么变化？

引导幼儿发现以自身为中心区分左右和以客体为中心区分左右的差别。

（2）出示动物贴绒教具，引导幼儿观察，尝试以小动物为中心来区分左右物体。如："小兔的左边有什么？右边有什么？灯笼在小兔的哪一边？萝卜呢？"变换小动物，或变换小动物的正、背面，反复练习。

3.巩固以客体为中心辨别左右。

（1）请两位幼儿上前，面对面站立，让他们都伸出自己的左手。请幼儿说说：自己伸出的左手是哪一边？对面的小朋友伸出的左手在自己的哪一边？什么是以自己为中心区分左右？什么是以客体为中心区分左右？两者有什么区别？

请幼儿观察后说出自己的发现，并总结出规律来。

小结：两位小朋友面对面站立，以一位小朋友的角度来说，他自己的左手就是在他身体的左边，而从他自己的角度来说，对面小朋友伸出的左手恰恰是自己的右边。而以对面小朋友为中心来说，他的左边就是他身体的左边。

（2）请5~6个幼儿排成一横排，站在台前，请其中的一名幼儿说说自己的左边有谁，自己的右边有谁。再请台下的小朋友说说，这位幼儿的左边有谁，右边有谁。

4.游戏：照镜子。

幼儿两两结伴，一人扮演照镜子的人，一人扮演镜子，两人商量好角色后，分角色站成两队。照镜子的幼儿做一个动作后，"镜子"做相应的动作，各自说说自己和对方的动作，如我用右手梳头，你用左手梳头。

5.打开幼儿用书《数学与思维》第31页，指导幼儿完成上面的涂色练习。

活动延伸建议

游戏：跳方格。

场地准备：在地面的中间画一个圆圈，在圆圈的上、下、左、右各画出若干个方格。

玩法：一名幼儿站在圆圈里，教师或另一名幼儿发口令"向左跳2格"或"向前跳1格"等，圆圈内的幼儿听到指令后迅速跳到相应的方格里，然后返回圆圈，口令速度可以加快。

区域活动

益智区：投放各种玩具，两名幼儿一组，将玩具排成一横排。一名幼儿提问，如"毛绒玩具小兔的左边是谁？"一名幼儿指出相应的玩具或说出玩具名称。请同伴或教师帮忙验证是否正确。

日常教育

利用过渡环节，引导幼儿排成一横排，听教师口令做动作，如"小明左边的小朋友请

数学与思维

举手""全体小朋友伸出右脚"等，训练幼儿以主体为中心区分左右和以客体为中心区分左右的不同。

家园共育

家长和幼儿玩"点指兵兵"的游戏。家长说口令，幼儿指点。如家长说："咱们家书柜的左边是什么？"幼儿边指边说："是沙发。"提高幼儿以客体为中心区左右的能力。

环境创设

布置"谁的左右是什么"墙饰，引导幼儿收集不同物品的图片，张贴在墙上，让幼儿根据墙上图片的位置说一说"谁的左边或右边是什么"。

活动三　星期和月历

活动目标

1.知道一周有7天，分别是星期一到星期日。

2.知道一年有12个月，一个月有30天或31天，从1月至12月。

3.会认月历，知道自己的生日是几月几日，能在月历上找到这一天。

活动准备

1.经验准备：知道自己的生日是几月几日；见过月历，初步了解月历的作用。

2.物质准备：月历，小猴子每天做不同事情的图片（幼儿用书《数学与思维》P32），绘本《国王生病了》。

活动重点

知道一年有12个月，一个月有30天或31天，从1月至12月。

活动难点

会认月历，知道自己的生日是几月几日，能在月历上找到这一天。

活动过程

1.导入活动：听故事《国王生病了》。

教师讲述绘本故事《国王生病了》并提问。

教师：故事里的国王生病了，他的医生告诉他要加强运动，还给他制订了一周的运动计划。谁来说一说，这一周每天分别干什么？

幼儿根据绘本故事内容回答。教师请幼儿做出相应的动作，并说出做这个运动是星期几。教师为幼儿总结一周有7天，分别是星期一、星期二、星期三、星期四、星期五、星期六、星期日，国王每天做一项运动，一共做了7项运动。

2.出示猴子图片，引导幼儿巩固一周有7天的认知。

教师：请小朋友们翻开幼儿用书《数学与思维》第32页。咱们一起来看一看，小猴子每天做了什么事？

幼儿根据图片说一说猴子一周做的事情，进一步了解一周有7天，猴子每天做不同的事情。

3.出示月历，引导幼儿认知月历。

教师：小朋友们，你们知道这是什么吗？（月历）这个是月历。这张月历最上面写着几月。下面是一张大表格，表格的最上面一栏写着"星期一"到"星期日"，分为7个栏。

下面有1~30或31的数字。这个月历是5月的。小真的生日是5月3日。如果我们想找到5月3日，就在这张表格里找到数字3，看看它上面对应的是星期几，这个是星期日，就表示5月3日这一天是星期日。

教师：请小朋友们根据刚才的方法找到小可的生日吧，小可的生日是12月16日，看看是星期几呢？

幼儿操作并说出答案。

活动延伸建议

引导幼儿根据教师提供的月历，找一找自己的生日，看看是星期几，在月历上做好标记。

区域活动

益智区：投放当年12个月的月历，引导幼儿在月历上标记出全班小朋友的生日，看看幼儿是不是真正掌握了这一知识点。

日常教育

利用过渡环节，引导幼儿玩"找朋友"的游戏，找到自己的好朋友之后，问问好朋友的生日是几月几日，在相应的月历上找到好朋友的生日并标记出来。

家园共育

家长和幼儿在家里标记全家人的生日，引导幼儿先统计出全家每个人的生日，再在月历上标记出相应的生日。

环境创设

布置"我们的生日"墙饰，将全班幼儿标记出来的生日月历，在每月1日张贴在墙上，方便幼儿了解本月过生日的小朋友都有谁，引导幼儿学会看月历，了解月历的作用。

活动四　在小区里玩

活动目标

1.会区分里外。

2.感知物体的空间位置关系。

3.能从复杂的环境中区分里外，体验成功的喜悦。

活动准备

1.经验准备：有区分里外的经验。

2.物质准备：纸箱自制公共汽车，小熊、小猫、小狗等动物塑胶玩具。

活动重点

会区分里外，感知物体的空间位置关系。

活动难点

能从复杂的环境中区分里外，体验成功的喜悦。

活动过程

1.情境导入。

用纸箱自制的公共汽车，汽车里放着小熊、小猫、小狗等塑胶玩具，汽车站台上摆着几个小动物。

教师：小朋友们，我这里有一辆用纸箱子做的公共汽车。几位小动物正准备坐公共汽车去很远的地方。请你说一说，谁在公共汽车里？谁在公共汽车外？

小结：里和外是相对被参照的物体而言，说的是它在这个参照物的什么位置。因此，首先一定要弄清楚参照物是谁，然后再进行判断。

2.巩固练习。

翻开幼儿用书《数学与思维》第33页，请幼儿完成操作。

教师：请你找到小真和小可并贴上蓝色五角星，用圆形圈出屋子里面的人，用三角形圈出屋子外面的人。

幼儿操作并口述结果。

活动延伸建议

引导幼儿观察教室里物品的位置，说一说什么在什么里或什么在什么外，进一步巩固对里外的认知。

区域活动

益智区：投放一些小玩具，请一名幼儿将玩具藏起来，另一名幼儿找，并说说自己在什么地方找到的，了解物体的空间位置关系。

日常教育

利用户外活动环节，引导幼儿去大型玩具区游戏，幼儿游戏过程中，教师发出"定"的口令，幼儿停止游戏，逐一说说自己在大型玩具的什么位置。说对了，幼儿可以继续游戏。说错了，由教师进行指导。

家园共育

家长带领孩子去不同的地方游玩，可以随时随地地问问孩子在什么的里面，在什么的外面。

环境创设

布置"里和外"墙饰，教师在墙上装饰出一座两层的房子，里面有客厅、卧室、厨房等，引导幼儿画出相应的家具、家电，剪下来，贴在房子里，再让幼儿说一说什么家具或电器在什么里、在什么外。

活动五 小真和小可的家

活动目标

1.通过行与列，感知坐标位置的表达方式。

2.能口述表示坐标点的位置，学会坐标点的记录方式。

3.对数学活动感兴趣，喜欢使用数学语言。

活动准备

1.经验准备：知道一定的空间位置关系。

2.物质准备：1~10两种颜色的数字卡片各一套，自制表格式的新楼房（3个单元5层楼），动物的头像（小猫、小狗、小猪、小兔）。

活动重点

通过行与列，感知坐标位置的表达方式。

活动难点

能口述表示坐标点的位置，学会坐标点的记录方式。

活动过程

1.游戏：小动物住楼房，导入活动。

（1）教师：小动物们搬新家了（出示新楼房示意图），可是小动物只知道自己的门牌号，不知道是哪个房间？你们能帮帮它们吗？

出示小动物头像，教师：小猫住在3单元的3层，小狗住在1单元的5层，小猪住在2单元的2层，小兔住在1单元的5层。

幼儿尝试操作，将小动物的头像贴到相应的位置上。贴错了也没关系。

（2）教师小结：要想找到正确的房间，我们首先要做一件事情，就是贴数字。哪里是1单元，从左往右数第一列就是1单元，第二列就是2单元，第三列就是3单元。我们先用同一种颜色的数字卡片贴在楼房的下面（或者上面），按顺序贴上数字。现在，还要找到楼层，一般数楼层都是从下往上数，在楼房的左侧从下往上贴上数字。

找到小猫住的3单元3层，教师操作时，一定要用手指横向指到3单元，再向上数到3层，让幼儿了解找到横、纵坐标位置的方法，然后把小猫头贴上去。

请幼儿试试这种方法，把其他的小动物送回家。

2.巩固练习。

（1）说说小动物住在哪儿。

还是上面那张楼房示意图，教师事先把小动物的头像贴在楼房里不同的位置。请幼儿说一说小动物住在几单元几层。

（2）贴纸游戏。

翻开幼儿用书《数学与思维》第34页，请幼儿完成相应的练习。

活动延伸建议

引导幼儿画出幼儿园教学楼的布局，并标记出自己所在班级教室。

区域活动

建构区：引导幼儿用拼插玩具拼出大高楼，在不同的楼层里，住着不同的小动物，将玩具小动物放进楼层的房子里，和同伴分享与交流哪个小动物住在几层的几号房间里。

日常教育

利用过渡环节，引导幼儿熟悉幼儿园的环境，知道自己所在的教室在幼儿园教学楼的什么位置，并能说出具体在几层，是第几个教室。

家园共育

家长和幼儿一起画出自己所住的楼房住户图，并在图中标记出自己家的位置，再说一说是几号楼几单元几号，记住自己家的门牌号，大概知道自己家在整栋楼的什么位置。

环境创设

布置"我的家"墙饰，引导幼儿在家长的带领下画出自己家的楼房住户图，并标记出自己家的位置。教师将这些楼房住户图收集起来，张贴在墙上，方便幼儿分享和交流自己家的位置。

数学与思维

活动六　企鹅钟表

活动目标

1.观察时钟，了解钟表的主要结构。

2.区分时针、分针并知道它们之间的运转关系，认识整点。

3.初步了解时钟的作用，建立初步的时间概念。

活动准备

1.经验准备：知道看钟表才能知道几点了。

2.物质准备：正常走动的时钟模型1个，教学挂图。

活动重点

会以客体为中心区分左右。

活动难点

发现以自身为中心和以客体为中心的左右的差别。

活动过程

1.以猜谜语的形式引起幼儿兴趣。

教师：小朋友们，今天，老师请大家猜个谜语，看谁能猜出来。

教师：会走没有脚，会说没有嘴。它能告诉人：什么时候起，什么时候睡。（谜底：时钟）

2.出示时钟，提问：这是什么？你在哪些地方看到过时钟？你见过什么样子的时钟？它有什么用？

3.观察认识钟表。

（1）请幼儿看一看钟表上有什么，有1~12的数字，还有3根指针。

引导幼儿观察发现数字1~12围成一个圆圈，而且6和12上下对应，3和9左右对应。

（2）认识时针、分针、秒针。比一比指针的长短、快慢，最长的细针是秒针，长粗的指针是分针，短粗的指针是时针。

（3）了解时针与分针的关系。

教师操作时钟上的时针、分针、秒针的走动，引导幼儿观察发现秒针、分针、时针都顺着1、2、3……的顺序走到12。秒针走得最快，时针走得最慢。秒针走一圈，分针走一格，是一分钟。分针走一圈，时针走一个数字，是一小时。

4.认识整点。

（1）教师拨一个整点，引导幼儿观察时针和分针的位置，分针指向12时，时针指向几，就是几点整。

（2）采用教师拨钟、幼儿辨认或教师报整点时间、个别幼儿拨时针的形式巩固对整点的认识。

5.幼儿操作活动。

幼儿翻开幼儿用书《数学与思维》第35页，按提示要求指导幼儿完成"看活动记时间"的练习。

活动延伸建议

引导幼儿根据每天做的事情，记录下时间，说说自己是如何判断整点和半点时间的。

数学与思维

190

区域活动

美工区：引导幼儿自制钟表，画出表盘，写出"1~12"数字，剪下时针和分针，用小木棍固定在表盘的中心位置。

日常教育

利用过渡环节，教师每到整点或半点，就引导幼儿认一认教室里的钟表，并记录下来，强化训练幼儿认识钟表，让幼儿能够根据钟表显示的时间，了解幼儿园一日生活的各个环节。

家园共育

家长在家里引导幼儿了解钟表的结构，认识表盘上的数字、时针、分针和秒针，知道秒针走一圈，分针走一小格；分针走一圈，时针走一个数字；会认整点和半点的时间，知道时间的表示和记录方法。

环境创设

布置"我们的一天"墙饰，引导幼儿根据在幼儿园一天的活动，画出什么时间做什么事情，张贴在墙上，方便幼儿讨论与交流，说说一天的时间里都做了哪些事情。

活动七 小真和小可的一天

活动目标

1.巩固对时针的认识，能熟练地认识整点和半点。

2.学习整点和半点的计时方法。

3.进一步感知时钟与自己生活的关系，建立初步的时间观念，懂得遵守时间。

活动准备

1.经验准备：能熟练地认识整点和半点。

2.物质准备：教学挂图剪下制作的时钟模型，时间记录卡"＿＿：＿＿"，记号笔，幼儿人手一个自制的时钟，小红花贴纸若干。

活动重点

学习整点和半点的计时方法。

活动难点

进一步感知时钟与自己生活的关系，建立初步的时间观念，懂得遵守时间。

活动过程

1.巩固对时钟的认识。

模型钟上拨钟点，幼儿正确地辨认时针、分针，能正确地说出整点时间。

2.学习认读半点。

（1）教师拨钟（分针指向数字6，时针指向数字3和4的中间），请幼儿观察并说说这是什么时间。

（2）小结：确定是×点半是按时针走过的那个数字为准，如指在5和6中间，5已走过，6没有走过，而分针正好指向6，所以是5点半。

（3）教师再拨几个半点，让幼儿辨认。

（4）教师报时间，幼儿用自己制作的时钟拨出整点或半点。

3.学习记录时间。

（1）教师出示钟表记录卡，引导幼儿思考怎样记录钟表上的时间。

（2）请幼儿观察并示范记录的方法：把时针指向的数字记在"："的前面，表示×点；把时针指向的数字记在"："的后面。分针指向数字6是30分钟。记录时在"："后面写上30。分针指向12表示整点，记录时在"："的后面写上00。

（3）请个别幼儿为变换后的钟表记录时间，师幼共同检查，明确记录的要求。

（4）翻到幼儿用书《数学与思维》第36页，看图"小真和小可的一天"，做相应贴纸练习。

4.巩固练习，进行操作活动。

（1）看谁拨得又对又快。

教师报出整点和半点的时间，幼儿在自己制作的时钟上正确地拨出。注意检查半点时时针的位置。

（2）游戏："穿衣服""系鞋带"比赛。

请幼儿按小组进行"穿衣服""系鞋带"比赛，记录每个幼儿所用时间，并给每组速度最快的幼儿发一张小红花贴纸，鼓励大家向他们学习，珍惜时间。

活动延伸建议

引导幼儿制订一天的作息安排，如7点起床、8点吃早饭、9点出去玩、11点回家、12点吃午饭等，画出自己的作息时间表，并标记上时间。

区域活动

美工区：引导幼儿用纸板、笔等自制钟表并装饰。两名幼儿一组，一名幼儿发出整点或半点的时间指令，另一名幼儿拨钟表。两人再互换角色游戏。

日常教育

利用户外活动环节，引导幼儿玩"老狼老狼几点了"的游戏。教师或一名幼儿扮演老狼，其他幼儿紧跟其后，边走边问"老狼老狼几点了"，教师回答整点或半点，引导幼儿注意倾听是几点、还是几点半。当说到"12点"时，"老狼"开始四处追逐幼儿。

家园共育

家长和幼儿玩"拨时钟"的游戏，家长说出整点或半点的时间，幼儿在自制钟表盘上拨出相应的时间，并请家长验证是否正确。

环境创设

布置"整点与半点"墙饰，引导幼儿画出整点与半点的钟表盘，呈现在墙上，方便幼儿分享与交流。

数学与思维

科学与探究

一、领域说明

1.教育价值

科学教育以培养幼儿基本的科学素质为主，通过观察、实验、比较、归纳、概括等科学方法，进行积极、主动地探索和发现，满足幼儿的好奇心和求知欲，让幼儿通过动手操作取得相应的科学知识，是一种科学的启蒙教育。在这一过程中，幼儿对周围环境、事物与现象的好奇心得到了满足，激发了他们探求知识和对科学的兴趣，通过操作、探索、思考、发现，获得精神上的满足和成功的体验，产生自豪感，树立自信心，从而培养良好的创新精神和实践能力。

2.教育方法

（1）观察法。

观察是科学教育最初环节的活动，也是幼儿认识自然界事物与现象最基本的方法。教师通过有目的地、有计划地引导，启发幼儿运用身体多种感官去感知自然界的事物与现象，使幼儿获得初步的、丰富的感性经验，培养了幼儿的观察能力、辨别能力、判断能力。

（2）实验法。

实验是幼儿探索科学知识的过程，是科学教育的重要手段。幼儿在教师有意设计和启发、引导下，通过对材料简单的动手操作，使事物呈现出特有的现象和变化，再通过比较、分析、归纳、总结等科学方法，提炼、概括出事物的属性、变化的规律，形成基本的认知体系。这一过程，是进行科学启蒙教育的必经之路，能激发幼儿主动学习探究的兴趣，形成初步的动手操作能力和探究能力。

（3）比较法。

比较是科学探究过程中，幼儿根据事物呈现出的不同现象，通过对比发现其不同特性、特征的一种方法。幼儿通过运用各种感官功能，对自然界的不同事物摸一摸、闻一闻、尝一尝、听一听、看一看，从而获得不同的体验，对比出事物的不同之处，最终提升认知事物的能力。

3.教育策略

（1）科学活动设计要有利于幼儿操作。

科学活动中最主要的就是操作、探究活动，这也是幼儿获得科学知识最重要的方式之一。在科学活动中，幼儿是主体，是主动学习者和探索者。因此，教师就要为幼儿创设形式多种多样的、内容丰富多彩的、操作过程简单且容易的科学活动，以此吸引幼儿主动、自由操作。

（2）充分发挥幼儿的主动性和创造性。

科学与探究

在科学实验操作过程中，教师应创设宽松的环境，让幼儿有机会参与尝试，鼓励他们大胆提出猜想、设想，允许他们发表不同的意见和见解，不要过多干涉幼儿的活动，允许幼儿运用自己的方式和方法，运用触觉、视觉、听觉、嗅觉、味觉等多种感官去认识事物，提升认知体验，变被动的"要我学"为主动的"我要学"，从中获得探索的乐趣和成功的喜悦。

（3）在幼儿生活中随机进行科学教育。

科学教育的研究对象来自幼儿身边常见而熟悉的事物。因此，科学教育活动在内容的选择上、活动操作的设计上都应与幼儿生活紧密相连。在活动过程中，教师以提问、谈话等形式，启发幼儿已有的生活经验，开展进一步的探究活动，使幼儿能更好地理解事物的特征与变化的结果，发展幼儿的思维能力。教师还要学会利用周围环境中的有利条件，随时随地对幼儿进行科学教育，如刮风了、下雨了、停电了等，这些都是开展科学启蒙教育的大好时机。教师还应学会利用外部资源，如社区、家庭，配合园所教育，促进幼儿科学能力的全面发展。

4.教育目标与内容

（1）科学领域教育总目标。

目标1　亲近自然，喜欢探究。

目标2　具有初步的探究能力。

目标3　在探究中认识周围事物和现象。

（2）大班科学领域教育目标。

◎对自己感兴趣的问题总是刨根问底。

◎能经常动手、动脑寻找问题的答案。

◎探索中有所发现时感到兴奋和满足。

◎能通过观察、比较与分析，发现并描述不同种类物体的特征或某个事物前后的变化。

◎能用一定的方法验证自己的猜测。

◎在成人的帮助下能制订简单的调查计划并执行。

◎能用数字、图画、图表或其他符号进行记录。

◎探究中能与他人合作与交流。

◎能察觉到动、植物的外形特征、习性与生存环境的适应关系。

◎能发现常见物体的结构与功能之间的关系。

◎能探索并发现常见的物理现象产生的条件或影响因素，如影子、沉浮等。

◎感知并了解季节变化的周期性，知道季节变化的顺序。

◎初步了解人们的生活与自然环境的密切关系，知道尊重和珍惜生命，保护环境。

（3）大班上学期科学领域教育内容。

◎观察了解大自然，有主动探索大自然的兴趣；收集秋天的事物，并进行记录。

◎了解四季中动物、植物、人类的着装及活动都会有不同的变化。

◎认识昆虫，能分辨益虫和害虫，了解昆虫的结构及蝴蝶的生长过程。

◎了解动物生活习性与生活环境的不同，在不同的地方建造家。

◎知道动物有两种生殖方式，了解卵生与胎生的意思，会区分。

◎认识生活中常见的轮子，了解轮子与滚动的关系，探索发现轮子滚动的规律。

◎能根据滚动的原理，了解小汽车的外形构造，动手制作小汽车。

◎探究发现影子与光、手部动作之间的关系，会玩手影游戏。

◎了解影子的特性，会判断影子产生的现象，进行不同的影子探索活动。

◎了解光和影子的关系，探索影子产生的原因，初步获得影子变化的经验。

◎观看月相变化图，初步了解月亮变化的规律和月相形成的原因。

◎了解声音的产生，能分辨身边事物发出的声音，会模仿、制造声音。

◎利用身边的物品制作乐器，尝试发出美妙的声音，进行乐曲演奏。

◎了解四季的变化和服装的作用，能区分适合不同季节穿着的服装。

◎了解棉花——布——服装的制作过程，获得有关布的感性经验。

◎了解不同功能的服装，感知、体会服装的功能性与多样性。

◎了解以前与现在洗衣方式的不同，体会科技进步带来的好处，学习洗衣服的方法。

二、课程内容

主题一　亲近大自然

活动一　小小收藏家

活动目标

1.观察了解大自然，有主动探索大自然的兴趣。

2.收集秋天的事物，并进行记录。

3.愿意与同伴交流自己的发现，体验在交流中互相学习的乐趣。

活动准备

1.经验准备：了解秋天的基本特征。

2.物质准备：选择安全的观察地点，小筐人手一个，浅纸盒，透明瓶等物品，记录表格人手一份。

活动重点

学习简单的记录方法，如叶子的形状、颜色、片数，昆虫的品种等，在记录表格中详细呈现，并尝试有序而完整地介绍自己的收藏品。

活动难点

学会收藏自己感兴趣的秋天常见物品的方法。

活动过程

1.教师交代外出活动的内容。

幼儿讨论：外出观察应该注意什么？引出活动的要求：注意安全，仔细观察，不随便离开集体。

2.引导幼儿感受秋天大自然的丰富多彩。

教师提问：现在是什么季节？秋天的天空是什么样的？看看我们的周围，你发现了哪些颜色？你看到了什么？

引导幼儿感受周围色彩的丰富以及对周围环境的关注。如看到有些树叶变黄了，落了下来；看到山楂树、核桃树、柿子树、苹果树上结满了果实；看到枫树叶变红了等。

3.鼓励幼儿探索并发现：大自然中有什么？

幼儿自主结伴，分组观察周围环境中的事物。

教师：你看到了什么？你喜欢什么？和身边的小伙伴说一说。

鼓励幼儿大胆探索、观察，并把可以收集到的、感兴趣的物品放进小筐内。

4.组织幼儿进行交流：我收集到的物品。

（1）教师：你收集到了什么？它是什么样的？你和身边的小伙伴收集到的东西一样吗？

引导幼儿把自己收集到的物品展示出来，互相欣赏，互相交流。

（2）请幼儿进行操作、整理自己的收藏品。

教师提供各种浅纸盒、透明瓶等物品，引导幼儿将收集来的物品分类摆放。然后，根据自己的想法将各类物品放入盒中、瓶中或者贴在操作纸上。教师提出适当的操作要求，如摆放要整齐、漂亮，不浪费纸、盒等，并记录自己的收藏品。

活动延伸建议

引导幼儿对秋季周围环境以及大自然中各种动、植物变化的关注，进一步感受秋天的季节特征。

日常教育

在餐后散步时多带领幼儿走进大自然，感受并讨论大自然的变化与物种的丰富。

家园共育

请家长多带领幼儿秋游，感受与发现大自然的美及秋天的特征。

环境创设

布置秋天的主题墙，展示不同角度的秋景；继续收集各种物品，不断更新自然角的内容。幼儿之间相互观赏各自收藏的物品，满足幼儿继续探索的欲望。

活动二　四季的变化

活动目标

1.了解四季中动物、植物、人类的着装及活动，以及不同的变化。

2.能够通过自己的发现用语言较准确地讲述自己的探索结果。

3.在探索四季的变化中，发现四季是美丽的，激发幼儿热爱大自然的情感。

活动准备

1.经验准备：知道一年有四季和四季的名称。

2.物质准备：四季中具有明显特征的动物、植物、人类的服装、活动、景物等图片，教学挂图《四季的变化》。

活动重点

了解四季中动物、植物、人类的着装及活动都会有不同的变化。

活动难点

通过观察、发现四季的不同特征，并用语言准确表述自己的探索结果。

活动过程

1.提出问题，引入活动。

教师：现在是秋天。秋天过去了，是什么季节呢？冬天过去了，是什么季节？春天过去了，是什么季节呢？夏天过去呢？你们发现了什么？

引导幼儿积极探索自然现象的兴趣，激发幼儿自己发现问题，知道一年四季是缺一不可的。

2.观察挂图，了解不同季节的不同景象。

（1）出示教学挂图《四季的变化》，组织幼儿进行观察。

教师：每个季节都有美丽的地方，请你看图说说，你认为哪个季节最美丽？为什么？

幼儿讲述每个季节的不同景色，引导幼儿比较秋天与其他季节的不同景象，给幼儿充分表达的机会，并能够通过自己的发现用语言较准确地讲述自己的探索结果。

（2）同一种东西四季不同的变化。

教师：有了四季，景色很美。我们还有吃不完的粮食，你们知道这些粮食是从哪儿来的吗？农民伯伯什么时候种粮食的？

教师：你知道果树在一年四季有什么不一样的变化吗？

引导幼儿发现图片中四季果树的不同，如：春天果树开花，夏天结果，秋天果子成熟了，树叶变黄、变红，冬天果树树叶掉光了、树枝光秃秃的。

教师：在四季中，人们穿的衣服一样吗？哪里不一样？人们在四季中都有自己喜欢做的事，图片中的小朋友在做什么？请你说一说。

教师：小动物的活动在四季有什么变化？

3.教师引导幼儿小结：一年有春、夏、秋、冬四个季节，每个季节都有自己的秘密。春天树发芽了、花儿开放了、蝴蝶和蜜蜂飞来了，许多动物宝宝也出生了，人们开始播种，我们可以捕捉蝴蝶，春天是一个温暖的季节。夏天树叶茂盛，小动物们也喜欢在外面活动，我们可以去捉知了、游泳，到户外乘凉、玩耍，夏天是一个炎热的季节。秋天果实累累、树叶飞舞，人们忙着收获，我们可以捡落叶，小动物们忙着准备过冬，秋天是一个丰收的季节。冬天雪花飘飘，小动物们有的冬眠，有的换毛，我们也穿上厚厚的羽绒服在玩堆雪人、打雪仗的游戏，冬天是一个寒冷的季节。

活动延伸建议

拓展幼儿思维，让幼儿带着问题回家，继续寻找有关四季的秘密，丰富幼儿的知识。

设计意图

教师要重点引导幼儿从不同角度了解四季特征，如服装的不同，人们的活动、四季的饮食习惯，植物的明显变化，景物的不同，调动多种感官感受四季的特征。以同一种东西在四季里不同的生长过程，提升幼儿的经验，满足了孩子们的好奇心，感受到大自然的神奇，再次感受一年四季交替变化的顺序。教师要及时地小结帮助幼儿加深对四季特征的印象，同时通过小结充分发挥幼儿的思维，用语言表达出四季是美丽的，激发幼儿热爱大自然的情感。

日常教育

1.引导幼儿观察周围环境的变化，用拍照或绘画的方式记录下来，通过观察了解四季的变化。

2.引导幼儿阅读有关四季的绘本，了解一年四季的变化，如天气的变化、动物的变化、植物的变化和人的着装变化等。

家园共育

请家长和孩子在书本里、电视里、电脑里一起去找找四个季节当中更多的秘密。

环境创设

主题墙布置四季的相关图片与幼儿在四季的不同照片，请幼儿用不同的记录方式记录展示自己发现的四季秘密。

科学与探究

活动三 虫虫的世界

活动目标

1.观察自然界的各种小虫子，了解昆虫的基本特征，能区分益虫和害虫。

2.通过观察，了解昆虫的结构及蝴蝶的生长过程。

3.喜欢观察各种小虫子，愿意与同伴分享自己的发现。

活动准备

1.经验准备：活动前带幼儿在户外观察草地中的小虫。

2.物质准备：各种小虫标本或图片，毛毛虫变蝴蝶成长图片，蝴蝶图片。

活动重点

引导幼儿观察不同的虫子，知道有些虫子并不是昆虫，知道按照昆虫的特征辨认是不是昆虫。

活动难点

通过观察，了解昆虫的结构及蝴蝶的生长过程。

活动过程

1.展示各种小虫标本或图片，组织幼儿谈话。

教师：你在草地上见过这些虫子吗？小虫叫什么名字？它长得什么样？

通过谈话，激发幼儿主动观察小虫外形的兴趣。

2.了解昆虫的结构特征。

（1）观察蝴蝶图片。

教师：小朋友们，这是谁？它和你们见过的虫子一样吗？哪些地方一样，哪些地方不一样？

幼儿自主探索，了解蝴蝶及昆虫的外形特征。

（2）小结昆虫特征：蝴蝶的身体分为头部、胸部、腹部三个部分。有的虫子有翅膀、有的虫子会爬等，有触角和身体，身体的颜色和花纹各不相同。这些虫子有一个共同的名字，叫"昆虫"。昆虫的身体分为头、胸、腹3部分，头上有触角、眼睛，胸腹部长着6条腿，有的有2对翅膀，有的没有翅膀，如蚂蚁。

（3）讨论：蜘蛛是不是昆虫？在讨论中巩固昆虫的特征，得出结论——蜘蛛有8条腿，不属于昆虫。

3.了解蝴蝶成长过程。

教师：你们知道蝴蝶的宝宝是谁吗？毛毛虫是怎样变成蝴蝶的呢？

出示图片，分步观察：

（1）卵：这是什么？它们长的什么样？

（2）幼虫：卵慢慢长大后，变成了什么？毛毛虫会干些什么呢？（到处爬，找嫩叶吃）

（3）蛹：毛毛虫长大后会做什么事呢？怎样才能变成蝴蝶呢？（变成蛹，在里面等着变成蝴蝶）

（4）蝴蝶：蛹是怎样变成蝴蝶的？（咬破蛹壳，伸出头、胸、腹和翅膀，在空气中把翅膀晾干，由软变硬，打开之后，就变成了会飞的蝴蝶了）

科学与探究

教师向幼儿完整地介绍蝴蝶是从哪里来的。（卵—幼虫—蛹—蝴蝶）

4.讨论：昆虫和人类有关系吗？

引导幼儿发现昆虫有害虫与益虫的区别，知道有些昆虫可以捕捉害虫，如七星瓢虫、蜜蜂、蜻蜓等是益虫；有些昆虫会危害树木，破坏庄稼，如蝼蛄、知了等是害虫；还有的昆虫会叮咬人们的食物，吸人们的血，如苍蝇、蟑螂、蚊子等是害虫。

活动延伸建议

完成幼儿用书《科学与探究》第4页的练习；收集有关昆虫的图片，按不同的标准进行分类，如按益虫、害虫分；按会飞、会游、会爬、会跳分等，增加幼儿的感性经验。

区域活动

1.科学区：投放昆虫与非昆虫的图片，害虫和益虫的图片，引导幼儿进行分类。

2.美工区：投放蝴蝶的操作材料，引导幼儿装饰蝴蝶，绘制蝴蝶的成长图册。

日常教育

日常渗透情感教育，了解昆虫更多的作用，比如说蜜蜂，它有什么作用。教育幼儿爱护益虫，爱护我们共同成长的环境——大自然。

家园共育

请家长和幼儿一起观察、收集昆虫的有关资料，带到幼儿园展示、交流。

环境创设

布置"虫虫的世界"墙饰，分为两个版块"益虫""害虫"，引导幼儿绘画或收集益虫和害虫的图片，张贴在墙上相应的位置，帮助幼儿更好地分辨益虫与害虫。

主题二　动物的秘密

活动一　小动物的家

活动目标

1.了解动物生活习性与生活环境的不同，在不同的地方建造家。

2.培养幼儿热爱动物、保护动物的情感。

3.保护动物、维护生态平衡，就要从保护环境入手，从小树立环保意识。

活动准备

1.经验准备：认识许多动物，了解其基本的生活习性。

2.物质准备：若干场景图与相应的动物图片：森林（猴子、啄木鸟、松鼠、毛毛虫、老虎等图片），草丛（昆虫等图片），沙漠（骆驼图片），冰山雪地（北极熊、企鹅图片），河流（鱼、虾、青蛙等图片），地洞（鼹鼠、蛇等图片），环保纪录片视频片段。

活动重点

了解动物生活习性与生活环境的不同，在不同的地方建造家。

活动难点

怎样保护动物、保护环境，从观念到行为的转变。

活动过程

1.以儿歌《家》引出主题内容。

（1）引导幼儿朗诵儿歌《家》：蓝蓝的天空，是太阳的家。高高的书架，是书本的家。密密的森林，是小动物的家。大大的停车场，是汽车的家……

（2）组织幼儿讨论：你们都有自己的家，小动物的家在哪儿呀？密密的森林里，是哪些小动物的家？

鼓励幼儿自由表达自己的想法。

（3）教师小结：许多动物在森林里安了家。但是，还有好多的动物不是住在森林里的，它们把家都安在哪儿呢？

设置问题，激发幼儿寻求答案、探求新知识的兴趣。

2.引导幼儿观察图片场景，了解动物的生活习性。

（1）场景一：森林。

教师：这是什么地方？哪些动物生活在这里？

教师依据幼儿回答随机出示这一场景相关的动物图片，如：猴子、啄木鸟、松鼠等。

教师：为什么猴子要住在森林里？它喜欢吃什么？它会做哪些运动？（它喜欢吃果子，森林里有一些果树，猴子还喜欢爬树）

教师：为什么啄木鸟要住在森林里？它喜欢做什么？（啄木鸟被称为树医生，它会给大树看病，把住在树干里的虫子啄出来吃掉，森林里树是最多的）

通过提问引导幼儿关注动物的生活习性与生存环境的关系。

（2）场景二：草丛。

教师：这是什么地方？哪些动物生活在这里？

教师依据幼儿回答随机出示这一场景相关的动物图片，如：昆虫等。

教师：为什么小瓢虫要生活在草丛里？它喜欢吃什么？（它喜欢吃蚜虫，而蚜虫喜欢吃嫩草或嫩叶的汁水）

教师：为什么蜘蛛要生活在草丛里？它喜欢吃什么？（它喜欢吃小飞虫和爬虫，而草丛里这些小虫子最多）

（3）场景三：沙漠、冰山雪地、地洞、河流等。

以同样的方法，让幼儿感受、认知场景和相关动物的生活习性与环境。

（4）采用不同的方法，让幼儿感受、认知不同的场景和不同的动物。让幼儿知道，动物和我们人类是好朋友，我们共同生活在这个地球上。

（5）总结5处游览感受，教师进行"动物的家园"资料介绍。

3.欣赏视频，引发幼儿爱护动物的情感，进行环保教育。

播放环保纪录片视频片段：

（1）森林着火，一些动物被烧死的画面。

（2）猎杀、出售动物的画面。

（3）鱼、虾死在河中的画面。

提问：你刚才看到了什么？（动物被烧死了，看到有人用枪射杀了动物，鱼虾死在了河里）那些动物怎么会死掉的？（森林着火了，猎人猎杀动物，河水污染了……）看了以后，你有什么感觉？（可怜、伤心、难过、猎杀动物的人太可恶了……）我们怎样来保护

动物呢？（郊游时注意烟火，不往河里倒垃圾，不让工厂放污水，不杀动物……）

4.操作活动："送动物回家"，完成幼儿用书《科学与探究》第6~7页的练习。

教师：这儿有一群顽皮的动物，它们只顾着玩，迷路了。请小朋友们帮忙送它们回家？请幼儿将操作材料贴在相应的位置上，并说一说这样贴的理由。

超级链接

小动物的家

蓝蓝的天空，小鸟飞呀飞。
清清的河水，小鱼游呀游。
绿绿的草地，小羊跑呀跑。
高高的大树，松鼠跳呀跳。

家

蓝蓝的天空，是太阳的家。
高高的书架，是书本的家。
密密的森林，是小动物的家。
大大的停车场，是汽车的家。
小朋友到公园里玩，可别忘了回家。

动物的生活环境

地球上有各种不同的地形，有草原、高山、森林、湖泊、河流、沙漠、海洋等。那里住着不同种类的动物。草原上有马、牛、羊，非洲草原上还有狮子、斑马、长颈鹿、猎豹等；高山上有藏羚羊、牦牛；森林里有熊、老虎、猴子、梅花鹿、松鼠、啄木鸟等；湖泊和河流里有淡水鱼、虾、河蟹等；沙漠里有骆驼等；海洋里有鲸、鲨鱼、海豚、海龟、海鱼、海马等。南极有企鹅，北极有北极熊。

活动延伸建议

在户外散步时观察身边的小动物，进一步了解不同动物的家。

设计意图

地球是我们人类和动物共同的家园，如何保护我们的家园，保护环境和动物，如何协调人与动物的关系，这些问题一直是人们关注的焦点。因此，让幼儿了解人类、动物、自然界的科学常识，了解动物的生活习性与生存环境就显得尤为重要。通过"小动物的家"这一活动，初步渗透生态、环保知识，运用真实的纪录片，让幼儿看到环境破坏、污染给动物带来的危害，从而萌发幼儿爱护动物的情感。

日常教育

向幼儿介绍更多"动物的家园"故事，让他们了解自然界更多的奥秘。

家园共育

家长和幼儿通过谈话说说小动物的家，如家长提问幼儿"小鱼生活在哪里"，幼儿回答"水里"等，通过一问一答的方式，帮助幼儿了解更多小动物的生活习性和环境。

环境创设

1.美工区：提供各种制作材料和绘画工具，开展"我最喜爱的动物"绘画活动。

科学与探究

2.布置主题墙"小动物的家"，了解更多动物的生活环境。

活动二　动物宝宝

活动目标

1.知道动物有两种生殖方式，了解卵生与胎生的意思。

2.了解哪些动物是卵生的，哪些是胎生的，会区分。

3.通过了解卵生、胎生，体会生命诞生的伟大，萌生爱护小生命的情感。

活动准备

1.经验准备：了解一些常见动物长大的过程。

2.物质准备：各种动物图片若干，胎生、卵生字卡，胎儿在肚子里的发育过程图片，教学挂图。

活动重点

知道动物有两种生殖方式，了解卵生与胎生的意思。

活动难点

了解哪些动物是卵生的、哪些是胎生的，会区分。

活动过程

1.设疑，引出话题。

教师：母鸡来到了我们班。你们看，它在干什么？

出示母鸡下蛋的图片，引导幼儿观察。

教师：鸡蛋里会变出谁呢？所有的动物宝宝都是从蛋里孵出来的吗？

鼓励幼儿运用已有经验交流、讨论。

教师：动物妈妈生宝宝的方式可不一样了，我们一起来了解一下。

2.了解动物的两种基本的生殖方式：卵生、胎生。

（1）了解卵生的有关知识。

提问：鱼妈妈的宝宝是谁？小鱼是从哪里来的？

教师依据幼儿回答出示图片，引导幼儿了解鱼的繁殖过程：鱼→卵→小鱼。

提问：鸡妈妈的宝宝是谁？小鸡从哪里出来的？

教师根据幼儿的回答出示小鸡、鸡蛋的图片，并请幼儿给图片排序：母鸡→鸡蛋→小鸡。

小结卵生的含义，丰富词汇：卵生。

小结：有的动物妈妈先产卵，生蛋，小宝宝待在卵里，也就是蛋里，吸收里面的营养，慢慢地长大，最后破壳而出，动物妈妈这种生宝宝的方式叫卵生。（出示字卡）

（2）了解胎生的有关知识。

出示小宝宝图片：小宝宝是从哪里出来的？

再出示妈妈大肚子的图片，展示：妈妈→小宝宝。

小结胎生的含义，丰富词汇：胎生。

小结：小宝宝在妈妈肚子里，靠妈妈给他的养分慢慢地长大，最后从妈妈的肚子里生出来，这种生宝宝的方式叫胎生（出示字卡）。

（3）拓宽知识面。

教师：你们还知道哪些动物也是卵生的？你们还知道哪些动物也是胎生的？

依据幼儿回答出示相应图片，拓展幼儿知识面。

3.幼儿操作完成幼儿用书《科学与探究》第8~9页的练习，进一步巩固卵生、胎生的知识。

教师：这些动物的宝宝都是怎么生出来的？哪些是卵生的？哪些是胎生的？请你把贴纸贴到相应的位置上。

音乐声中，幼儿操作，教师巡回指导，最后集中评价。

4.到饲养角去找找哪些动物宝宝是胎生的、哪些是卵生的。

活动延伸建议

师幼共同收集资料，幼儿继续分类操作，巩固知识，并请幼儿向大家介绍自己的分类作品，请幼儿评价。

日常教育

利用户外活动，引导幼儿玩"小动物找妈妈"的游戏。教师制作各种卵生和胎生的小动物及妈妈的头饰。让幼儿戴好小动物头饰扮演动物宝宝，找到自己的妈妈，并说一说自己是卵生的、还是胎生的。通过游戏加深幼儿关于卵生和胎生小动物的印象，加强认知。

家园共育

请家长和幼儿共同查阅有关卵生和胎生的资料，收集卵生和胎生动物的图片。

环境创设

班级开展"卵生动物和胎生动物"图片展。

主题三　快快动起来

活动一　滚动的世界

扫码看视频6-1

活动目标

1.认识生活中常见的轮子，了解轮子与滚动的关系。

2.体会亲自动手，探索并发现轮子滚动的规律。

3.体验探索的乐趣，获得成就感。

活动准备

1.经验准备：玩过滚动轮子的游戏。

2.物质准备：幼儿每人一个有轮子的玩具、纸盒、积木等；方形车轮，两辆汽车（一辆有轮，一辆没轮）；圆锥体、球体、瓶子、轮子若干；自制光滑的、松软的、凹凸不平的3种车道；3辆一样的玩具车；记录单若干。

活动重点

认识生活中常见的轮子，了解轮子与滚动的关系。

活动难点

通过探索实验，发现轮子滚动的规律。

活动过程

1.探索活动：什么会滚？什么不会滚？

两辆车（一辆有轮子，一辆没有轮子）进行比较。

（1）教师：这儿有两辆汽车，怎样让车动起来，谁能帮助我？

（2）指着没轮子的汽车，引导幼儿讨论：为什么这辆汽车跑不起来？

（3）教师给汽车装上方形的轮子（用铁丝弯成方形的），请幼儿观察并讨论：为什么汽车还是不会动？

换上三角形的轮子（用铁丝弯成三角形的）呢？请幼儿观察讨论：为什么汽车还是不会动？

再换上圆形的轮子（用铁丝弯成圆形的）呢？请幼儿观察讨论：为什么汽车可以动了？

得出结论：方的东西不能滚，三角形的也不能滚，圆的东西能滚。有轮子的东西移动省力。通过比较，知道有轮子才可以滚动。让幼儿知道连续向前旋转叫作"滚动"。

（4）自由玩纸盒、积木、轮子等物品，引导幼儿按要求分类。

教师：这有一堆东西，哪些东西会滚？哪些东西不会滚？请你们去试一试，然后把不会滚的东西放到这边，把会滚的放到另一边。

幼儿动手操作，将物品分成"会滚"与"不会滚"的两类。

2.比较球体、瓶子状的物体，探究轮子滚动的方向有何不同。

出示4种不同形状的物品：轮子、瓶子、球体、圆锥体，请小朋友试着猜一猜谁"滚动"的本领最大。鼓励幼儿尝试，通过尝试，发现并小结：球体能向各个方向滚动，轮子、瓶子等物体只能向前、后两个方向滚动，圆锥体滚动起来只能围绕一个点画圆圈。

3.游戏：玩车子，引导幼儿探索发现轮子与地面的关系。

（1）翻到幼儿用书《科学与探究》第10页，教师：在生活中，你们还看到什么地方装了轮子？它有什么用？

（2）以比赛的形式让幼儿在光滑的、松软的、凹凸不平的地面上玩车，比较其不同。

①请幼儿摸一摸这3条路的路面有什么不同？（光滑的、松软的、凹凸不平的表面）

②出示3辆一样的小车。请幼儿各自选择一条认为汽车在上面开得最快的路，在后面站好，从中各选取一位小赛车手进行比赛。（时间允许的话，可以交换着赛车，这样教学效果更好）

③请幼儿说一说，哪条路上的车开得最快？为什么？

记录比赛结果，讨论得出结论：光滑的路面，汽车跑得又快又直；松软的路面，汽车跑着跑着速度就变慢了，但是运动方向不会改变；凹凸不平的路面，汽车速度会变慢，还会改变运动方向。

超级链接

球体、圆柱体、圆锥体的滚动

球体的任何一个面都是圆的，因此，它会向任何方向滚动；圆柱体可以看作是由无数个圆环组成，且这些圆环的直径都相等，所以它只会围着圆柱体的中轴线滚动，滚动的路线是直的；圆锥体因为一头大、一头小，所以在滚动时会发生倾斜，绕着顶点滚动，滚动的路线是圆的。

活动延伸建议

继续了解生活中不同的轮子，把能滚动的轮子、有牙齿的轮子（齿轮）、能滑动的轮子（滑轮）等进行分类。幼儿玩各种轮子玩具，如：大小不同、材质不同、有的有花纹……但都是圆的，都能滚动。

区域活动

1.美工区：进行"车轮旅行记"，在车轮上涂上颜色，在白纸上滚过，观察车轮的不同印迹；提供废旧纸盒、瓶盖，引导幼儿废物利用，做成好玩的玩具。

2.科学角：提供不同的车与不同的"地面"，引导幼儿进行地面与轮子的速度等实验探究。

日常教育

引导幼儿观察在幼儿园、家里、街上还看到过哪些东西有轮子，说说它们是怎样工作的。

家园共育

请家长和幼儿共同查阅有关种类繁多的轮子有什么相同和不同，以前没有轮子时，人们是怎么运送物品的，轮子是怎样演变来的，了解轮子的异同，种类的变化；感受轮子在生活中的作用。

环境创设

布置"滚动的世界"墙饰，引导幼儿收集各种可以滚动的物品图片，张贴在墙上。幼儿之间分享与交流哪些物品可以滚动，以及它是如何滚动的、为什么要这样设计、有什么好处等，进一步了解滚动的概念和方式。

活动二　自制小汽车

扫码看视频6-2

活动目标

1.能根据滚动的原理，动手制作小汽车。

2.了解小汽车的外形构造，创意想象并制作自己喜欢的小汽车。

3.尝试使用多种材料进行制作，体验手工活动的乐趣。

活动准备

1.经验准备：见过汽车，了解其外形构造。

2.物质准备：各种汽车模型（没有条件的，可以用图片代替）；塑料瓶盖、纸盒、铁丝、易拉罐、彩色纸。

活动重点

能根据滚动的原理，动手制作小汽车。

活动难点

了解小汽车的外形构造，创意想象并制作自己喜欢的小汽车。

活动过程

1.幼儿观看汽车模型展，激发幼儿兴趣。

教师：请你们仔细观察这些汽车，你认识哪些车？（卡车、公共汽车、出租车、小轿车、面包车、油罐车、救护车、消防车、警车等）这些汽车都有哪些用途？（运输货物、救火用、医生抢救病人用的、警察专用的、运送汽油的等）

引导幼儿欣赏不同的汽车模型，并努力运用已有经验和同伴进行交流。

2.了解汽车的外形构造。

教师：你看到的汽车有几个车门？

通过观察、讨论进行小结：公共汽车有1个或2个车门；小轿车有4个车门；大卡车有2个或4个车门……

教师：汽车为什么会跑得很快？你喜欢什么车？它和别的车有什么不一样的地方？它有几个车轮呢？

引导幼儿关注不同车的构造和车轮的不同，鼓励幼儿描述自己熟悉的车的名称、特征。

3.学习用不同的材料制作小汽车。

（1）出示各种制作材料，翻到幼儿用书《科学与探究》第11页，请幼儿观察。

教师：请你说一说，书中的小朋友是怎样制作小汽车的？他用了哪些材料？

了解自制小汽车的步骤。

（2）教师：你想制作什么汽车？要用哪些材料，才能让你的汽车跑起来？请你试着做一辆自己喜欢的汽车吧！

鼓励幼儿进行创意，对幼儿的想法给予积极的回应，并以适当的方式向其他幼儿介绍或作为范例。幼儿动手制作，教师巡回指导。

4.幼儿欣赏同伴与自己的作品，并相互交流制作经验。

活动延伸建议

1.运用自制小汽车进行模拟比赛，比比看谁的汽车跑得稳、跑得快。

2.在活动中，教师要鼓励幼儿尝试使用不同的材料进行制作，瓶盖可以事先扎好眼儿，方便幼儿使用；当幼儿遇到困难时，教师要及时给幼儿提供帮助，鼓励幼儿以积极的态度去解决问题。

日常教育

在日常生活中，鼓励幼儿积极动手尝试制作不同的轮子玩具，发现问题并积极想办法解决问题。

家园共育

请家长和幼儿运用滚动原理制作小滚筒、滚铁环等玩具，并进行户外游戏比赛。

环境创设

运用幼儿的作品布置一个"汽车展览会"。

主题四 光与影

活动一 手影戏

扫码看视频6-3

活动目标

1.通过手的动作制造影子，形成不同动物影子的轮廓。

2.探究发现影子与光、手部动作之间的关系。

3.感受手影游戏的快乐。

活动准备

1.经验准备：观看过皮影戏的表演。

2.物质准备：手电筒若干；白纸若干；投影仪一个；各种动物（鸭子、山羊、老鹰、兔子）的影子图片；手影动作图片。

活动重点

大胆尝试不同的手影，并进行想象讲述。

活动难点

感受影子与光、手部动作之间的关系。

活动过程

1.教师变魔术，激发幼儿玩手影游戏的兴趣。

教师：老师给小朋友们带来了一个魔术，请小朋友们看仔细了。

教师在投影仪前边说边做手影。教师：小手小手变变变，变只小狗汪汪汪。小手小手变变变，变只老鹰飞上天。

教师：刚才，老师变出了什么？是用什么变的呢？是怎么变出来的？

鼓励幼儿讨论，发现其中的秘密。

小结：在光的前面用手做不同的动作，就会出现不同的影子，这就是手影。

幼儿自由分组，探索手影游戏的有趣。

2.请幼儿两两进行组合。

教师：请小朋友们拿一个手电筒，找一位好朋友做搭档。走到贴有白纸的地方，一位小朋友用用手电筒照，另外一位小朋友在灯光前面做手形，你会发现很多秘密！

幼儿自由做手影游戏，教师巡回进行指导。

3.幼儿大胆交流自己的手影作品。

教师：你变出了什么小动物？你是怎么变的呢？

请幼儿交流自己的手影作品，鼓励幼儿大胆想象。

4.幼儿再次尝试创编手影动作。

教师逐一出示动物影子图片，引导幼儿观察并想象。

教师：这是谁的影子？你们能用手影变出它吗？

请幼儿再次探索并进行表演。

5.幼儿欣赏手影动作图片，学习并表现各种动物特征的手影动作。

超级链接

手 影 戏

站在小小幕布前，小手比画来表演。

变只鸭子嘎嘎叫，变只小兔蹦蹦跳；

变只山羊咩咩咩，变只老鹰飞上天；

想想还能变什么，做个手影来游戏。

皮 影 戏

皮影戏，是一种用灯光照射由兽皮（驴皮居多，也有用牛皮的）或纸板做成的人物剪

影以表演故事的民间戏剧。

表演时，艺人们站在白色幕布后面，一边用麦秆、线绳操纵戏曲人物，一边用当地流行的曲调唱述故事，同时配以打击乐和弦乐，具有浓厚的乡土气息。山西、陕西、河南、河北都有这种民间艺术表演。

活动延伸建议

1.欣赏皮影戏，感知影子带给人们的乐趣。

2.自己动手用纸板制作"皮影"，进行表演。

材料准备：白色布一大块，手电筒或手提式应急灯，硬卡纸，小木棍，线绳，细皮筋。

制作方法：

（1）在硬卡纸上画出人物或动物的轮廓，分别画出人物或动物的各个组成部分（注意关节的地方），用剪刀剪下来，用细皮筋将关节处连接好。

（2）将手部、腿部、头部等用线绳绑在小木棍上即可。

玩法：

站在白色布前，通过操纵小木棍，观察其影子的变化，进行影子表演，可以配以音乐或故事。

区域活动

1.美工区：进行"手影填画"的活动，鼓励幼儿用不同的手影轮廓进行想象和绘画。

2.科学角：提供手电筒、纸笔等材料，引导幼儿探索发现光影游戏的乐趣。

日常教育

在日常生活中创编手部动作，表现各种动物的造型。

家园共育

请家长在家中和幼儿多做手影游戏，创编不同的手影动物造型。

环境创设

布置"各种手影造型"墙饰，引导幼儿做出各种手势动作，创编不同的手影造型。请教师为幼儿的手势拍照，幼儿画出相应的手影造型。将两者贴在墙上，上面是手部动作照片，下面是手影造型作品。通过对比，引导幼儿了解手影的秘密，为进一步创编手影戏做准备。

活动二　和影子做游戏

活动目标

1.了解影子的特性，会判断影子产生的现象。

2.尝试不同的影子探索活动，对探索活动产生浓厚的兴趣。

3.初步获得影子变化的经验，体验与同伴游戏的快乐。

活动准备

1.经验准备：见过影子；知道有光的时候，透不过去光的物体才会有影子。

2.物质准备：不透明的杯子，蜡烛。

活动重点

了解影子的特性，通过影子探索活动得出结论。

活动难点

获得影子变化的经验，能与同伴合作游戏。

活动过程

1.说说：生活中见到的影子。

带领幼儿在阳光下玩手影游戏。

教师：刚才，你看到的是我们手的影子。除了这些，你还见到过谁的影子呢?

尽量调动每个幼儿的已有经验，大胆地讲出自己观察到各种各样的影子。如：同伴的影子、建筑物的影子、树的影子等。

2.组织幼儿和影子做游戏。

（1）教师：请你试一试，让你的影子双脚离开地面。

（2）教师：你能让自己的影子躲起来吗? 走到阳光下面试一试吧!

（3）教师：你可以让影子跳舞跳得比影子快吗?

（4）教师：请你试一试：给朋友的影子挠痒痒，可是，却不能让朋友笑出来，该怎么做呢?

（5）教师：用你的左手抓右手的影子，你能做得到吗?

（6）教师：身体立正站好，怎样让影子弯曲呢?

（7）教师：你能做一个比你自己大的影子吗?

（8）教师：怎么把两个人的影子混在一起呢?

3.鼓励幼儿交流自己的影子游戏是怎样进行的，教师参与到幼儿的活动中并鼓励幼儿探索更多的影子游戏。

4.探索无影灯的原理。

教师出示外科大夫做手术的图片，上面有个无影灯。

教师：小朋友们，谁能告诉我，它为什么叫无影灯吗? 怎样做才能让影子消失?

教师引导幼儿利用小实验来验证：找到一个不透明的杯子，先在杯子的一边点上一根蜡烛，看看影子的情况，然后在杯子放这根蜡烛的对面再点上一根蜡烛……最后在杯子周围一圈都点上蜡烛，就会发现杯子的影子消失了，这就是医学外科做手术时常用的无影灯原理。

日常教育

在成人的指导下，学习观察影子的主人——小朋友，画出他的影子。

家园共育

引导幼儿感受黑夜中影子游戏的快乐，知道黑夜并不可怕。家长和幼儿一起探索并发现：怎样让自己的影子比爸爸的影子长? 怎样让一个影子变成两个、三个影子?

环境创设

科学区：继续投放手电筒、投影仪等，引导幼儿继续观察光和影子的关系。

科学与探究

活动三　光　与　影

活动目标

1.了解光和影子的关系，能有兴趣地探索影子产生的原因。

2.初步获得影子变化的经验。

3.训练躲闪跑的能力，体验与同伴游戏时的快乐。

活动准备

1.经验准备：见过影子，知道影子和光有关。

2.物质准备：安全的场地，阳光充足，粉笔，参照物（如：茶叶筒或粗木棍），若干道具（帽子、衣服、书包等），记录卡。

活动重点

了解光和影子之间的关系，通过探究了解影子产生的原因。

活动难点

初步获得影子变化的经验。

活动过程

1.带领幼儿在阳光下找各种影子。

教师：今天，老师要和小朋友们找一样东西——影子。在寻找之前要听清老师的要求：要记清楚你找到了哪些物体的影子。（叮嘱幼儿注意活动的范围和活动的安全）

教师找一块空旷地，将参照物的影子用粉笔画出来。

2.引导孩子探索影子的产生原因。

（1）教师：我们都找到了哪些东西的影子？

鼓励幼儿与同伴交流自己寻找的结果。

（2）教师：这些东西为什么会有影子？

出示记录卡，鼓励幼儿猜测，教师做记录。

猜测验证：

①教师可以设疑：老师坐在背阴处，提问：你们找到老师的影子了吗？

启发幼儿寻找并探索得出"有光才会有影子"的结论。

②教师：老师看到那儿（指着一块阳光充足的空旷地）有很强的阳光，为什么没有影子呢？

得出"有光，且物体在光照下，才会有影子"的结论。

③教师：有光、有东西挡住光，就一定会有影子吗？

利用玻璃——透明物，卡纸——不透明物进行比较实验。

④教师：什么样的光能照出影子？

鼓励幼儿运用已有经验回答并小结：太阳光下、月光下、路灯下、灯笼照着时、烛光下、房间开着灯的时候、手电筒的照射下……都会有影子。

小结：有光，有不透明的物体挡光，就会产生影子。当光线被物体挡住后，物体后面那些光线照不到的地方就变黑了，这就是影子。

3.探索影子的变化：影子会变吗？

继续出示记录卡，鼓励幼儿猜测，教师做记录。

（1）教师设疑：影子会变吗？

验证：让幼儿在阳光下做各种姿势（可提供一些道具：衣服、帽子……）引导幼儿观察地上影子的变化，知道变换姿势、增减不同的物体会使影子改变。

（2）猜测：怎样让两个人的影子变成一个影子呢？（两个人一前一后靠着站在一起，做相同的动作；或者一个人是成人，一个是小孩，让小孩的影子躲到成人的影子里）

（3）猜测：怎样让自己的影子"藏"起来呢？（跑到建筑物的影子里，也就是大一些的影子里，自己的影子就会消失）

（4）观察教师画的参照物影子，猜测：它的影子变了吗？

小结：影子是会变的：有时大，有时小；有时长，有时短；有时还会改变位置，变成斜的。这些都与光源的远近、强弱分不开。

4.影子游戏：踩影子。

启发幼儿想出好办法，怎样不让别人踩到自己的影子。

让幼儿知道必须快跑或灵敏躲闪才能不被别人踩到自己的影子。训练幼儿追逐跑、躲闪跑的能力，培养动作的灵敏性与协调性。

超级链接

影　子

我有一个小伙伴，

总是和光同出现，

有时比我长，

有时比我短，

有时在身前，

有时在身后。

影子是怎样产生的

影子是物体挡住光线后，映在地面上或其他物体上的影像。当太阳出来的时候，当光线被不透光的物体遮挡，那个黑色的部分就叫影子。

影子与光的强弱、远近、高低等有关，这些因素都会影响到影子的明暗、大小、长短等。另外，光源的多少、如何分布，这些也会对影子产生影响。

活动延伸建议

1.请幼儿想一想，怎样甩掉自己的影子，继续探索光与影的关系。

2.探究彩色的影子。

准备透明的玻璃杯3~5个、水彩颜料、手电筒和水。

在玻璃杯里放入相同高度的水，分别加入不同颜色的水彩颜料，搅拌均匀，制成彩色水。将装有彩色水的玻璃杯并排放在白色墙壁或白布前，用手电筒的灯光照射，白色的墙壁或白布上就会出彩色的影子。

光可以透过透明的物体，由于水彩颜料调出来的水是半透明的，因此光就会穿过去，形成彩色的影子。如果物体的遮光性能好的话，影子应该是黑色的。

区域活动

科学区："会变的影子"，利用手电筒、立体小玩具、白色背景板等物品，引导幼儿通过操作探索、发现光照在玩具上出现的影子及其变化。

日常教育

引导幼儿讨论：人们利用光和影子的关系制造出了什么产品？我们可以利用影子进行哪些活动？（手影和皮影是我国的传统民间艺术，丰富对此的认识）

家园共育

请家长带领幼儿在路灯下散步，观察路灯下影子的变化，努力寻找光的距离与影子的关系，知道光离得近，影子就大；光离得远，影子就小。

环境创设

布置"光与影"墙饰，分为3个版块"这是谁的影子""影子是怎么来的""好玩的影子游戏"。"这是谁的影子"，引导幼儿画出各种小动物及其影子的造型，贴在这个版块里，让幼儿了解各种小动物的影子就是它的轮廓。"影子是怎么来的"，介绍影子产生的原理，教师将这一过程用画图的方式呈现出来，同时，把幼儿站在太阳光下产生的影子拍摄下来，贴在这个版块里。"好玩的影子游戏"就是介绍各种和影子玩的游戏，如踩影子、皮影戏、藏影子等。

活动四　美丽的夜晚

扫码看视频6-4

活动目标

1.知道月亮是会变化的，初步了解月亮变化的规律。

2.观看月相变化图，了解月相形成的原因。

3.对探索自然现象感兴趣。

活动准备

1.经验准备：了解月亮有圆缺变化。

2.物质准备：月相变化图。

活动重点

了解月亮圆缺变化，初步掌握其变化的规律。

活动难点

观看月相变化图，了解月相形成的原因。

活动过程

1.出示图片，欣赏夜晚的美丽。

教师：这是什么时候？你看到夜晚的天空中有什么？喜欢夜晚吗？为什么？

引导幼儿观察夜晚的图片，并朗诵幼儿用书《科学与探究》第15页中的儿歌，感受夜晚的美丽。

2.倾听故事《月亮姑娘做衣裳》并引导幼儿讨论。

教师：故事《月亮姑娘做衣裳》里面的月亮姑娘最后穿上合适的衣服了吗？

教师：她为什么穿不上合适的衣服？

小结：因为月亮姑娘的身体不断变化，有时候圆，有时候缺，所以她总是穿不到合适

科学与探究

的衣裳。

3.通过操作材料，了解月亮的变化规律。

（1）教师：月亮是个不会发光的球体，也叫"月球"。太阳的光芒照到月球上，月球把光反射到地球上，所以我们地球上的人能看到月亮。你们平时见过的月亮是什么样子的？

鼓励幼儿描述自己见到的月亮，教师及时出示不同时期的月亮图片。

（2）观察月相变化图，介绍月亮的变化规律。

教师：月亮亮面朝着太阳从新月开始，绕着地球转到满月，月亮越变越大，变成了圆圆的月亮。接下来，月亮又会有什么样的变化呢？

教师小结：新月到满月，月亮越变越大。满月到新月，月亮越变越小。

超级链接

美丽的夜晚
月儿圆圆像玉盘，
月儿弯弯像小船。
金色的星星闪啊闪，
蓝色的幕布遮住天。

月　相

月相，是天文学中对于地球上看到的月球被太阳照亮部分的称呼。每天，月亮在星空中自西向东移动。月球运动，使太阳、地球、月球三者的相对位置在一个月中有规律地变化着。由于月球本身不发光，在太阳光照射下，向着太阳的半个球面是亮区，另半个球面是暗区。随着月亮相对于地球和太阳的位置变化，就使它被太阳照亮的一面有时面向地球，有时背向地球；有时面向地球的月亮部分大一些，有时小一些，这样就出现了不同的月相。因此，月相不是因为地球遮住太阳造成的（那叫"月食"），而是由于我们只能看到月球上被太阳照到反射光的那一部分，其阴影部分是月球自己的暗面。

活动延伸建议

请幼儿上网查一查：月亮绕地球转一圈用了多长时间？月亮这样的变化一年有几次？

区域活动

1.美工区：提供不同时期的月亮外形图，请幼儿进行装饰，为月亮姑娘画出漂亮的衣裳。

2.图书角：提供关于月亮的故事图书，丰富幼儿的已有经验。

日常教育

教师为幼儿提供各种有关夜晚的绘本，引导幼儿通过阅读获得相关知识和经验。

家园共育

请家长每天和幼儿观察月亮，并记录月亮的圆缺变化，带到幼儿园交流并讨论。有条件的家长还可以带领孩子用天文望远镜观察天空。

环境创设

布置"美丽的夜晚"墙饰，引导幼儿画出美丽的夜晚，并把绘画作品贴在墙上。幼儿之间分享与交流自己对美丽夜晚的理解和想象。

主题五　听，什么声音

活动一　奇妙的声音

扫码看视频6-5

活动目标

1.感知了解声音的产生，知道不同材料的物体可以发出不同的声音。

2.能分辨身边事物发出的声音，会模仿并制造声音。

3.感受声音的不同性质，体验制造不同声音的乐趣。

活动准备

1.经验准备：听过不同的声音，有一定的经验积累。

2.物质准备：铃铛、折纸青蛙、鼓，瓶子、塑料袋、铁盆、大米、蚕豆若干，风声、雨声、鸟叫声等录音。

活动重点

感知了解声音的产生，知道不同材料的物体可以发出不同的声音。

活动难点

能分辨身边事物发出的声音，会模仿制造声音。

活动过程

1.猜一猜，感知声音。

（1）教师：请小朋友们闭上眼睛听一听，你听到了什么？

教师吹口哨，摇铃铛。

提问：老师刚才在做什么？你是怎么知道的？

（2）教师继续吹口哨，摇铃铛，请幼儿用眼睛看，用手摸。

教师：你能看到口哨声吗？能摸到铃铛声吗？

小结：声音能用耳朵听到，但是看不到，也摸不着。

2.玩一玩，探索声音。

（1）幼儿分成3组，第一组：拿到瓶子；第二组：拿到塑料袋；第三组：拿到盘子和豆子。

教师：请小朋友们看看，桌上的东西你认识吗？这些东西都能发出好听的声音，请你们玩一玩，想一想声音是怎样产生的呢？

幼儿自由操作，教师巡回指导，鼓励幼儿大胆说出自己的发现。

（2）小实验：将折纸青蛙放在鼓面上，教师击鼓，请幼儿观察青蛙的状况，并用手摸发声的鼓面，组织幼儿讨论：用手摸鼓面，有什么感觉？为什么青蛙会跳动？青蛙跳动时，你听到了什么？青蛙不跳时，声音还有没有？

请幼儿把手放在喉部并大声、小声说话，进一步体验振动产生声音。

小结：物体进行碰撞、振动而产生了声音。

3.听录音，想象并感受声音的多样性。

（1）教师：生活中会有各种不同的声音，我们来听听录音机播放的是什么声音。听到这些声音，你们会想象到什么事物？（风声、雨声、打雷声、汽车声、鸟叫声……）

（2）探索模仿声音。

教师：刚刚我们听到了风声、雨声、鸟儿欢快的叫声……生活中各种各样的声音，你来学一学，试着模仿这些声音吧！

4.合作配音。

（1）阅读幼儿用书《科学与探究》第16页，观察书中图片。

教师：说一说，怎样制造风声？细细的小雨声怎样制造呢？大雨的声音怎样制造？轰隆隆的打雷声怎样制造？

鼓励幼儿利用不同物品进行尝试。

（2）请幼儿尝试为不同的天气配音。

活动延伸建议

了解哪些是噪音、哪些是乐音，引导幼儿分辨音乐的不同；懂得要多听乐音，避免噪音，保护我们的耳朵不受伤害。

区域活动

1.表演区：投放一些自制乐器，鼓励幼儿进行探索声音的配音表演。

2.科学角：提供不同的豆类、瓶等物品，引导幼儿制造并感受不同的声音。

日常教育

能够在日常生活中说话小声，走路轻轻，知道轻声细语与别人交谈。

家园共育

收集有关图片、卡片，了解噪音对人类与动、植物的危害。

环境创设

布置"奇妙的声音"墙饰，引导幼儿利用身边的物品发出不同的声音，请教师帮忙拍照，记录下发出声音的方法，再将照片贴在墙上，让幼儿之间分享自己是如何发出声音的，了解哪些物品通过什么方法可以发出声音，获得更多有关制造声音的经验。

活动二　玩　声　音

扫码看视频6-6

活动目标

1.感知各种声音，关注生活中的物品所发出的声音。

2.利用身边的物品制作乐器，尝试发出美妙的声音。

3.通过制造声音，进行乐曲演奏，体验成功的喜悦。

活动准备

1.经验准备：了解敲击物体、摇动物体可以制造声音。

2.物质准备：吸管、小铁桶、木棒、筷子、勺子、叉子、玻璃杯等物品，音乐。

活动重点

感知各种声音，关注生活中的物品所发出的声音。

活动难点

引导幼儿运用身边的物品进行轻重不同、有节奏的尝试表现，可以使用组合物品、粘

贴物品、连接物品的方法不断尝试制造声音，感受声音的不同。

活动过程

1.玩一玩，让物体发出声音。

教师：这些东西，你们认识吗？想一想，怎样让它们发出声音？请你玩一玩吧！

请幼儿自由摆弄物体，相互交流自己是用什么方法让物体发出声音的。

2.感受声音的不同。

（1）摆好杯子，请幼儿尝试发出声音。教师再将杯子里分别倒入不同高度的水，轻轻地敲。

教师：请你听一听，你听到了什么？老师敲杯子的声音和小朋友敲杯子的声音一样吗？有什么不一样？

教师：比一比，杯子里的水有什么不一样？

通过讨论知道杯子里水的多少和敲打玻璃杯发出的声音有关系。

教师：你喜欢谁敲打玻璃杯发出的声音？原来只要我们想办法，可以让这些东西发出像乐器一样好听的声音。

（2）请幼儿尝试制作乐器。

教师：怎样让你手中的物品也发出好听的声音呢？你会用它们制作小乐器吗？

教师鼓励幼儿大胆尝试，并积极协助幼儿进行尝试制作。

3.游戏活动"小乐队"。

播放乐曲，请幼儿分组组成"小乐队"，为乐曲配音演奏，感受自制乐器的乐趣，进一步探索发出美妙的声音。

活动延伸建议

1.塑料管排箫：

材料准备：瓦楞纸，一根长的硬塑料管，橡皮泥，乳胶，剪刀。

制作方法：

（1）把硬塑料管剪成长短不同的7段（最短的为7厘米，最长的为13厘米，管与管之间的长度均相差1厘米），再把各塑料管的一端分别用橡皮泥堵住。

（2）把瓦楞纸剪成宽5厘米、长20厘米左右的长方形两张。

（3）把7根硬塑料管从长到短均匀排列，并用乳胶粘贴在两张瓦楞纸之间，一个会发声的塑料管排箫就做好了。

实验操作：

让幼儿对着塑料管口依次吹气，就能听到不同的声音。

教师让幼儿知道排箫能发出声音是由空气振动引起的。塑料管的长短不同，里面的空气多少也不同，那么在吹的力度相同的情况下，发出的声音高低也不同。

2.尝试用我们的身体发出不同的声音，并进行有节奏地表现，感受"身体乐队"伴奏的乐趣。

区域活动

表演区：投放幼儿的自制乐器，鼓励幼儿继续进行探索声音的配音表演。

日常教育

关注大自然中的各种声音，鼓励幼儿自由探索，自由模仿。

科学与探究

家园共育

请和幼儿一起观看有关自制乐器的电视节目，了解物品发音的多样性与创造性。

环境创设

布置"有趣的声音"墙饰，引导幼儿利用生活中的物品自制乐器，给歌曲伴奏，同时，请教师抓拍，将照片贴在墙上。幼儿通过分享与交流学会更多自制乐器的方法，获得为歌曲伴奏的经验。

主题六 有趣的服装

活动一 春夏秋冬穿什么

活动目标

1.了解四季的变化，辨认适合不同季节穿着的服装。

2.了解服装的作用，知道服装有面料、薄厚之分。

3.关注气温变化，及时增减衣物，激发对周围事物变化的兴趣。

活动准备

1.经验准备：有一定的穿衣经验。

2.物质准备：一件幼儿穿着的毛衣，半截袖的T恤衫，棉服或羽绒服，长袖衬衫，贴纸。

活动重点

了解四季的变化，辨认适合不同季节穿着的服装。

活动难点

了解服装的作用，知道服装有面料、薄厚之分；关注气温变化，及时增减衣物。

活动过程

1.展示服装实物导入。

教师：小朋友们，你们看！老师今天给你们带什么来了？（出示4件不同的服装）有谁能告诉我，这些服装都叫什么名字？（毛衣、T恤衫、衬衫、棉服或羽绒服）小朋友们真聪明！那还有谁能告诉我这些衣服是什么季节穿的吗？（春、夏、秋、冬）

教师：现在是什么季节？天气怎么样？你穿着什么衣服呢？

鼓励幼儿结合季节与气温，大胆运用已有经验进行表述。

2.教师描述不同情境，引导幼儿感受不同季节服装的多样性。

（1）教师口述，幼儿回答。

①教师：刮大风了，冬天来了。小朋友们非常冷，应该穿什么衣服呢？快来想个办法呀！

②教师：小鸟飞来了，春天来到了，天气暖和了。小朋友们把厚厚的棉衣都脱去，要换上什么衣服呢？

③教师：小青蛙跳来了，夏天到了，天气非常热。小朋友们快来想一想，穿哪些衣服

219

会凉快些?

（2）出示图片，引导幼儿了解不同季节的服装类型。

引导幼儿说出自己所看到的景色和小朋友们所穿的衣服，教师对春、夏、秋、冬4幅图画逐一讲解，进一步加深对四季服装的了解。

出示图1，教师：草儿绿了，花儿红了，柳树发芽了，小鸟在天空中不停地拍打着翅膀，春天要来了，天气暖和了，小朋友穿上了漂亮的花毛衣。

出示图2，教师：太阳公公在天空中不停地对小朋友们眨着眼睛，地上的小青蛙在捉着虫子，夏天来到了，天气非常热，小朋友穿上了半袖的T恤衫，把胳膊露了出来，这样就可以凉快一点儿。

出示图3，教师：树叶从树上慢慢地飘落下来，秋天来到了，天气有点冷了，小朋友们换上了毛衣。

出示图4，教师：下雪了，冬天来了，天气非常冷，圣诞老爷爷穿着厚厚的棉衣来给小朋友们送礼物了。

鼓励幼儿发现服装的不同作用，以此来引导幼儿感受四季的服装是为了适应季节变化而更换的，从而知道服装有面料、长短、大小、薄厚等不同。

3.阅读幼儿用书《科学与探究》第18~19页，集体尝试操作。

教师：书中的小朋友需要我们帮助他们，你们知道他们在哪个季节吗？他们需要哪些衣服呢？

鼓励幼儿根据不同的季节给书里的小朋友贴上相应季节的衣服。

活动延伸建议

尝试自己搭配服装，说一说，适合哪个季节穿着。

区域活动

1.美工区：提供挂历纸、手工纸，鼓励幼儿自己设计服装，并进行展示；

2.科学角：投放四季图片与四季服装，引导幼儿进行匹配练习。

日常教育

提醒幼儿关注天气预报，知道我们应该随着气温的变化增减衣物，才能让我们的身体更健康。

家园共育

和孩子一起整理孩子的四季服装，感受服装厚薄、大小等不同的质感。

环境创设

主题墙布置"我们的服装"，引导幼儿感受服装的美与四季服装的不同作用。

活动二　衣服是怎么来的

活动目标

扫码看视频6-7

1.了解棉花——布——服装的制作过程，获得有关布的感性经验。

2.了解衣服是怎么制作出来的。

3.知道一件衣服来之不易，愿意爱护自己的服装。

科学与探究

活动准备

1.经验准备：知道衣服是用布做出来的。

2.物质准备：棉花、图片。

活动重点

了解棉花——布——服装的制作过程，获得有关布的感性经验。

活动难点

知道一件衣服来之不易，愿意爱护自己的服装。

活动过程

1.幼儿讨论，猜测：服装从哪里来？

教师提问：我们人类离不开服装，你们知道我们的服装从哪里来吗？

引导幼儿猜测并大胆表达想法。

2.观察幼儿用书《科学与探究》第20~21页，知道棉花——布——服装的生产过程。

出示图1，教师：图上有什么？它长得什么样？

帮助幼儿获得相关经验，这是棉花，它像一棵小树一样直直地站在田野里，开花后结成棉桃。棉桃成熟后裂开，就会露出里面雪白的棉絮，人们正在采摘棉花。

教师：你在哪里见过棉花？（教师展示棉花）它是什么颜色的？摸起来怎样？（白白的、轻轻的、软软的）

引导幼儿发现被子、褥子、棉衣里都有棉花。

出示图2、图3，教师：这是什么地方？人们在做什么？

了解棉花纺成粗纱，再加工成细的棉线，然后织布的过程。

出示图4、图5、图6，教师：图上有什么？她们手里拿着什么？这是什么地方？

引导幼儿观察并了解到服装是服装厂的工人叔叔和阿姨设计、裁剪、缝纫做成的各种各样漂亮衣服，很辛苦，我们应该尊重叔叔、阿姨的劳动成果。

3.组织幼儿讨论，知道如何爱惜自己的衣服。

教师：做一件衣服容易吗？你怎么认为？我们应该怎样爱惜衣服呢？

鼓励幼儿大胆说出自己的想法，如不乱爬、不做危险的动作，以免撕烂衣服、保持衣服的整洁等。

活动延伸建议

1.组织幼儿进行"我当小小设计师"的活动，鼓励幼儿用绘画的方式来设计不同的服装。

2.扩展到除了布这种面料以外，其他面料制作成成衣的过程。

3.可以借助多媒体课件引导幼儿了解衣服的生产过程，更能激发幼儿的活动兴趣。

区域活动

1.美工区：投放若干废旧布条供幼儿裁剪、制作。

2.益智区：投放布、扣子、胶水等物品，引导幼儿进行布艺拼贴等操作活动。

日常教育

制作爱护衣服的温馨小标志粘贴在室内、外，鼓励幼儿做爱护衣服的好孩子，注意保持衣物整洁。

家园共育

带领幼儿参观"裁缝店"，了解服装的裁剪过程。

科学与探究

环境创设

布置"衣服是怎么来的"墙饰，引导幼儿将收集到的"衣服是怎么来的"过程图片呈现在墙上。幼儿之间互相分享与交流，了解衣服生产、加工的全过程，懂得珍惜别人的劳动成果。

活动三　奇怪的服装

活动目标

1. 了解不同功能的服装。

2. 感知、体会服装的服务性与多样性。

3. 尝试设计特殊功能的服装，体验创意的乐趣。

活动准备

1. 经验准备：了解衣服有不同的面料。

2. 物质准备：图片。

活动重点

了解不同职业的工作人员对于服装的不同需求，进一步了解特殊服装的功能。

活动难点

通过了解服装的多样性，尝试设计特殊功能的服装，体验创意的乐趣。

活动过程

1. 讨论活动。

教师：人们为什么要用不同的衣料做衣服？

鼓励幼儿围绕话题运用自己的已有经验进行探讨。

教师：你见过哪些特殊的服装？有哪些特殊的地方？

引导幼儿发现服装除了保暖、美观、方便等功能之外的特殊功能，如雨衣。

2. 了解不同功能的服装。

请幼儿观察幼儿用书《科学与探究》第22~23页：这些服装是不是很奇怪？你知道它们都是干什么用的吗？

引导幼儿逐一了解不同功能的服装。

（1）消防服：提问：这是什么服装？什么颜色？表示什么意思？有什么用处？

引导幼儿了解橙色的消防服具有耐热的特殊功能，在火灾现场可以保护消防员的身体不被伤害。

（2）高温作业服——在高温下，不会因为衣服熔粘在人体皮肤上，而把人灼伤。

（3）潜水服——用于防止潜水时体温散失过快，造成失温，同时也能保护潜水员免受礁石或有害动物、植物的伤害。

（4）宇航员航天服——保障宇航员的生命活动和工作能力的个人密闭装备，可防护空间的真空、高低温、太阳辐射和微流星等环境因素对人体的危害。

（5）防弹衣——警察穿着的防弹衣可以用于防护弹头或弹片对人体的伤害。

（6）雨衣——防水，可以避免我们的衣服被雨水淋湿。

3. 设计"特殊的服装"。

引导幼儿进行设想：你长大以后，想设计什么样的特殊服装呢，鼓励幼儿大胆进行设想并请孩子用绘画、语言等表现形式进行记录。

活动延伸建议

欣赏服装，感知不同衣料的质地不同。

教师：请你看一看，摸一摸、试一试、说一说，这些服装有什么不一样的地方？

引导幼儿运用视觉、触觉感受不同衣物的面料，知道厚薄不同，摸起来软硬不同，温度不一样，穿在身上的感觉也不一样等。

区域活动

美工区：提供挂历纸，废旧报纸、彩纸纸盒等材料，请幼儿采用废旧材料进行服装的制作，发展幼儿的发散性思维。

日常教育

带幼儿参观幼儿园的厨房、保安室、医务室等工作场所，摸一摸、看一看工作人员不同的工作服，了解不同颜色在工作服中的运用。

家园共育

请家长协助搜集更多特殊服装的资料，带到幼儿园进行交流分享。

环境创设

布置"奇怪的服装"主题墙，分为3个版块"四季的服装""不同功能的服装""我设计的服装"。"四季的服装"介绍日常生活中各种服装，如长袖衬衫、短袖T恤、马甲、背心、棉服、毛衣、羽绒服等，按照春、夏、秋、冬四季分类呈现。"不同功能的服装"介绍有特殊用途的服装，如高温作业服、消防服、宇航服等，除了介绍服装的名称，还要写清楚是什么用的，方便幼儿之间互相交流。"我设计的服装"，引导幼儿自己设计不同用途的服装或者是自己喜欢的服装，画出来相应的作品，在这个版块里呈现，供幼儿交流。

活动四　衣服脏了

扫码看视频6-8

活动目标

1.了解以前与现在洗衣方式的不同，体会科技进步带来的好处。

2.学习洗衣服的方法，能自己洗手绢、袜子等小衣物。

3.通过洗衣物，学会自己的事情自己做；平时注意保持衣物整洁，珍惜他人的劳动成果。

活动准备

1.经验准备：知道衣服脏了可以洗干净。

2.物质准备：脏衣服、脏手绢、各种洗衣用品。

活动重点

了解以前与现在洗衣方式的不同，体会科技进步带来的好处。

活动难点

学习洗衣服的方法，能自己洗手绢、袜子等小衣物。

活动过程

1.设计情境，请幼儿观看。

教师抱着脏衣服进入，教师：哎呀，看我的孩子把衣服弄脏啦，需要洗一洗。

教师拿在手里搓，放在清水里洗。

教师：可是，为什么洗不干净？请小朋友们帮帮我。

鼓励幼儿讲述自己的观点，并按照幼儿所述进行清洗。

2.引导幼儿谈话，了解各种洗衣用品。

教师：除了用肥皂、洗衣粉可以洗干净衣服，还可以用什么来洗衣服？

依据幼儿所述逐一出示，并观察其名称、形状，如衣领净——液体瓶装；皂粉——颗粒状，桶装或袋装等不同之处。

教师：毛衣需要用哪种洗衣用品？皮衣该怎样清理？

引导幼儿了解丝毛剂、皮衣护理液等不同衣料的洗涤用品。

3.了解不同的洗衣方法，体会他人劳动的辛苦。

教师：用手搓，可以洗净衣服，还可以怎样洗？

出示幼儿用书《科学与探究》第24页图片，引导幼儿了解棒子捶打洗衣——搓衣板洗衣服——洗衣机洗涤、干洗等不同的方法。

4.体验活动：请你洗洗小手绢。

教师：小手绢脏了，你会洗干净吗？应该怎样洗？

引导幼儿学习洗衣过程：

第一步：把手绢浸湿；

第二步：打上肥皂；

第三步：两只手抓住袜子搓一搓；

第四步：用清水洗干净泡沫。

体会洗衣劳动的辛苦，从而教育幼儿注意保持衣服的整洁，珍惜他人的劳动成果。

活动延伸建议

参观干洗店，了解不同材质的衣服有不同的洗衣方法。

设计意图

引导幼儿感受现代洗衣的轻松，并知道现代的洗衣机带给我们的方便，激发幼儿探索周围世界的兴趣。

日常教育

提醒幼儿在日常生活中注意爱护自己的衣服，多尝试做自己力所能及的事情，如洗袜子、洗手绢等家务劳动。

家园共育

在家中鼓励幼儿参与到洗衣劳动中，让孩子尝试用洗衣机、手洗两种方式进行比较，体验洗衣服的辛苦。

环境创设

布置"衣服脏了"墙饰，分为两个版块"古代""现代"，分别呈现不同的洗衣方法，丰富幼儿见闻，扩充幼儿的相关知识。同时，引导幼儿了解洗衣服的步骤。

艺术与创造

一、领域说明

1.教育价值

艺术教育主要是从绘画、音乐、舞蹈等方面进行。按照《幼儿园教育指导纲要（试行）》（以下简称《纲要》）的精神，艺术教育主要在于引导幼儿在艺术活动中感受美、表现美和创造美，提高幼儿审美情趣，激发幼儿艺术情感的表达与表现，培养幼儿适宜的艺术活动技能。

（1）激发幼儿兴趣。

幼儿情感易于表达，喜怒哀乐常常挂在脸上，容易与外界产生情感共鸣。因此，参与艺术活动是幼儿喜欢从事的活动之一。这种自发的兴趣多处于浅层次上的兴趣，往往依据幼儿情绪支持，易于转移和波动，以"好玩""我喜欢"为主。而艺术教育就是要把这种兴趣进一步深化，把幼儿原有自发的兴趣转为从事艺术创作的内驱力，积极参与艺术活动。

（2）提高幼儿审美。

审美的能力包括感受美、表现美、创造美的能力。幼儿感受美的能力大多处于直观感受，具有形象性和功能性的特点，通过艺术活动可以加强幼儿对美的感受力。生活中到处都有美的事物，幼儿依据事物鲜明的特征能自发地发现。通过艺术活动，教师能有意识地引导幼儿自觉地发现美的事物，提升发现美的能力。幼儿在艺术活动中，能将自己感受和发现到的美好事物通过绘画、歌词创编、舞蹈动作创编等形式表现出来，从而发展其表现美的能力。同时，创作出的作品也体现了幼儿创造美的能力。

（3）体验成功的喜悦。

艺术活动中，幼儿通过艺术创作充分展现了自我的个性与能力。幼儿通过展示其创作出来的作品，在同伴欣赏、教师赞许和家长肯定的基础上，获得真正的满足感与成就感，体验到成功的喜悦，从而树立自信心。

2.教育策略

（1）幼儿是教育活动的主体，是主动参与者，而非被动接受者。

在艺术活动中，教师应以幼儿为本，尊重幼儿的想象与创造，允许他们自由发挥，自行组合已有经验与知识，为幼儿提供丰富而广阔的想象和创造空间。教师是观察者、引导者，激发幼儿积极主动参与，而非被动接受。在活动导入环节，教师应通过各种形式吸引幼儿的注意力，激发幼儿兴趣，让他们有信心积极参与。活动过程中，激发幼儿创作思路、启迪智慧、提倡创新，让他们大胆想象，充分肯定个性表达。在活动结束阶段，将幼儿兴趣点引向自我欣赏、自我肯定，从中获得成功体验，进而激起他们继续主动参与的欲望。同时，在活动中能有所收获，提升能力。

（2）提供发挥想象与创作的空间。

艺术教育中的自我表达要求教师在开展教学活动中，不以教为主，而应给幼儿充分的想象空间与创作空间，充分创造条件和机会，允许他们开放性、发散性思维，将自己想要表现的内在信息充分体现到作品中。教师应为幼儿提供一个宽松、自由的创作环境，循循善诱地引导幼儿展开想象，创造性地表现自我，不过多干涉与限制。艺术教育中的创新更注重活动过程而非结果。

（3）包容个体差异，鼓励个性表达。

艺术教育本身的开放性与宽容性，允许不同智力水平的幼儿参与，允许艺术表现上存在个体差异。幼儿受自身性格发展、爱好、能力等因素的影响，在艺术活动中表现不同，教师应该予以尊重和接纳，因人施教、因势利导地给予指导和帮助，不歧视、不限制，不能用自己的审美标准去评判幼儿，鼓励幼儿个性化表达，引导幼儿以超越自己为目标。

（4）不过分强调技能发展，而应注重情感体验。

艺术活动是一种创造性的精神活动。在这一过程中，不应过分强调幼儿技能、技巧的发展，教师应灵活使用教材，更注意幼儿在活动中的情感体验，关注其精神状态、情绪表现及出现的问题，在不影响其兴趣的前提下，有针对性地适时指导、鼓励与帮助。

3.教育目标与内容

（1）艺术领域教育总目标。

①感受与欣赏。

目标1　喜欢自然界与生活中美的事物。

目标2　喜欢欣赏多种多样的艺术形式和作品。

②表现与创造。

目标1　喜欢进行艺术活动并大胆表现。

目标2　具有初步的艺术表现与创造能力。

（2）大班艺术领域教育目标。

◎乐于收集美的物品或向别人介绍所发现的美的事物。

◎乐于模仿自然界和生活环境中有特点的声音，并产生相应的联想。

◎艺术欣赏时常常用表情、动作、语言等方式表达自己的理解。

◎愿意和别人分享、交流自己喜爱的艺术作品和美感体验。

◎积极参与艺术活动，有自己比较喜欢的活动形式。

◎能用多种工具、材料或不同的表现手法表达自己的感受和想象。

◎艺术活动中能与他人相互配合，也能独立表现。

◎能用基本准确的节奏和音调唱歌。

◎能用律动或简单的舞蹈动作表现自己的情绪或自然界的情景。

◎能自编自演故事，并为表演选择和搭配简单的服饰、道具或布景。

◎能用自己制作的美术作品布置环境、美化生活。

（3）大班上学期艺术领域教育内容。

音乐

◎学习用不同的方法表现歌曲中人物情绪的变化；根据歌曲内容，创编相应的动作并

进行歌唱表演。

◎欣赏音乐，做队形变换；在熟悉舞蹈动作的基础上，学习按队形变化跳舞。

◎学唱歌曲《听》，感受三拍子歌曲中的强弱节奏；利用动作、声音来表现三拍子节奏；依据生活经验创编新歌词。

◎学习弱拍起唱，注意休止节奏；通过身势节奏来表现音乐节拍，尝试用诙谐的表情演唱歌曲。

◎了解乐曲结构，感知狮王的音乐形象，并能听辨出狮王咆哮的旋律；能较准确地表现音乐形象，培养幼儿用身体动作表现音乐的能力。

◎感受乐曲热闹而欢快的气氛，喜欢中国民乐；学习并演奏乐曲中的基本鼓点，通过表演了解音乐的ABA结构。

◎欣赏乐曲，体验曲调重复和速度、力度的变化，并跟随音乐进行动作表演。

◎通过学习歌曲，感知中国京剧的韵味；学习哼唱过门，模仿京剧的锣鼓点子，学做京剧的各种亮相动作。

◎继续尝试根据歌词创编动作进行表演；积极、主动地参加小组表演活动。

◎欣赏、理解音乐，提高幼儿对叙事性音乐的感知能力；在熟悉旋律的基础上，学习领唱、接唱的方法，初步学习自主创编身体动作。

◎学习尝试演奏三拍子音乐的多种方法；在演奏的过程中，能注意整体演奏的效果。

◎分组商量配器方案，尝试设计并演奏打击乐方案；能看指挥进行演奏，对指挥的手势能迅速准确地作出反应。

◎引导幼儿感受乐曲优美的旋律，并用身体动作表现；尝试运用不同乐器表现强弱节奏。

◎学习硬肩、硬腕、挤奶等蒙古族舞蹈的基本动作；初步感受蒙古族舞蹈的风格。

◎在熟悉音乐结构的基础上学习两人跳集体舞的基本方法；与同伴协调一致地随音乐舞蹈，体验合作舞蹈的快乐。

◎能随音乐合拍地做小跑步及小跑步转圈动作；在教师提醒下控制自己的动作，尽量与音乐中的延长音保持一致。

美术

◎欣赏名画，感受画面中人物之美，想象、感受作品的内涵与人物的情感。

◎学习用线条和色彩表现睡觉时的人物，大胆想象故事情节，以单幅画的形式表现内容。

◎运用对称剪纸的方法表现人物，提高动手能力，萌发对中国传统剪纸活动的喜爱。

◎欣赏各种陶罐不同的造型及图案美，用各种线和形组合装饰自己喜欢的陶罐。

◎感知各种豆、米类物品，尝试利用豆类的不同颜色，大胆表现豆贴作品。

◎尝试用剪、切的方法制作不同形状的蔬菜切片，用蔬菜拼摆造型进行创作。

◎在自由拆解折纸作品中探索学习青蛙折法，锻炼幼儿的动手能力，尝试解决折纸过程中遇到的问题。

◎对民间故事有兴趣，并依据故事内容有目的地思考作画，尝试运用刮画的方式表现。

◎学习运用泥塑中搓条、压扁等技法塑造基本造型，设计、装饰瓶子。

◎尝试利用纸杯制作常见的动物，锻炼幼儿的动手能力，激发其手工制作活动的兴趣。

◎感受并欣赏秋天树叶飘落的景色，大胆想象落叶的故事，尝试用彩砂纸进行表现与创作。

◎欣赏各类风筝的造型与色彩，初步了解人们通过放风筝迎接新春的习俗。

◎学习吹画的方法，大胆根据颜料流动痕迹想象添画，塑造简单物体形象。

◎学习蛋壳、纸杯组合制作小人的方法，探索废旧材料等的使用方法，体验制作带来的快乐。

◎尝试运用树叶进行拓印的方法，大胆想象，根据树叶的外形组合造型，进行创作。

◎欣赏布老虎，初步感受其造型和色彩美，加深对民间艺术布老虎的理解和认识。

艺术与创造

229

二、课程内容

主题一 我和好朋友

活动一 两 姐 妹

活动目标

1.欣赏名画，领会体验画面中所呈现的人物之美。

2.想象、感受作品的内涵与人物的情感。

3.能大胆表现生活中的美景。

活动准备

1.经验准备：会欣赏画作，能感受画作所表达的气氛或情绪。

2.物质准备：柔美的音乐，名家名作《两姐妹》，绘画工具。

活动重点

欣赏名画《两姐妹》，感受画面中的人物之美。

活动难点

想象、感受作品的内涵与人物的情感，大胆讲述自己对作品的理解，尝试创作生活中的美景。

活动过程

1.播放音乐，引出主题。

播放音乐，出示名家名作《两姐妹》，幼儿自由欣赏。

教师：你看到了什么？

2.启发幼儿观察画面，师幼一起欣赏作品。

教师：你看到了什么？

根据幼儿回答逐次讨论画中所呈现的景色、画面中人物的关系等。

教师：画上的人物是谁？她们两个坐在这里干什么？你发现了两姐妹有什么不一样？

帮助幼儿观察人物的表情，用心体验两姐妹的感受。

教师根据幼儿的回答进行小结。

与幼儿一起感受整幅画面的色彩给人们带来的视觉感受。播放柔美的音乐。

教师：两姐妹的周围都有哪些美丽的景色？是什么颜色的？

教师：你喜欢这幅画吗？请你为它起个名字。

小结：这幅画的名字叫《两姐妹》，它是法国印象派画家皮埃尔·奥古斯特·雷诺阿画的。在他的笔下，孩子们天真可爱，纯洁善良，阳光、鲜花、树木、原野等充满生机，令人向往。他的一生都很贫困，还常常生病，但这一切并没有影响他的画作，他的作品总是甜美与明亮的。他画了许多作品，这是其中的一幅。

3.引导幼儿大胆表现生活中的美景。

教师：你有自己的姐姐或妹妹吗？你们一起想去哪里呢？

教师：请你选择自己喜欢的颜色，把你和姐姐或妹妹画出来，画好后在背景上添画你们要一起去的地方吧！

幼儿画好后，互相讲述画面内容。

超级链接

法国印象派画家奥古斯特·雷诺阿

皮埃尔·奥古斯特·雷诺阿（1841—1919），是出生在法国巴黎的经典印象派画家，以画人物出名，他的画作充分表达了甜美、悠闲的气氛，还以表现丰满、明亮的脸和手最为经典。代表作品有《煎饼磨坊的舞会》《船上的午宴》《罗曼·拉柯小姐》《夏尔潘蒂埃夫人和她的孩子》《游艇上的午餐》《浴女》等。

活动延伸建议

在区域中展示更多的名家名作，引导幼儿从色彩、造型、制作方式等方面欣赏和感受作品的造型美等并开展"学大师画画"活动。

日常教育

1.了解周围环境各种人物的不同，观察和感受常见景物造型美，鼓励幼儿根据自己的想法大胆地表达与交流。

2.在过渡环节，安排幼儿欣赏各种世界名画，并说一说自己在画作的理解和感受。

家园共育

1.在家长的指导下，欣赏生活中美好的事物，与家长一起交流、讨论自己的想法。

2.家长可以带领幼儿去参观艺术博物馆或各种画展，引导幼儿学会欣赏各种风格的画作，感受画作表现出来的各种美感。

环境创设

1.布置"学大师画画"墙饰，展示一些幼儿模仿大师画作的绘画作品，供幼儿之间分享、欣赏与交流。

2.布置"世界名画鉴赏会"，幼儿将收集到的世界名画挑选出自己喜欢的画作，集中展示。通过展示，引导幼儿学会欣赏不同画作里的人物及景物，说说自己喜欢画作的理由。

活动二　我　的　梦

活动目标

1.学习表现睡觉时的人物。

2.大胆想象故事情节，以单幅画的形式表现内容。

3.学会讲述自己的梦，大胆想象、表达与交流。

活动准备

1.经验准备：有过睡觉时做梦的经历。

2.物质准备：范画一幅、油画棒、记号笔、绘画纸等。

活动重点

学习表现睡觉时的人物。大胆想象故事情节，以单幅画的形式表现内容。了解人物的

基本特征，产生对人物画的兴趣。

活动难点

1.学习表现睡觉时人物姿态的方法。

2.大胆想象梦中的故事，用绘画的方式进行表现。

活动过程

1.出示儿童画作《我的梦》，幼儿欣赏，教师讲述故事。

教师：朵朵今年3岁了，是新入园的小班小朋友。第一次离开爸爸、妈妈的朵朵心里很害怕。可是，当老师、小朋友和她一起唱歌、跳舞、讲故事、做游戏时，朵朵玩得可开心了。到了晚上，朵朵睡得可香了，她还做了一个甜甜的梦呢！

教师：你从哪里看出她是在睡觉？睡觉的时候，身体的姿势是怎样的？

教师：小妹妹是朝上躺着、还是侧身躺着？为什么画她侧身躺着？（既能看见表情，又是最舒服、最有利健康的姿势）侧身躺着时，是先画身体，还是先画手？为什么？（手放在前面，所以先画手臂，再画身体。注意谁在前，谁在后，两者之间的遮挡关系）

教师：小妹妹做的是恶梦，还是美梦？你从什么地方可以看出来？（脸上笑眯眯的，表明是在做美梦）

教师：小妹妹梦见了什么呢？（白云是垫子，星星是玩具，有的小朋友在云上跳绳，有的在踢毽子……在白云上玩是平时做不到的事，所以是美梦）

教师：你们也做过梦吗？梦见些什么呢？

2.提出创作要求，"画画我的梦"，幼儿大胆创作。

幼儿作画，教师指导要点。

事先考虑画面上梦境与人物的位置关系。

引导幼儿思考：做梦的人和梦里的人有什么不同？（做梦的人一定要躺下，闭着眼睛；梦里的人睁着眼睛，动作随便怎样；做梦的人大，梦里的人小；做梦的人单色，梦里的人彩色）

画出人物不同的睡姿、不同的梦境。

3.欣赏与评价。

教师：画中的你睡着了没有？请"睡着的小朋友"说说梦见了什么。

活动延伸建议

在区域中提供正面、背面、侧面人物动作、姿态，鼓励幼儿大胆表现。

日常教育

利用晨间谈话环节，引导幼儿说一说自己做的梦，里面都有谁、发生了什么事情，通过讲述获得有关梦境的经验，为后面绘画创作做准备。

家园共育

在家长的指导下，观察家里的亲人，分辨亲人的外貌、着装特征。

环境创设

布置"我的梦"墙饰，将幼儿绘画的作品《我的梦》收集起来，张贴在墙上，引导幼儿分享与交流自己的作品，说说自己做了一个什么梦，锻炼幼儿语言表达能力和倾听能力。

艺术与创造

活动三 拉 拉 钩

扫码听音乐7-1

扫码看视频7-1

活动目标

1.学习用不同方法表现歌曲中人物情绪的变化。

2.根据歌曲内容，创编相应的动作并进行歌唱表演。

3.感受歌曲中两种不同情绪的变化，会调整自己的负面情绪。

活动准备

1.经验准备：会玩"拉拉钩"的游戏。

2.物质准备：《拉拉钩》音乐伴奏。

活动重点

能用不同方法表现歌曲中人物情绪的变化。

活动难点

1.用快而断顿的方法和慢而连贯的方法分别表现歌曲中两种不同的情绪。

2.创编不同的动作，表现歌曲中两种不同的情绪。

活动过程

1.导入活动。

（1）幼儿讨论，引出话题。

教师：大家都有自己的好朋友吗？你们平时在一起是怎么玩的？你和好朋友生过气吗？你们是怎么处理的呢？

（2）介绍歌名，倾听歌曲第一遍。

教师：今天，老师要请小朋友听一首歌曲，名字就叫"拉拉钩"。我们一起听听，歌曲里的两位小朋友发生了什么事情？

2.学唱新歌。

（1）教师范唱，幼儿通过倾听和欣赏，体验歌曲中好朋友之间的情绪变化。

教师：歌曲里唱了什么？猜猜这两位小朋友为什么会生气呢？两位好朋友又是怎样和好的呢？

（2）请幼儿倾听歌曲第二遍，帮助幼儿进一步理解歌曲内容，熟悉歌曲旋律。

（3）幼儿模仿教师，跟随音乐伴奏，学习哼唱新歌。

（4）引导幼儿跟随教师学唱歌曲，一句一句学唱。

（5）引导幼儿分别用快而断顿的方法和慢而连贯的方法表现两种不同情绪。

3.合作表演。

（1）鼓励幼儿根据歌曲内容，创编相应的动作和表情。

教师：请小朋友们想一想，我们可以用什么样的动作和表情来表演这首歌曲？

（2）两两结伴，边唱歌边表演，体验合作表演的快乐。

4.变换表演形式。

（1）尝试领唱、齐唱的形式演唱歌曲。

（2）运用两人对唱的形式演唱歌曲，鼓励幼儿边歌唱边表演。

艺术与创造

233

活动延伸建议

1.在区域活动中，让幼儿进行绘画活动"不同心情的我"，学画各种表情，并教育幼儿要做快乐的好孩子，不随便生气。

2.本次活动中，教师引导幼儿能用不同方法表现歌曲中人物情绪的变化，幼儿可以用快而断顿的方法和慢而连贯的方法分别表现两种不同的情绪，也可以创编不同的动作，引导幼儿表现两种不同的情绪，从而帮助幼儿进一步感受歌曲中两种不同的情绪。

区域活动

在音乐区内投放歌曲的音乐，鼓励幼儿在区域活动时边唱边表演。

日常教育

在一日生活的各个环节中，当幼儿之间发生矛盾时，教育幼儿要拉拉钩做好朋友。

家园共育

鼓励幼儿回家把这首歌曲演唱给爸爸、妈妈听。

环境创设

举办"歌唱"比赛，教师在幼儿掌握一定数量的歌曲之后，可以进行歌唱比赛，引导幼儿积极、大胆地演唱自己喜欢的歌曲，通过演唱评选出相关奖项并颁发奖状和奖品。

活动四　好朋友手拉手

扫码看视频7-2

活动目标

1.运用对称剪纸的方法表现人物，提高动手能力。

2.萌发对中国传统剪纸活动的喜爱。

3.体验剪纸活动带来的乐趣，有成就感和自信心。

活动准备

1.经验准备：有过剪纸的经验。

2.物质准备：长方形的纸条、彩色纸、剪刀、彩色笔和剪纸画范例一张。

活动重点

学习剪纸"好朋友手拉手"。

活动难点

1.按要求折好，画出轮廓后再剪。

2.在剪的过程中，注意手的位置不要剪断，这样打开之后，手和手才能牵在一起。

活动过程

1.欣赏范例，引起幼儿剪纸兴趣。

教师：小朋友们，你们想知道这幅手拉手的剪纸作品是怎么做的吗？

教师将范例发给各小组，供幼儿观察、研究、讨论。

小结：这幅剪纸表现的是许多手拉着手、大小相同、连在一起的小朋友。它是将纸对折几次之后，一下子剪成的。

2.与幼儿共同讨论，分析制作的方法与步骤。

将纸折叠后，画出半个小朋友（或一个小朋友）的轮廓，用剪刀沿轮廓线剪开，再打开折叠的纸，然后进行人物装饰，如画五官、给服装着色等。

艺术与创造

3.学习折、画、剪的方法。

（1）将长条纸对折2~3次。

（2）在纸上画出一个小朋友的轮廓线，将小朋友的手一直画到纸的边缘。

（3）用剪刀沿轮廓线剪开，注意手部边缘线不要剪断。

（4）剪好后将折叠的纸打开，画上五官、表情和不同颜色、图案的服装。

4.幼儿制作，教师给予指导和帮助。

帮助个别幼儿掌握剪的方法。

5.丰富活动内容，扩宽创作思路。

启发幼儿思考：除了这种人物的，我们还可以做什么呢？（水果娃娃手拉手、小树手拉手、花朵手拉手、小动物手拉手等）

教师：我们做了这么多手拉手的剪纸。小朋友们能说一说，它们都有哪些共同的地方吗？

小结：打开折叠的纸之后，可以看到手的位置都是连在一起的。所以，在设计图案的时候就要注意，只要画的时候让手的位置或者是花瓣、树枝有相连的地方就可以了。

活动延伸建议

在区域中投放以对边折、对角折、连续折等为基础折法上剪纸作品步骤图，方便幼儿继续探索学习。

日常教育

观察折纸、剪纸图示，引导幼儿进行剪纸创作活动。

家园共育

收集废旧报纸等，提供纸张和彩色笔，在家长的带领下，让幼儿家里进行剪纸制作，装扮自己的卧室。

环境创设

1.在教室内把幼儿创作的作品作为花边等进行展示，幼儿欣赏、观摩同伴的作品，体验剪纸活动带来的乐趣。

2.收集各种民间剪纸艺术品，布置教室墙壁。

活动五　会变魔术的线

活动目标

1.了解线条是塑造形象的基本方式。

2.学会用一笔画下来的方法画出不同的形象，提高想象力和创造力。

3.喜欢用绘画的方式画出自己喜欢的形象。

活动准备

1.经验准备：知道通过线条可以塑造形象。

2.物质准备：儿歌《绳子像什么》，若干根绳子，彩色笔、纸等。

活动重点

了解线条是塑造形象的基本方式。

活动难点

学会用一笔画下来的方法画出不同的形象，提高想象力和创造力。

活动过程

1.导入活动：儿歌《绳子像什么》。

教师：小朋友们，今天，老们给你们带来了一首有趣的儿歌，我们一起来听一听。

教师：绳子像什么？绳子细长长，像小蛇儿在路中央；绳子粗短短，像面条儿Q又软；绳子围圈圈，像列火车开进大花园。

教师：你们从刚才的儿歌里听到了什么？儿歌里说绳子像什么？

幼儿：像小蛇、像面条、像火车。

2.引导幼儿用绳子拼摆出不同的形象。

教师：每个小朋友面前都有一根绳子，今天，我们就来跟绳子做游戏，用这根绳子拼摆出不同的形象，看看谁摆出的形象最多、最像。

幼儿动手操作，用面前的绳子拼摆出小鸟、小花、小鱼等。

小结：小朋友们真棒！可以用这根绳子摆出这么多的小动物、小花什么的。

3.出示幼儿用书《艺术与创造》第5页图片，引导幼儿动笔画一画。

教师：下面，请你们翻到幼儿用书第5页，看看上面的图。说一说，你都看到了什么？

幼儿：有树、小汽车、燕子、鹦鹉……

教师：这些画都是一笔画下来的。现在，请你们用彩色笔沿着线描一描，想一想，怎样一笔画出这些形象的？

教师：你们掌握这种一笔画下来的方法了吗？它有点像咱们的绳子画，用绳子拼摆出小动物或其他物体的轮廓。现在，请你们大胆想象，动笔画一画，看看你们可以一笔画出什么形象。

幼儿在白纸上动笔画画，教师巡回指导，提醒幼儿笔不要离开纸面，要一笔画出自己想象的形象。

教师：小朋友们真棒！一笔画出来这么多可爱的形象。今天，回到家里，可以给爸爸、妈妈表演一下你们学到的新本领！

活动延伸建议

引导幼儿将自己画出来的形象与同伴分享，说一说自己是怎么想的、怎么画的。

区域活动

美工区：投放长短不同的绳子、彩色笔和纸等，引导幼儿用绳子拼摆出不同的形象，再把它一笔画下来，和同伴说说自己的想法。

日常教育

利用过渡环节，引导幼儿用绳子拼摆不同的形象，并向同伴介绍自己的想法。

家园共育

家长和幼儿在家里玩"一笔画"的游戏，引导幼儿学会依据小动物或其他形象的轮廓一笔画下来，激发幼儿的想象力和创造力。

环境创设

布置"会变魔术的线"墙饰，教师收集幼儿一笔画下来的各种形象作品，张贴在墙上，方便幼儿分享与交流：说说自己是怎么画的。

艺术与创造

236

活动六 队形变变变

活动目标
1.欣赏音乐，做队形变换。
2.在熟悉舞蹈动作的基础上，学习按队形变化跳舞。
3.知道在集体舞蹈时，要共同配合，相互协调。

活动准备
1.经验准备：已有排队做操、跳舞的经验，会拍奏身体各部位。
2.物质准备：队形图若干，舞蹈场地，音乐，音响设备。

活动重点
在熟悉舞蹈动作的基础上，学习按队形变化跳舞。

活动难点
能按要求随音乐变换队形。

活动过程
1.复习舞蹈"欢乐舞"。
（1）幼儿随音乐拍奏身体各部位，复习已经学过的舞蹈"欢乐舞"。
教师：大家还记得我们学过的"欢乐舞"吗？我们一起复习一遍。
（2）引导幼儿画出舞蹈"欢乐舞"的基本结构。即：音乐共4句，每句一样长。
教师：这首音乐一共有几句？它们有什么特点？
教师：请大家用图把舞蹈的基本结构画出来。
2.学习变换队形。
（1）出示第一个队形图，请幼儿猜想并尝试实践。
教师：这是怎样的队形呢？我们试着站一站。
（2）再分别出示第二、三、四个队形图，请幼儿猜想并尝试。
（3）将队形图与音乐的每一句对应，要求幼儿在每一乐句的开始变队形，在乐句句尾变成新队形。
3.设计并练习变换队形。
（1）每组幼儿选择4种不同队形，并确定顺序，用图示记录下来。
（2）幼儿根据图示练习并表演。
4.幼儿分组表演。
请每组幼儿将自己设计的队形进行展示。

活动延伸建议
1.整理幼儿编出的各种队形图，贴在教室的墙上，幼儿在过渡环节，自由组合练习。
2.在体育活动中，根据要求变换队形开展活动。

日常教育
在日常生活中引导幼儿变换各种队形排队。

家园共育
家长利用家里的玩具、糖果、积木等，和幼儿一起玩变换队形的游戏。

幼儿编出的各种队形图，贴在教室的墙上，幼儿在活动间隙，自由组合练习。

活动七　我设计的古陶

扫码看视频7-3

活动目标

1.欣赏各种陶罐不同的造型及图案美。

2.用各种线和形组合装饰自己喜欢的陶罐。

3.加深对中国传统艺术的理解和认识，萌发对传统民间艺术的喜爱。

活动准备

1.经验准备：见过陶罐或类似的花瓶、水杯等，了解不同的造型。

2.物质准备：各种陶罐实物或图片、废旧纸板、油画棒。

活动重点

欣赏各种陶罐不同的造型及图案美，用各种线和形组合装饰自己喜欢的陶罐。

活动难点

1.能够从不同的角度欣赏陶罐，感受其造型美和色彩美。

2.利用废旧纸板大胆创作，表达自己的想法和感受。

活动过程

1.欣赏陶罐，激发兴趣。

欣赏收集的陶罐及有关陶罐的图片。

教师：请你们仔细看一看，这是什么东西？（陶罐）它们是干什么用的？（装水、装粮食、装食物等）

2.讨论与交流，感受陶罐的造型美与图案美。

根据幼儿发现，讨论陶罐都有什么形状的，它们什么地方不一样。引导幼儿发现陶罐高矮、粗细的不同及其对称美等。陶罐上都有什么样的花纹？这些花纹是如何搭配的？

3.大胆想象，设计创作。

教师：你想设计什么形状的陶罐，你的陶罐上有什么图案呢？请你用白色的油画棒当画笔，在纸板上设计、创作自己喜欢的陶罐吧！它一定非常美！

提醒幼儿大胆运用各种颜色进行搭配，表现各种线条组合来装饰陶罐。

4.欣赏与交流作品，体会成功。

教师：你觉得自己设计的陶罐怎么样？为什么？你觉得小朋友设计的怎么样？你最喜欢哪位小朋友设计的陶罐呢？为什么？

5.设计青花瓷。

教师：除了陶罐，我们还可以设计什么呢？（花瓶、碗、鼎等）

引导幼儿设计青花瓷的花瓶，用白色的纸板或纸、深蓝色的彩色笔进行创作，画各种装饰效果的花纹，鼓励幼儿多画几笔，增加画面的层次感。

最后进行评价，小结画装饰画的各种笔法，如画波浪线、犬牙线、S线等线条进行装饰，可以用圆形、三角形、半圆形等几何图案进行装饰，也可以用星星、圆点、方格、小

花等图案进行装饰。

活动延伸建议

在区域中提供牛皮纸、砂纸等，引导幼儿设计古陶、花瓶等物品，体验不同操作材料创作的美。

日常教育

组织幼儿欣赏更多的民间艺术作品。

家园共育

请家长和幼儿一起利用废旧纸板设计更多的古楼、古塔等建筑物。

环境创设

在教室内布置"我设计的古陶"展览，摆放或悬吊一些幼儿创作的作品，供幼儿互相欣赏与交流。

主题二　趣味变变变

活动一　听

扫码听音乐 7-2

活动目标

1.学唱歌曲《听》，感受三拍子歌曲中的强弱节奏。

2.通过对歌曲的理解，利用动作、声音来表现三拍子节奏，掌握三拍子节奏的特点。

3.依据生活经验创编新歌词，并跟随琴声模唱出来，体验创编歌曲的快乐。

活动准备

1.经验准备：事先带领幼儿回忆生活中的各种声音。

2.物质准备：录音机、音乐《听》。

活动重点

感受三拍子歌曲中的强弱节奏。

活动难点

能依据生活经验创编新的歌词，并能跟随琴声模唱出来，体验创编歌曲的快乐。

活动过程

1.设置情景，学唱新歌。

（1）教师：小朋友们听一听，这是什么声音？（风声）

（2）教师轻声唱歌，幼儿欣赏。

（3）和幼儿一起学习歌词"我听见风儿在呼呼吹"，并随音乐练习演唱。

（4）引导幼儿讨论风声渐强、渐弱等的变化，学习用不同形式表现风声。

教师：你们发现，歌曲中的"风声"有怎样的变化？

教师：风声强的时候，我们可以怎样演唱？风声弱的时候，我们可以怎样演唱？

教师引导幼儿根据歌曲的内容、节奏，将三拍子的强弱表现出来，帮助幼儿掌握三拍子节奏的强弱变化。

2.创编新歌词。

教师：风儿的歌唱得真好听。我们还听到了什么声音？

教师尝试将幼儿说的内容唱出来，如：树叶在沙沙响、小河在哗哗流、小狗在汪汪叫。

（1）引导幼儿大胆创编歌词。

（2）幼儿试唱自己创编的歌词。

3.组合表演。

（1）幼儿自由组合，协商表演内容。

（2）每组幼儿根据内容，挑选道具，进行练习。

（3）以组为单位分别展示与欣赏，教师及时评价。

活动延伸建议

1.寻找生活中的各种声音，并尝试改编、演唱。

2.在音乐区投放各种道具，幼儿自由挑选、自己打扮，自己表演。

区域活动

音乐区：提供各种道具，幼儿自由挑选、自己打扮，自己表演。

日常教育

利用幼儿自由活动时间，为幼儿播放一些三拍子的歌曲及音乐供幼儿欣赏，帮助幼儿熟悉三拍子的音乐。

家园共育

1.生活中，家长注意引导幼儿倾听周围的各种声音，积累幼儿相关经验。

2.家长引导幼儿改变歌词，演唱歌曲。

环境创设

在表演区投放《听》这首歌曲的音乐，引导幼儿跟着音乐唱一唱，边唱边表演自己创编的动作，通过表演唱提高幼儿的音乐感受力与表现力。

活动二 豆 米 画

扫码看视频7-4

活动目标

1.感知各种豆、米类物品。

2.尝试利用豆类的不同颜色，大胆表现豆贴画作品。

3.通过动手制作作品，体会创造的乐趣。

活动准备

1.经验准备：能画出自己想画的事物，有创编经验。

2.物质准备：每张桌子上放有各种豆子（青豆、黑豆、绿豆、红豆、蚕豆、豌豆……）、各种米（大米、小米、黑米……），剪刀，乳胶，记号笔，蜡笔等。

活动重点

大胆想象，根据材料进行创意设计。

活动难点

1.学习不同材料的创作方法。

艺术与创造

2.能根据自己的意愿选择材料进行创作。

活动过程

1.出示实物，激发兴趣。

出示豆罐及米罐。教师摇一摇，让幼儿观察，里面装了哪些豆宝宝、米宝宝。

2.自由观察，探索豆、米类物品。

教师：这些豆、米为什么会发出不同的声音？它们长得怎么样？（颜色、大小、形状不一）

教师：在这些豆、米里，你喜欢哪种呢？为什么？

教师：不同的豆、米本领可大了，它们有着非常丰富的营养，能做很多好吃的食物。因此，我们小朋友要多吃、常吃豆类食品，让我们的身体长得壮壮的。

3.出示范画，欣赏作品。

教师：这些豆、米都穿着漂亮的衣裳，看上去五颜六色的，我们还可以用它们来装饰图画呢！

幼儿欣赏豆贴画作品，看看这些作品都用了哪些豆和米。

4.幼儿创作表现。

教师：请你们来试一试，用五彩豆、米来装饰自己的绘画作品。

幼儿自由创作，教师巡回指导。

帮助个别能力弱的幼儿大胆想象。

制作过程：

（1）先要在纸板上用蜡笔画出轮廓来。

（2）选择不同颜色的豆米，蘸上乳胶后，粘在纸上。

（3）全部粘完之后，作品就完成了。

提醒：

（1）幼儿不要把豆宝宝、米宝宝放进嘴巴、鼻孔和耳朵里，以免发生危险。

（2）幼儿拿作品的时候，不要竖着拿，以免豆米粘得不牢掉下来。将作品进行晾晒，等乳胶干了，就能把豆米粘牢了。

5.欣赏与交流作品。

活动延伸建议

在区域中开展手工粘贴活动，引导幼儿用点状（豆米类物品）、面状（图形等）、线状物（毛线绳等物品）粘出的多种物体进行添画创作。

日常教育

了解周围常见果壳的外形及名称，鼓励幼儿根据果壳外形进行想象与创作。

家园共育

在家长的指导下，制作联想创意画。与爸爸、妈妈一起收集果壳、毛线等，进行果壳、毛线等粘贴装饰创作。

环境创设

在教室内布置"我们的设计"展板，摆放一些幼儿作品，供幼儿互相欣赏与交流。

艺术与创造

活动三　蔬菜来画画

扫码看视频7-5

活动目标

1.观察与欣赏，初步了解制作蔬菜拼盘的方法。

2.尝试用剪、切的方法制作不同形状的蔬菜切片，有创意地制作蔬菜拼盘。

3.通过蔬菜拼摆造型，体会不同材质的物体也可以创作美术作品的乐趣。

活动准备

1.经验准备：有过拼摆不同几何造型来表现事物的经历。

2.物质准备：各种蔬菜、蔬菜拼盘实物、塑料小刀每组2把、剪刀、纸盘、垫板、抹布等。

活动重点

观察与欣赏，初步了解制作蔬菜拼盘的方法，能大胆尝试。

活动难点

1.用剪、切的方法制作不同形状的蔬菜切片。

2.有创意地制作蔬菜拼盘。

活动过程

1.引起兴趣，观察蔬菜拼盘实物。

（1）谈话引入主题。

教师：小朋友们，平时你们都爱吃什么菜呀？这些菜不仅好吃，而且还非常漂亮！小朋友们快看看，这是什么啊？

（2）观察蔬菜拼盘实物。

教师：你们都看到了什么？都是装在哪里的？（教师说出这叫"蔬菜拼盘"）

教师：你看了之后觉得怎么样？为什么？

引导幼儿从蔬菜的色彩搭配、形状、造型等方面感知拼盘的装饰艺术。

教师在幼儿观察的基础上讲解蔬菜拼盘的制作方法。教师：这些蔬菜还有一个很好听的名字，叫"冷拼盘"，都是由我们比较熟悉的一些蔬菜做成的。瞧，这花是胡萝卜做的，这叶是黄瓜片做的，这树枝是芹菜做的，这树干是黄瓜片做的。

教师：小朋友们，你们想不想学做这些菜呀？你想做个什么样的蔬菜拼盘呢？

（3）教师示范切的技能，幼儿学习并动手操作。

示范横切和竖切。切的时候，注意将蔬菜平整的一面放在案板上。请幼儿将切好的蔬菜分别放在不同的盘子里，不能混在一起。然后，根据自己的需要拼摆在白色的纸盘里，这样就会做出一盘漂亮的蔬菜拼盘了。

2.讨论协商，操作探索。

教师：制作蔬菜拼盘需要哪些材料和工具？

提出制作蔬菜拼盘的注意事项及要求，鼓励幼儿大胆尝试，互相合作、协商，注意安全、卫生。

教师适当引导幼儿，随时帮助幼儿解决困难。

鼓励能力强的幼儿为自己的蔬菜拼盘取个好听的名字。

艺术与创造

3.交流展示，分享成果。

请幼儿将自己制作的蔬菜拼盘介绍给同伴或教师听。

教师：你们的蔬菜拼盘叫什么名字？是用哪些蔬菜做成的？

活动延伸建议

在区域中提供更多的蔬菜、水果开展制作蔬菜、水果拼盘活动，引导幼儿用食物有创意地制作拼盘。

日常教育

了解常见蔬菜的外形及名称，鼓励、引导幼儿根据蔬菜的外形进行想象与创作。

家园共育

在家长的指导下，制作蔬菜水果沙拉、拼盘等。

环境创设

在教室内布置"香香的蔬菜拼盘"展区，摆放一些幼儿自己制作的蔬菜拼盘，供幼儿互相欣赏与交流。

活动四　胡　说　歌

扫码听音乐7-3

活动目标

1.学习弱拍起唱，注意休止节奏。

2.通过身势动作有节奏地表现音乐节拍，尝试用诙谐的表情演唱歌曲。

3.从生活中寻找趣事来创编新的歌词，体会创编的乐趣。

活动准备

1.经验准备：有用身体动作来表现音乐节拍的经验。

2.物质准备：节奏图谱一幅。

扫码看视频7-6

活动重点

能掌握弱拍起唱。

活动难点

1.学习弱拍起唱。

2.发现歌曲可笑、诙谐、幽默的风格，并尝试用诙谐、幽默的表情进行演唱。

活动过程

1.运用身势动作表现音乐节奏，引导幼儿学习歌曲节奏。

（1）教师演示身势身势动作表现音乐节奏，请幼儿观察。

教师：老师为大家表演一段身势动作。你们仔细看，老师演示的节奏是什么？

（2）教师根据幼儿的讲述，出示各种身势节奏标志。

（3）教师请幼儿看图示演奏《胡说歌》的基本节奏。

教师：这是一段怎样的节奏？请你看着图谱来演奏一下。

×× — | × × × × × × × × | × — — ○ |

2.学习歌词。

（1）在身势节奏弱拍处添加上"你把"，引起幼儿学习兴趣，利于幼儿掌握弱拍起唱的方法。

（2）继续出现歌词"你把袜子穿在……"和"你把袜子穿在耳朵上吗"。

（3）运用嵌字的方法解决休止符的问题，如没有或不是。

3.学唱歌曲。

（1）幼儿完整地倾听音乐，了解音乐的完整形象。

（2）解决弱拍起唱的问题。要求幼儿将"你把"唱得轻一些。

（3）解决休止符的地方，请幼儿把休止的节奏唱在心里。

（4）教师轻弹钢琴，幼儿完整跟唱。

4.讨论用怎样的情绪演唱歌曲。

（1）教师：袜子应该穿在什么地方？如果将袜子穿在耳朵上，你觉得怎么样？

引导幼儿发现歌曲内容的可笑、诙谐与幽默。

（2）介绍歌曲名称"胡说歌"。

（3）尝试用诙谐、幽默的表情进行演唱。

5.运用多种形式进行练习。

（1）教师在×× ｜×× ×× ×× ×× ｜×——〇 ｜的第三小节的2、3拍(——)处分别嵌字"可笑""不行""没有"增加演唱的趣味性。

（2）出示"帽子"和"背心"，请幼儿替换部分内容进行演唱。

（3）分组合作演唱，一组幼儿确定演唱内容，另一组幼儿用"不是""没有"等回答。

活动延伸建议

1.将歌曲节奏图谱放到音乐区，请幼儿反复练习。

2.请幼儿在生活中寻找、发现有趣的事情，并尝试将有趣的事情改编成新歌词进行演唱。

日常教育

请幼儿在一日生活中寻找、发现有趣的事情，并用歌曲的旋律演唱。

家园共育

家长可以和幼儿在一日生活中寻找、发现有趣的事情，并用歌曲的旋律演唱。

环境创设

在教室内张贴歌曲结构图谱，幼儿可以在过渡环节演唱歌曲或创编歌曲。

主题三　动物联欢会

活动一　青蛙呱呱

扫码听音乐7-4

扫码看视频7-7

活动目标

1.在自由拆解折纸作品中探索学习青蛙折法，锻炼幼儿的动手能力。

2.尝试解决折纸过程中遇到的问题。

3.激发幼儿对折纸活动的兴趣，体验制作带来的快乐。

活动准备

1.经验准备：会通过简单的折纸表现事物。

2.物质准备：正方形纸若干、青蛙作品若干，A4纸，区域活动投放折纸灯笼、折纸风琴的成品、半成品以及材料（熟练掌握四角向中心折和撑开的技能），轻音乐。

活动重点

尝试在自由拆解折纸作品中探索学习青蛙折法。

活动难点

在观察图示的过程中，尝试解决折纸过程中遇到的问题，完成自己的创作。

活动过程

1.折纸青蛙导入，激发兴趣。

教师：今天，老师请来了一位小客人。它在哪儿呢？它在老师的口袋里。会是谁呢？我们大家拍手欢迎。

教师（小青蛙口吻）：我来了，我来了！（教师出示作品并唱歌）呱呱，我是一只小青蛙。

教师：老师手里的青蛙可以玩，你觉得可以怎么玩呢？

播放轻音乐，幼儿跟着音乐按照自己的想法玩折纸青蛙。

2.探索青蛙的折法，形成步骤图。

（1）自主探索。

教师：这么好玩的青蛙，是怎么折成的呢？小朋友们自己试一下，一步一步拆开，然后一步一步折好，看能不能折成好玩的青蛙？

幼儿独立拆解，教师巡回指导，及时给予鼓励。

（2）共同探索。

教师出示范例青蛙作品，同幼儿一起分步拆开并呈现每一步的形状，形成拆解步骤图。

（3）整体示范。

翻转拆解步骤图，形成折纸步骤图，通过提问让幼儿明确折纸每一步的详细要求。

3.按步骤图折青蛙，学习小青蛙折法。

（1）按步骤图示熟悉青蛙折法。

鼓励幼儿按记忆结合步骤图独立折叠，尝试自主解决折纸过程中遇到的困难，完成作品。

教师巡回观察幼儿情况，及时给予引导。

（2）游戏：小青蛙跳远比赛。

教师：小朋友都学会了折青蛙，折得又整齐又漂亮！今天，青蛙妈妈要让小青蛙比赛跳远的本领，看看有哪些小青蛙参加比赛呢？请把你的小青蛙折出来，参加比赛吧！

4.欣赏与交流，装饰作品。

幼儿选出最喜爱的作品，用涂色、绘画、添画等多种自己喜欢的方式进行装饰。

活动延伸建议

在区域中投放以对边折、对角折为基础折法上的几种作品步骤图，方便幼儿继续探索学习。

艺术与创造

日常教育

观察折纸图示，引导幼儿进行折纸创作活动。

家园共育

收集废旧报纸等，提供纸张和笔，在家长的带领下，让幼儿在家里进行制作，装饰自己的卧室。

环境创设

在教室内展示幼儿创作的作品。幼儿互相欣赏观摩同伴的作品，体验折纸活动带来的乐趣。

活动二　狮王进行曲

扫码听音乐7-5

活动目标

1.了解乐曲结构，感知狮王威武、雄壮的音乐形象，并能听辨出狮王咆哮的旋律。

2.能较准确地表现音乐形象，培养幼儿用身体动作表现音乐的能力。

3.愿意用身体动作表现音乐，表演中体验快乐。

扫码看视频7-8

活动准备

1.经验准备：会欣赏音乐，知道能通过音乐表现事物。

2.物质准备：图谱、头饰、动物图片。

活动重点

了解乐曲结构，感知狮王威武、雄壮的音乐形象，并能听辨出狮王咆哮的旋律。

活动难点

能用身体动作准确地表现音乐形象。

活动过程

1.完整欣赏音乐。

（1）请幼儿听一段音乐，自由猜想。教师：你想到了什么？到底讲了一件什么事？

（2）教师：请大家一起来听故事：在一个森林里，住着狮子大王和许多小动物。一天，森林里要举行"动物狂欢节"。所有的小动物都来迎接狮王，小猴子第一个看见了，报告"狮王驾到"。所有小动物列队，拍手欢迎狮王。威风凛凛的狮王一步一步走来了。狮王大声吼叫，小动物们吹奏喇叭。小动物们为了讨好狮王，为它跳起了欢快的舞蹈，狮王也和小动物们一起欢乐。狮王很高兴大声吼叫，和小动物们一起游戏。

（3）再次欣赏音乐。

提问：我们再来听一遍音乐，听听什么地方是小猴子看见狮王了，什么地方是狮王出场了，什么地方是狮王在吼叫，什么地方是小动物们在为狮王跳舞？（幼儿听音乐，教师画图谱）

2.验证想法，分段理解。

（1）欣赏引子，提问：这段在讲什么？

教师：原来森林里要举行动物狂欢节，小动物都来迎接狮王。小猴子第一个看见了狮王。

艺术与创造

（2）欣赏 A 段，教师：这段在讲什么？

教师：听了音乐，你觉得这是只什么样的狮子？我们一起来学学狮王走路。

（3）欣赏 B 段，教师：狮王出场了，它又在干什么？

教师：一起来听听，什么地方狮王在吼叫，什么地方小动物们在吹喇叭？听到马上告诉我。一起学学狮王吼叫，听到吹喇叭时停下。

（4）欣赏 C 段，教师：这段又在讲什么？小动物们在讨好狮王。

3.再次完整欣赏音乐。

教师：我们再来听一遍音乐，这次边听音乐边做动作。

4.集体听音乐玩游戏。

（1）教师扮小猴，一名幼儿扮狮王，其他幼儿扮小动物。

（2）幼儿戴头饰分角色游戏，听音乐，在相应的段落做相应的动作，进行表演。

活动延伸建议

1.在音乐区投放头饰，幼儿自由表演"狮王进行曲"。

2.幼儿在美工区画水粉画"威风的狮王"。

日常教育

在日常生活中要注意观察各种小动物的特征及动作，帮助幼儿积累经验。

家园共育

家长和幼儿共同欣赏《狮王进行曲》并进行表演。

环境创设

在音乐区投放《狮王进行曲》的音乐，教师为幼儿提供各种乐器，引导幼儿为音乐伴奏。也可以提供狮王、小狮子和各种小动物的头饰，让幼儿听音乐进行表现，结合音乐的不同段落，扮演相应的动物进行表演。

活动三　老鼠嫁女

活动目标

1.了解《老鼠嫁女》的故事内容，对民间故事产生兴趣。

扫码听音乐7-6

2.有目的地思考作画步骤，尝试运用刮画的方式表现老鼠的动态。

3.与同伴一起有兴趣地表现老鼠嫁女儿的热闹场面。

活动准备

1.经验准备：知道《老鼠嫁女》的故事内容。

2.物质准备：各种动态的老鼠和器具若干，轿子，红底的刮画纸、竹签笔，双面胶。

活动重点

了解《老鼠嫁女》的故事内容，对民间故事产生兴趣。

活动难点

1.学习刮画的方法，尝试运用刮画的方式表现老鼠的动态。

2.有目的地思考作画步骤，并与同伴一起有兴趣地表现老鼠嫁女儿的热闹场面。

活动过程

1.谈论老鼠，引发兴趣。

教师：老师听说你们最近听了一个关于老鼠的故事，这个故事叫什么名字？谁能为我们来讲一下呢？最后，老鼠的女儿嫁给了谁？结果，猫把老鼠新娘怎么样了？

2.欣赏《老鼠嫁女图》，商讨人物动态。

教师：鼠爸爸要嫁女儿了，大小老鼠来帮忙，多热闹啊！

欣赏《老鼠嫁女图》，教师：老鼠亲戚们在做什么呢？它们手里都拿些什么，有什么用？

逐一观察画面上锣鼓、彩旗、轿子、灯笼、装嫁妆的箱子等物。

教师：这一幅《老鼠嫁女图》上有这么多只老鼠，我们今天要用一种新的绘画形式画出每一只老鼠，好吗？

将小老鼠和物品各放一边，采取共同寻找匹配的方法，让每一个小老鼠都能参加婚礼。

讨论小老鼠的手、身体和物品的作画先后顺序，并在绘画中得到证实。

3.运用刮画的方式大胆进行创作。

幼儿按自己的喜好，任选一位老鼠客人，思考客人携带的是什么物品。

边画边思考作画步骤，按角色的需要，表现老鼠的动态。

按幼儿不同的作画速度，鼓励大家多画几只不同的老鼠。

4.展示、观赏作品中的老鼠送亲的队伍。

教师：这么多只老鼠来参加送亲仪式，看看队伍有多长？

教师：数一数，有几只老鼠来参加婚礼？

教师：哪里还能增添老鼠？这些老鼠可以做什么？

超级链接

老鼠嫁女的民俗

《老鼠嫁女》的民间传说，在我国很流行。旧时民间俗称"老鼠嫁女"，亦称"鼠娶亲""鼠纳妇""老鼠娶亲"等，是传统民俗文化中影响较大的民俗活动之一，一般在正月举行祀鼠活动，其情节"版本"不一，具体日期因地而异。有些地方的人认为正月初三为小年，传说初三晚上是老鼠结婚日，所以深夜不点灯，在地上撒米、盐，人要早晨上床，不影响老鼠的喜事。

活动延伸建议

1.在区域中提供或自制绿底、黄底、蓝底等不同颜色的刮画纸，鼓励幼儿大胆尝试利用不同颜色的刮画纸表现不同的场景。利用颜料流淌等多种方法想象、表现各种各样的事物。

2.鼓励幼儿利用红色彩笔等不同的绘画工具与方式创作《老鼠嫁女》。

日常教育

了解更多的绘画方法，鼓励幼儿探索多种方式进行创作。

家园共育

在家长的指导下，了解更多的民间故事。

环境创设

在教室内布置"老鼠娶新娘"的展览，摆放幼儿创作的作品，供幼儿欣赏与交流。

活动四　泥贴瓶子

扫码看视频7-9

活动目标

1.学习运用泥塑中搓条、压扁等技法。

2.塑造基本造型，设计、装饰瓶子。

3.大胆想象，主动探索，感受手工制作带来的乐趣。

活动准备

1.经验准备：有过用橡皮泥或黏土创作作品的经历。

2.物质准备：黄泥或者彩泥，泥工板，废旧瓶子，乳胶。

活动重点

能运用泥塑中搓条、压扁等技法，塑造基本造型。

活动难点

将塑造出的基本造型设计、装饰到瓶子上。

活动过程

1.回忆以前画过的花瓶，导入活动。

教师：小朋友们已经画过花瓶了。今天，我们用彩色的橡皮泥来装饰一个瓶子。

教师：我们要想一想把瓶子的外面装饰成什么场景？（海底世界、热带丛林、满天星空、幼儿园、动物园等）

2.请幼儿讨论并演示泥贴瓶子的具体方法。

教师：你会怎样装饰瓶子呢？

幼儿自由讨论，依据确定好的内容，进行橡皮泥创作。

先设计一下需要制作的基本造型，如海底世界要有各种各样的鱼、海带、珊瑚、贝壳等。接下来，就要用不同颜色的彩泥做出这些基本造型。然后，再将它粘贴到瓶子的外壁上。粘的时候要注意，因为瓶子表面很光滑，所以不容易粘住，要用乳胶粘才行。

3.幼儿操作，教师鼓励幼儿大胆创新，尝试探索各种可能的方法制作橡皮泥贴瓶子画。

4.继续用橡皮泥在纸上作画。

教师：我们还可以用橡皮泥做什么呢？对，就是用橡皮泥在纸上作画。要怎么做呢？

（1）首先，选好橡皮泥，将它揉成圆球状，再压扁，继续用手掌搓成细长条，用这根细长条围合出一个花瓶的轮廓。

（2）其次，用橡皮泥捏出各种造型来，将这些造型装饰到花瓶的轮廓里，自由摆放。

（3）最后，请幼儿给完成的作品起个名字，再介绍一下自己是如何做的，与同伴互相欣赏、交流技法。

活动延伸建议

在区域中开展多种泥塑活动：为幼儿提供彩泥或油泥，让幼儿自由塑形，引导幼儿借助瓶盖、牙签等工具进行图案装饰创作。

日常教育

了解更多的泥塑技能，鼓励幼儿尝试装饰盒子、笔筒等。

艺术与创造

家园共育

在家长的指导下，可以用撕纸、剪纸碎片来粘贴花瓶或用蛋壳制作蛋彩花瓶，并进行装饰。

环境创设

在教室内布置"泥塑吧"，摆放一些幼儿的泥塑作品，供幼儿互相欣赏与交流。

活动五　金蛇狂舞

扫码听音乐 7-7

活动目标

1.感受乐曲热闹、欢快的气氛，喜欢中国民乐。

2.学习并演奏乐曲中的基本鼓点，通过表演了解乐曲ABA的曲线结构。

3.能较准确地拍出各种鼓点，萌发对民族音乐的喜爱之情。

活动准备

1.经验准备：听过中国鼓乐的基本节奏，之前有过用身体动作模仿打节奏的经历。

2.物质准备：黑板、粉笔。

活动重点

感受乐曲热闹、欢快的气氛，喜欢中国民乐。

活动难点

学习并演奏乐曲中的基本鼓点，通过表演了解乐曲ABA的曲式结构。

活动过程

1.完整欣赏乐曲。

完整欣赏民乐《金蛇狂舞》。

教师：今天，老师给大家带来了一首好听的音乐，我们一起欣赏一下吧！

2.教师：这段音乐有什么感觉，为什么？这段音乐中有哪些乐器呢？

引导幼儿听辨民乐，教师介绍乐曲中的民族乐器，感知民族音乐的特点。

3.理解音乐。

（1）教师随音乐画图，幼儿再次欣赏音乐，进一步理解乐曲的结构。

教师出示图谱。幼儿看图谱，再次欣赏音乐。

（2）重点了解中国鼓乐基本鼓点：

（一）× × × × × ×

（二）× × × ×

（三）× ×

（四）×

（3）幼儿运用身体动作模仿打击节奏。

（4）幼儿随音乐尝试用身体动作模仿打节奏。

4.再次欣赏音乐时，幼儿分成两组，随音乐模仿鼓声、镲声进行对话式练习。

咚咚 咚咚 咚咚 咚，锵锵 锵锵 锵锵 锵

咚咚 咚咚 咚，锵锵 锵锵 锵

咚咚 咚，锵锵 锵

咚 锵

5.音乐表演。

一组幼儿组成长龙，在音乐A段表演舞龙游戏。另一组幼儿分别装扮成打鼓和拍镲的人，在B段互相对话节奏，充分感受乐曲的欢快和热烈。

活动延伸建议

1.引导幼儿回忆并讲述元宵节时各地人们的民俗活动。

2.收集奶粉桶或饼干桶自制成鼓，添加到音乐区，幼儿自由敲打。

3.如果幼儿表演兴趣浓厚，可以用纱巾、飘带或绳子等做道具，继续表演，还可以编排完整的节目。

4.在了解中国鼓乐的基本节奏时，让幼儿模仿鼓声和镲声，并用对话的形式练习。

日常教育

幼儿互相回忆、讲述元宵节的热闹场景。

家园共育

1.与幼儿共同收集关于民族乐器的图片，向幼儿介绍其特点。

2.与幼儿共同欣赏其他民乐。

环境创设

1.墙面布置：各种民族乐器的图片。

2.在教室内投放幼儿和教师共同收集的奶粉桶或饼干桶自制成鼓，幼儿自由敲打。

活动六　倒霉的狐狸

扫码看视频7-10

活动目标

1.通过对故事内容的了解，感受和理解音乐。

2.欣赏乐曲，体验曲调重复和速度、力度的变化，并跟随音乐进行动作表演。

3.在合作表演的过程中，学习自我克制和相互配合。

活动准备

1.经验准备：有过用嘴发出声音打拍子的经验。

2.物质准备：故事《倒霉的狐狸》图片或PPT。

活动重点

欣赏乐曲，体验曲调重复和速度、力度的变化，并能跟随音乐进行动作表演。

活动难点

体验曲调重复和速度、力度的变化；在合作表演的过程中，学习自我克制和相互配合。

活动过程

1.通过故事线索匹配音乐。

（1）教师出示故事图片，引导幼儿回忆故事的线索。

（2）教师：在故事《倒霉的狐狸》中，狐狸都遇到哪些倒霉的事情？

幼儿讨论，教师总结：狐狸被钉耙打到了头，掉进了水坑里，又掉进了草堆里，还被面粉埋了，当他向母鸡扑过去时又被母鸡发现了。

（3）教师一边按顺序指图片，一边帮助幼儿梳理故事情节。

2.欣赏音乐，通过故事情节理解音乐的重复结构。

（1）教师随音乐边讲故事边合拍指图片，引导幼儿初步感受音乐节奏。

音乐节奏为：

×× ×× × ××× —|××× — ××× —|×× × ××× ××××|×× ××× ——|

我是 一只	大母鸡	大母鸡	大母鸡	我要 出去 做游戏我 出去 做游戏
一只 狐狸	跟上来	跟上来	跟上来	一只 狐狸 跟上来它 想吃 大公鸡
公鸡 穿过	小篱笆	小篱笆	小篱笆	公鸡 穿过 小篱笆它 穿过 小篱笆
狐狸 跟着 穿篱笆	穿篱笆	穿篱笆	狐狸 跟着 钻篱笆被 钉耙 打了头
公鸡 趟过 小水坑	小水坑	小水坑	公鸡 趟过 小水坑它 趟过 小水坑
狐狸 跟着 趟水坑	趟水坑	趟水坑	狐狸 跟着 趟水坑被 掉到 泥坑里

…………

（2）第二次欣赏音乐时，教师扮演公鸡，幼儿扮演狐狸，初步随音乐做动作，再次感受音乐的重复与速度的变化。

（3）教师和幼儿一起商讨狐狸走路时的节拍、遇到倒霉事情时的停顿，并练习停顿，即身体不动。

3.根据音乐内容创编动作并尝试表演。

（1）教师：狐狸一出门，就遇到了什么倒霉的事情？（被钉耙打到了头）谁能学一学狐狸被钉耙打到头的样子？（幼儿用手捂住头）

（2）教师：狐狸掉进了泥坑里。

幼儿边说边做了一个向下跳的动作表示狐狸掉进了泥坑……幼儿分别又创编了狐狸掉进草堆、被面粉埋、扑向母鸡、钻过篱笆、跳过泥坑、追母鸡的动作。

（3）教师强调狐狸又遇到了什么倒霉的事情？引导幼儿表演出狐狸倒霉的样子。

（4）集体随音乐表演狐狸的动作。

教师：下面，我们一起来做这只倒霉的狐狸，跟着音乐去捉母鸡吧！

教师：这次你们来扮演狐狸，看看你们在这些地方是不是能停住不动，不被母鸡发现。

4.母鸡与狐狸合作表演。

（1）教师扮演母鸡，幼儿扮演狐狸，尝试合作表演。

教师：当母鸡回头看时，狐狸们不能动，也不能发出声音。

教师：那当我第一次回头时，狐狸保持什么样的动作不动？（被钉耙打到头的动作）第二次回头呢？（掉进泥坑的动作）第三次呢？……当我跑回家关门时，狐狸做什么呢？（使劲儿敲门）关窗户呢？（幼儿做使劲儿敲窗户状）

（2）幼儿两两结伴，分别轮流扮演母鸡和狐狸的角色。

教师：你们也来玩一玩"倒霉的狐狸"游戏，好吗？一部分小朋友扮演母鸡，一部分小朋友扮演狐狸。

幼儿1、2报数，分别扮演母鸡、狐狸的角色，母鸡坐在椅子上，狐狸蹲在"母鸡"的后面随音乐表演。第二次交换角色、位置游戏。

活动延伸建议

1.能将故事《倒霉的狐狸》用连环画的形式表现出来。

2.学习用画音乐的方法，体验音乐曲调重复和速度、力度的变化。

3.在体育游戏中，锻炼幼儿身体的控制能力。

区域活动

音乐区：投放音乐、笔和纸，让幼儿学习用画音乐的方法，体验音乐曲调重复和速度、力度的变化。

日常教育

鼓励幼儿进行《倒霉的狐狸》故事表演。

家园共育

1.与幼儿共同讲述故事。

2.与幼儿协商分角色表演音乐，注意锻炼幼儿身体的控制能力。

环境创设

在阅读区投放《母鸡萝丝去散步》绘本，引导幼儿阅读，了解故事相关内容，以便更好地理解《倒霉的狐狸》音乐，并根据内容创编相应的动作。

活动七　纸杯动物园

扫码看视频7-11

活动目标

1.尝试利用纸杯制作常见的动物。

2.锻炼动手能力，激发幼儿对手工制作活动的兴趣。

3.探索废旧材料等的使用方法，体验制作带来的快乐。

活动准备

1.经验准备：有过利用废旧材料自由创作的经验。

2.物质准备：幼儿人手一个纸杯、剪刀、彩色笔、油画棒等。

活动重点

尝试利用纸杯制作常见的动物。

活动难点

让幼儿在观看制作过程中通过启发性的问题，学习制作的方法，完成自己的创作。

活动过程

1.出示纸杯动物范例，引导幼儿欣赏，引发制作兴趣。

引导幼儿观察纸杯动物的材料：看，这是什么？这些小企鹅、小鸡等有什么特别的地方呢？

2.鼓励幼儿探索纸杯动物的制作方法。

教师：一次性纸杯怎么才能变成一个小动物呢？

（1）用铅笔在纸杯上画出动物的轮廓。

（2）用彩色笔把动物相应的部位涂上合适的颜色。

（3）用剪刀剪出动物的耳朵、尾巴或翅膀等。

（4）将动物的耳朵、尾巴或翅膀等贴在相应的位置上。

艺术与创造

3.探索废旧材料等的使用方法，尝试制作纸杯小动物。

幼儿操作，教师观察，及时反馈幼儿不同的方法。

4.集体展示作品。

（1）制作一个"动物园"展区，将幼儿制作的各种纸杯动物放在展区里展示。

（2）将幼儿制作的纸杯动物穿成一串，悬挂起来，用来装饰教室环境，激发幼儿创作的兴趣，继续创作更多不同的动物。

5.教师小结。

纸杯动物在制作的过程中，要注意以下几点：

（1）设计动物造型时一定要抓住动物的主要特征。如做纸杯小鸡时，注意要有红红的鸡冠子，橘黄色的鸡嘴，黄色的鸡翅膀，还要添画眼睛和鸡爪等。

（2）寻找动物造型相近的特征进行创作，如猫、狗、熊等都是四足动物，有尾巴。因此，设计的时候，就要注意把这些特征都体现出来。

活动延伸建议

在区域中投放各种废旧材料，让幼儿大胆运用各种不同的材料和工具进行创作活动。

日常教育

利用幼儿常见的废旧物品及常用工具，引导幼儿进行创作活动。

家园共育

收集废旧纸杯，提供纸张和笔，在家长的带领下，让幼儿在家里进行创作，装扮自己的卧室。

环境创设

在教室内把幼儿创作的动物穿成一串，悬挂到活动室，幼儿自由欣赏，可以跟别的小朋友或教师说一说自己制作的纸杯动物是什么、怎么做的。

主题四 郊外去旅行

活动一 爬 长 城

活动目标

1.通过学习歌曲，感知中国京剧的韵味。

2.哼唱过门，模仿京剧的锣鼓点儿，学做京剧的各种亮相动作。

3.学唱歌曲，进一步加深对京剧的了解与喜爱。

活动准备

1.经验准备：看过与长城有关的图片或视频。

2.物质准备：有关长城的图片，水袖、脸谱、头饰等道具。

活动重点

通过学习歌曲，感知中国京剧的韵味。

艺术与创造

活动难点

模仿京剧锣鼓点儿，模仿亮相、甩袖等。

活动过程

1.谈话导入，激发幼儿兴趣。

（1）出示长城的图片，教师：这是什么地方？你爬过长城吗？说一说你对长城的认识。

（2）教师讲述关于长城的故事，引导幼儿了解中国长城。

（3）播放音乐《爬长城》。幼儿边听音乐边做爬长城的动作。

2.学唱歌曲，理解歌曲内容。

（1）教师范唱，幼儿讲述自己听懂的歌曲内容。

①教师：听完这首歌曲，你觉得这首歌曲和我们平时听到的歌曲有什么不同？

②教师：歌曲里都唱了什么？

（2）教师第二次清唱歌曲，根据幼儿提问，教师唱幼儿没听清楚的歌词，帮助幼儿理解歌词。

（3）学习哼唱过门，引导幼儿感知京剧韵味，模仿京剧的锣鼓点儿，学习教师做出各种亮相动作。

①教师介绍京剧的演唱特点。

②欣赏教师的各种亮相动作。

③引导幼儿模仿京剧的锣鼓点儿，学习哼唱过门。

④引导幼儿学习各种亮相动作。幼儿做动作的过程中，教师随时指导。

（4）幼儿轻声跟唱歌曲，注意把握音乐的节奏、速度和力度等。

①幼儿尝试轻声跟着教师演唱。

②教师利用图谱帮助幼儿理解歌曲的节奏、速度、力度等。

③引导幼儿看图谱演唱，帮助幼儿掌握歌曲的节奏。

3.学习京剧动作并表演。

请幼儿欣赏京剧片段，观察演员的眼神及动作，激发幼儿的表演兴趣。

（1）女孩手持水袖，学习京剧台步。男孩戴脸谱、头饰，手臂拉开，做亮相动作。

（2）男女幼儿根据音乐边唱边表演，体会京剧表演的韵味。

活动延伸建议

1.在美工区张贴京剧脸谱，引导幼儿欣赏京剧脸谱，还要吧装饰脸谱。

1.欣赏著名的京剧片段，进一步了解京剧。

2.排练成表演节目。

区域活动

1.音乐区：投放水袖、脸谱等道具，引导幼儿表演。

2.美工区：引导幼儿绘画京剧脸谱。

日常教育

引导幼儿讨论关于京剧及京剧脸谱的话题，增加幼儿对京剧的了解。

家园共育

家长和幼儿共同欣赏京剧，体会京剧的韵味，感受京剧的艺术魅力。

艺术与创造

张贴各种京剧脸谱及京剧演员的图片，供幼儿欣赏与讨论。

活动二 落叶的故事

扫码听音乐7-8

活动目标

1.欣赏并感受秋天树叶飘落的景色。

2.大胆想象落叶的故事，尝试用彩砂纸进行表现与创作。

3.通过大胆想象、表现作品，体验构思与创作的乐趣。

活动准备

1.经验准备：了解秋天的特征，知道树叶会飘落；有使用砂纸创作的经验。

2.物质准备：彩砂纸、油画棒。

活动重点

欣赏并感受秋天树叶飘落的景色，大胆想象落叶的故事，尝试用彩砂纸进行表现与创作。

活动难点

大胆想象落叶的故事，利用彩砂纸进行绘画。

活动过程

1.出示图片，引出主题。

教师：现在是什么季节？树有什么变化呢？

小结：秋天到了，落叶树的叶子从树上飘落了下来！

2.大胆想象，构思并表现画面。

教师：落叶树的叶子从空中飘落时，会发生什么事情呢？

教师：你感觉树叶飘落是怎样的？

教师：树叶会落在哪儿呢？

教师：请小朋友们想一想，还能把落叶当成什么？

3.鼓励幼儿大胆想象，进行创作。

教师：请你把自己想到的故事画在彩砂纸上。你想怎么安排画面？

教师：哪些地方应该突出？

提醒幼儿注意表现树叶的叶脉。

教师指导幼儿利用彩砂纸进行绘画。条件有限的幼儿园可以将彩砂纸换成棕色的砂纸进行创作，但要提醒幼儿使用砂纸时的选色方法。

4.欣赏并交流评价作品。

请幼儿展示作品，向同伴讲述画面内容。

活动延伸建议

在区域中利用实物树叶进行拼贴活动，进一步感受不同树叶的自然美，并引导幼儿进行添画创作。

日常教育

了解周围常见树叶的外形及名称，鼓励幼儿根据树叶外形进行想象与交流。

艺术与创造

家园共育

1.在家长的指导下，制作树叶标签。与爸爸、妈妈一起到公园、郊外收集落叶，回家将落叶贴在彩色卡纸上，并进行装饰。

2.通过秋游活动，感受、观察秋天的变化后，启发幼儿大胆表达与交流。

环境创设

在教室内布置"树叶拓印画"展览，呈现幼儿树叶拓印作品，供幼儿进行欣赏与交流。

活动三　风筝飞起来

扫码看视频7-12

活动目标

1.欣赏各类风筝的造型与色彩的特点。

2.初步了解人们通过放风筝迎接新春的习俗。

3.放飞风筝，充分感受放飞自己作品的快乐和成功的体验。

活动准备

1.经验准备：课前组织幼儿户外放飞风筝。

2.物质准备：各式风筝，纸，线圈，竹签，胶带，油画棒等。

活动重点

1.欣赏各类风筝的造型与色彩的特点。

2.初步了解人们通过放风筝迎接新春的习俗，加深对中国传统文化的理解和认识，萌发对传统民间艺术的喜爱。

活动难点

1.能够从不同的角度欣赏风筝，感受其造型和色彩的特点。

2.大胆表达自己的想法和感受。

活动过程

1.交流放飞风筝的感受。

教师：我刚才看到小朋友们非常开心！你能告诉大家，你在放风筝时的感受吗？当风筝飞上天时你的感受如何？（开心，成功的喜悦）

教师：风筝为什么会飞？（借助风力，利用气流上下作用在空中飘浮）

教师：你放的是什么样的风筝？（老鹰的、燕子的、蜻蜓的等）

2.欣赏风筝，引导幼儿从造型、色彩、材质等方面进行讨论。

（1）根据幼儿谈话的具体内容进行引导并提问，如当幼儿谈到风筝的造型时，可以提问。

教师：这些风筝是什么样子的？

教师：为什么是这些动物形状的？（这些动物都带有翅膀，或者是鱼尾在空中摇摆很好看）

教师：风筝上画了些什么图案？

教师：这些风筝有什么共同的特点？（对称的，有翅膀，有尾巴等）

教师：它们为什么要做成对称的？风筝下为什么要有尾巴？

艺术与创造

（2）当幼儿谈到风筝的色彩时，可以提问。

教师：这些风筝的色彩怎样？（颜色鲜艳，醒目）

教师：风筝的色彩为什么很鲜艳？看上去怎样？

（3）当幼儿谈到风筝的制作材料时，可以提问。

教师：你知道这些风筝是用什么材料做成的吗？（纸、竹子、线绳，有的带音哨，有响声；有的带灯光装置，离得很远也能看到；有的带一些彩色碎纸屑，到空中可以抛撒，很漂亮）

教师：为什么要用这些材料？（材料轻，容易上天；用线绳牵引，可以控制风筝的方向和高度）

小结：出示各种风筝的图片，观察并总结其图案和造型的特征。如有的图案是动画片中的卡通形象，如喜羊羊、灰太狼、机器猫、孙悟空等；有的图案是动物，如燕子、老鹰、蝴蝶、凤凰等；有的图案是古典图案，如传统的中国结图案、牡丹花、"喜"字等；有的是由多个小风筝穿成一串组成的，如龙的造型、蜈蚣的造型等。

3.讨论人们放风筝的寓意。

教师：你知道人们什么时候放风筝吗？（有风的时候，春天，秋天等）

教师：为什么要放风筝？

4.交流感受。

教师：你喜欢风筝吗？为什么？

教师可以向幼儿讲述自己对风筝的认识与感受。

教师：老师最喜欢沙燕风筝，它是中国最古老的风筝造型。它的外形像一个大字，用色淡雅。当我把它放飞在高高的蓝天上时，看上去就像鸟儿在飞。

5.引导幼儿设计、制作风筝。

（1）幼儿分组讨论，设计不同形状的风筝，鼓励幼儿讲述自己的设计思路，请其他幼儿评说。

（2）让幼儿将自己设计的风筝图案在白纸上画下来。注意整个外轮廓尽可能大一些。

（3）剪下风筝的外轮廓，用胶带把吸管或细竹条粘在四周，中间位置粘成十字形。把长长的线固定在十字形的中间，再在风筝的下面粘贴长长的皱纹纸条。

6.到户外放飞风筝。

放飞自己亲手设计、制作的风筝，体验成功的快乐。

活动延伸建议

在区域中根据幼儿不同的操作水平，提供各种材料，如已剪好的风筝外形和各色彩纸，供幼儿根据自己的意愿设计风筝面，启发幼儿制作不同形状的风筝。剪外形时，应注意剪到纸边，尽可能大些。固定支架时，教师适当给予帮助。

日常教育

组织幼儿欣赏更多的民间艺术作品。

家园共育

家长带幼儿春游或秋游，丰富幼儿对春天和秋天的认知，和幼儿一起放飞自己制作的风筝，并让幼儿将自己看到的、想到的及时画下来，做成《春天里》或《秋天里》的小书，带到幼儿园与其他小朋友分享。

艺术与创造

环境创设

在教室内布置"风筝展"摆放一些幼儿创作的风筝及实物风筝作品，供幼儿进行欣赏与交流。

主题五　快乐时光

活动一　美丽的烟花

扫码看视频7-13

活动目标

1.学习吹画的方法。

2.根据痕迹大胆想象，添画简单的形象。

3.体会大胆、任意想象进行创作的乐趣。

活动准备

1.经验准备：有通过图案进行想象的经验。

2.物质准备：范画3张，短一些、稍粗的吸管（每人一根），颜料，绘画纸。

活动重点

能大胆尝试吹画，大胆想象、主动探索，体验创作的快乐。

活动难点

1.学习吹画的方法。

2.根据痕迹大胆想象添画简单的形象。

活动过程

1.范画导入。

（1）教师：请小朋友们看一看，这几幅画是用什么画的？（油画棒、颜料）那是用什么方法画出来的呢？

教师：这些颜料是用吹的方法画出来的，叫"吹画"。

（2）观察第一张范画，上面有什么？（树、花）请你看这棵树，是怎样吹出来的？（从下往上吹，请幼儿用吸管模仿此动作）

观察第二张范画，上面有什么？（一瓶花）请你看看、想想，可以用什么方法吹出这瓶花的样子？（往左右吹，把吸管左右倾倒，请幼儿用吸管模仿此动作）

观察第三张范画，上面有什么？（烟花）那可以用什么方法吹出烟花呢？（把吸管垂直对准颜料，用大口气使劲儿吹，幼儿用吸管模仿此动作）

2.教师示范，幼儿尝试。

（1）师幼一起想办法，怎样蘸取颜料，才能让它不乱掉，总结出最好的方法：不要蘸太多，轻轻地点在纸上。

（2）教师示范用不同的方法吹画，幼儿观察。

（3）幼儿尝试点颜料，并尝试吹画。

（4）请幼儿说说自己的感受，应该注意些什么。小结方法：要用力吹；吹之前，嘴里

不要有唾液，不然会吹到纸上。

3.幼儿开始吹画，教师观察并指导。

（1）幼儿吹画，教师注意个别辅导。

（2）幼儿吹好后，请他们观察自己所吹的作品，可以把它们添画成什么或变成什么，如变成动物、人的头像、飞机等。

（3）幼儿进行添画活动。教师帮助能力差的幼儿，引导其进行添画。

活动延伸建议

在区域中利用颜料流淌等多种方法想象并表现各种各样的事物。

日常教育

了解更多的绘画方法，鼓励幼儿探索多种方式进行创作。

家园共育

在家长的指导下，进行吹气球活动，还可以在吹好的气球上进行装饰。

环境创设

在教室内布置"美丽的吹画"展览，摆放幼儿创作的作品，供幼儿互相欣赏与交流。

活动二　拍手唱歌笑呵呵

扫码听音乐7-9

活动目标

1.继续尝试根据歌词内容创编动作进行表演。

2.积极、主动地参加小组表演活动。

3.通过演唱、编唱歌曲，体会合作表演、创编歌曲的乐趣。

活动准备

1.经验准备：课前进行过绘画作品《我的眼睛看到了……》的创作。

2.物质准备：相关图片，音乐《拍手唱歌笑呵呵》，笔，纸。

活动重点

能积极、主动地参加小组表演活动。

活动难点

尝试根据歌词内容创编动作并运用多种形式进行表演。

活动过程

1.绘画欣赏，引发兴趣。

（1）欣赏幼儿《我的眼睛看到了……》的绘画作品。

（2）幼儿互相对坐，观察对面小朋友的眼睛，启发幼儿讲一讲从小朋友的眼睛里看到了什么？

2.学唱歌曲。

（1）随着音乐轻声哼唱。

（2）幼儿随音乐伴奏完整地演唱歌曲，提示幼儿要连贯地唱歌。

（3）鼓励幼儿边唱边自由做动作。

3.创编动作。

（1）幼儿分组，以小组为单位创编动作。

艺术与创造

（2）以小组为单位进行歌表演。

（3）其他幼儿评价各组表现。

幼儿对各组进行评价，认为哪个组、哪个动作好就画个小红花或笑脸娃娃。

（4）教师统计。最终，由幼儿集体决定选用哪个动作。

4.运用多种形式进行练习。

（1）幼儿根据选定的动作进行练习。

（2）两人合作进行表演。

（3）幼儿自由组合表演。间奏处，幼儿交换合作表演的伙伴。

活动延伸建议

将幼儿绘画作品。投放至音乐区，请幼儿继续编唱歌曲。

日常教育

在日常教育中可以引导幼儿根据歌词内容创编动作。

家园共育

可以将幼儿创编的动作表演给亲戚、朋友看。

环境创设

在活动区投放音乐《拍手唱歌笑呵呵》和创编动作记录表，供幼儿创编动作并进行表演。

活动三 龟兔赛跑

扫码听音乐7-10

活动目标

1.欣赏、理解音乐，提高对叙事性音乐的感知能力。

2.在熟悉旋律的基础上，学习领唱、接唱的方法，初步学习自主创编身体动作。

扫码看视频7-14

3.体验歌曲中的京剧特点，引发演唱兴趣。

活动准备

1.经验准备：幼儿已听过《龟兔赛跑》的故事，了解故事大意；课前安排幼儿自制《龟兔赛跑》连环画。

2.物质准备：幼儿自制连环画《龟兔赛跑》、分段音乐和完整音乐《龟兔赛跑》。

活动重点

学习领唱、接唱的方法，在过门处能较准确地接唱歌曲。

活动难点

将音乐不同段落和故事相匹配；用形象的动作表现兔子和乌龟的不同状态；在理解音乐的基础上，初步学习自主创编身体动作。

活动过程

1.讲述作品，激发情趣。

（1）请个别幼儿把自己的连环画《龟兔赛跑》讲给大家听。

（2）教师再出示没有讲过的幼儿作品，请幼儿讨论：如果不听故事，只看连环画，你能不能看懂故事内容？说说这个故事讲了一件什么事情，谁赢得了比赛的胜利。

小结：图画也是一种语言，通过看图，我们能知道故事的内容，那么还有没有别的讲故事的方法呢？

播放音乐《龟兔赛跑》，引导幼儿听音乐。

2.欣赏、学唱歌曲。

（1）教师：这首歌曲与其他歌曲有什么不一样吗？（每听一句，就有个过门）

（2）在教师的带领下，幼儿跟唱歌曲。教师用手势提示幼儿在过门处停止演唱。

（3）幼儿熟练掌握歌曲旋律后，教师加"念白"。

3.欣赏音乐，区分不同的音乐段落。

（1）初步感知音乐，区分快的音乐、慢的音乐、像跳舞的音乐，帮助幼儿记忆两种音乐形象出现的顺序和情节。

①听音乐第一遍。

教师：你觉得音乐可以分成几段？分别是哪几段？

②教师出示图谱，引导幼儿欣赏音乐第二遍。

教师：看图谱，我们发现音乐可以分为几段？哪段是快的音乐？哪段是慢的音乐？哪段像跳舞的音乐？为什么？

（2）将音乐不同段落和故事内容相匹配，如：快的音乐表示小兔子快快跳，慢的音乐表示小乌龟慢慢爬，像跳舞的音乐表示小动物胜利了。

欣赏音乐第三遍。

教师：请小朋友说一说，哪段音乐表示小兔子快快跳？哪段音乐表示小乌龟慢慢爬？哪段音乐表示小动物们胜利了？

4.分段欣赏，创编动作。

（1）第一段音乐表示小兔快快地跳，请幼儿编出小兔跳的动作，并引导他们用动作、表情表现小兔回头看、玩耍、睡觉的情节。

（2）第二段音乐表示小乌龟慢慢地爬，引导幼儿用动作、神态来表现小乌龟努力坚持向前爬的样子和小兔惊醒、快跑、难为情的样子。

（3）第三段表示欢庆的音乐，启发幼儿想象各种欢庆的动作，并在音乐伴奏下有节奏地表现。

5.布置场景，完整表演。

（1）幼儿和教师利用教室内的桌椅及其他物品，布置赛跑的出发点、终点等。

（2）幼儿自主选择角色，进行完整表演。

活动延伸建议

1.幼儿分组表演。

第一组幼儿拉京胡，表现过门。

第二组幼儿完整地用动作和表情表演京剧。

2.幼儿交换角色进行表演。

3.在语言活动中，进行"假如兔子没有睡觉……"的故事改编活动。

4.继续运用连环画的形式表现《龟兔赛跑》的故事内容。

活动延伸建议

布置《龟兔赛跑》的表演场景，投放音乐和音乐形象的头饰，供幼儿自主表演。

艺术与创造

区域活动

语言区：投放关于京剧脸谱的图片，加深幼儿对京剧的了解。

日常教育

引导幼儿将自己创编的故事及动作表演与同伴分享。

家园共育

1.家长可以利用闲暇时间和幼儿分角色表演音乐，也可以带领幼儿观看京剧经典曲目。

2.与幼儿共同设计、创编故事。

环境创设

在表演区提供《龟兔赛跑》歌曲，引导幼儿听着歌曲，边跟唱边表演，提高对叙事性音乐的感知能力，通过创编的动作来表现歌曲的两个形象——小兔和乌龟。

活动四　堆　雪　人

扫码听音乐7-11

活动目标

1.学习尝试演奏三拍子音乐的多种方法。

2.在演奏的过程中，能注意整体演奏的效果。

3.能与同伴很好地配合，发挥想象力、创造力，进行不同组合的配器，体会创编的乐趣。

扫码看视频7-15

活动准备

1.经验准备：有过利用乐器打拍子的经历。

2.物质准备：歌曲《堆雪人》图谱挂图，小图片，各种乐器，音乐《堆雪人》。

活动重点

尝试演奏三拍子音乐的多种方法。

活动难点

在演奏过程中，能注意整体演奏的效果。

活动过程

1.复习歌曲。

（1）出示雪人图片，教师：我们刚学过一首歌曲，叫《堆雪人》。

（2）教师：请大家再演唱一次。

2.学习演奏三拍子节奏。

（1）提问引出《堆雪人》是三拍子的歌曲，幼儿歌唱并体验三拍子歌曲的特点，教师用强弱明显的三拍子节奏为幼儿伴奏。

教师：这是一首几拍子的歌曲？请你们演唱歌曲，我为大家打拍子。

（2）师幼商量怎样区别三拍子中的强弱不同节奏，尝试用声音的轻重或动作的大小区分强拍、弱拍。

教师：三拍子的歌曲有什么特点？我们用声音或动作来表现一下。

（3）幼儿边唱歌曲边拍出强弱明显对比的身势节奏，如：拍手、拍腿、跺脚。

3.乐器表演。

（1）出示铃鼓，尝试用一种乐器演奏，表现出音乐的强弱节奏，即用轻重不同的拍奏

方法，表现节奏强、弱、弱。

（2）再请幼儿选择乐器，练习强、弱、弱节奏的演奏方法，并随音乐完整表演。

教师：我们还可以用什么乐器来演奏呢？

请幼儿自由选择乐器，尝试表现强、弱、弱的节奏。

（3）出示节奏：〇×× 、× – –，尝试表现休止节奏的各种演奏方法。

教师：这种节奏，我们可以怎样演奏？

引导幼儿大胆尝试。

（4）幼儿自由选择不同乐器、不同节奏型，一起随乐曲《堆雪人》进行演奏。

活动延伸建议

1.抓住下雪的机会，请幼儿亲自动手堆雪人。

2.在语言活动中，引导幼儿讲讲自己堆雪人的经历。

3.引导幼儿将自己心中的雪人形象，通过画画的形式表现出来。

区域活动

美工区：投放纸、笔和堆雪人的图片，鼓励幼儿将自己心中的雪人形象，通过画画的形式表现出来。

日常教育

引导幼儿在听三拍子音乐的时候，进行节奏练习。

家园共育

共同收集三拍子的歌曲和音乐，播放三拍子的乐曲，供幼儿欣赏。

环境创设

在音乐区投放《堆雪人》的音乐和各种乐器，引导幼儿自主配器，为音乐演奏。

活动五　蛋壳小人

扫码看视频7-16

活动目标

1.学习蛋壳、纸杯组合制作小人的方法。

2.探索废旧材料等的使用方法，体验制作带来的乐趣。

3.大胆想象自己独立完成制作。

活动准备

1.经验准备：有过使用废旧材料进行创作的经验。

2.物质准备：纸杯、蛋壳若干个，记号笔，胶水，剪刀，彩色纸，蛋壳小人作品，蛋壳小人制作步骤图。

活动重点

学习利用蛋壳、纸杯制作小人的方法。

活动难点

在观看制作步骤图过程中，通过启发性的问题学习制作的方法，完成自己的创作。

活动过程

1.出示范例，引入主题，激发幼儿兴趣。

教师：今天，老师给大家带来了几个小伙伴，你们看一看，是谁呀？

艺术与创造

欣赏蛋壳小人作品，讨论并交流它们是用什么做的。

2.观察蛋壳小人制作步骤图，学习制作方法。

出示图示，请幼儿自由讨论制作的步骤。

步骤一：在鸡蛋壳上画出小人的脸。

步骤二：纸杯底部剪出一个圆洞。

步骤三：用彩色纸剪出小人的衣服。

步骤四：用彩色纸折出小人的帽子。

步骤五：将它们组合在一起，完成制作。

3.幼儿自由操作，教师巡回观察并指导。

教师：请小朋友们做一个自己喜欢的蛋壳小人。

提醒幼儿按自己的意愿独立制作。不会的幼儿通过看图示解决问题或请教师进行个别指导。

4.最后展示幼儿作品，师幼共同欣赏并交流。

活动延伸建议

在区域中投放多种废旧材料，让幼儿大胆运用各种不同的材料和工具进行创作活动。

日常教育

利用幼儿常见的废旧物品及常用工具，引导幼儿进行创作活动。

家园共育

收集废旧纸杯、蛋壳，提供纸张和笔，在家长的带领下，让幼儿在家里进行少数民族娃娃的制作，装扮自己的卧室。

环境创设

把幼儿创作的小人陈列到活动室，幼儿自由欣赏，可以跟别的小朋友或老师说一说自己制作的蛋壳小人是什么样子的，怎么做的等。

活动六　树叶印画

扫码看视频7-17

活动目标

1.尝试运用树叶进行拓印的方法。

2.大胆想象，根据树叶的外形组合造型，进行创作。

3.在创作过程中，体验成功的喜悦和创编的乐趣。

活动准备

1.经验准备：有过收集树叶、进行叶贴画创作的经验。

2.物质准备：活动前收集各种形状的树叶、人手一份操作纸、颜料盘、抹布、油画棒等。

活动重点

能大胆尝试用树叶进行拓印画，大胆想象、主动探索、体验创作的快乐。

活动难点

大胆想象，根据树叶的外形组合造型，体验成功的喜悦。

活动过程

1.出示活动前收集的各种树叶，引起幼儿兴趣。

艺术与创造

请幼儿观察各种各样的树叶，教师：今天，我们教室中间的椅子上放了许多的什么啊？（和老师一起在幼儿园捡的各式各样的树叶）

教师：这些树叶可以组合成什么？（幼儿讲述自己想拼的东西）

2.观察并讨论，介绍拓印方法。

教师：如何将树叶的形状印到画纸上呢？

出示步骤图，引导幼儿自由讨论，讲述。

步骤一：用树叶蘸上颜料。

步骤二：把蘸上颜料的树叶压在白纸上。

步骤三：再用画笔添画。

3.幼儿用各类树叶进行拓印。

（1）教师提出操作时的要求，如，制作时要轻轻的，废旧材料入筐等。

（2）请幼儿挑选自己喜欢的树叶，先设计主题，再用树叶进行拓印。

幼儿制作时，教师进行适宜的提醒和指导，如：想好了，再进行拓印；用树叶蘸颜料时，注意颜料别洒得到处都是；拓印时，均匀地压到白纸上等。

4.组织幼儿将完成的作品展示在墙面上，幼儿互相欣赏、评价与交流。

活动延伸建议

在区域中利用薄白纸、铅笔开展树叶拓印活动，进一步感受叶脉的自然美，引导幼儿借助实物树叶拓出的形状进行添画创作。

日常教育

了解周围常见树叶的外形及名称，鼓励、引导幼儿根据树叶外形进行想象与交流。

家园共育

1.在家长的指导下，制作树叶标签。与爸爸、妈妈一起到公园、郊外捡拾落叶。回家后，将落叶贴在彩色卡纸上并进行装饰。

2.和家长一起秋游，引导幼儿大胆表达与交流。

环境创设

在教室内布置"树叶的故事"画展，呈现幼儿作品，供幼儿互相欣赏与交流。

主题六　民族风情

活动一　阿佤人民唱新歌

扫码听音乐7-12

活动目标

1.尝试设计并演奏打击乐演奏方案。

2.能看指挥进行演奏，对指挥的手势能迅速、准确地做出反应。

3.分组商量配器方案，激发团队合作意识。

活动准备

1.经验准备：有根据乐曲节奏配器的经验。

艺术与创造

2.物质准备：图谱一张，各种小图示图片，音乐《阿佤人民唱新歌》。

活动重点

小组讨论、设计并演奏方案。

活动难点

能看指挥进行演奏，对指挥的手势能迅速、准确地做出反应。

活动过程

1.借助图谱，欣赏音乐。

（1）教师：我们一起欣赏一段好听的音乐。

（2）请幼儿尝试跟随教师边指图谱边欣赏音乐。

（3）分别出示4种不同的节奏型。

① × × × × ｜ × × × × ｜ × × × × ｜ × × × × ｜ × × × ｜

② × 〇 ｜ × 〇 ｜ × 〇 ｜ × 〇 ｜

③ × — ｜ × × × ｜ × — ｜ × × × ｜ × — ｜ × × × ｜

④ × 〇 ｜ × 〇 ｜ ×〇 ｜ × 〇 ｜ × × × ｜

请幼儿分别准确读出节奏型。

（4）在不同节奏型前面添加身体动作图片，请幼儿分别看图尝试练习用身体动作完整演奏节奏型。

2.初步尝试配器方案。

（1）幼儿自由分组，协商4种节奏型分别配什么乐器，如第一种节奏型配响板，第二种节奏型配铃鼓，第三种节奏型配铃鼓和手摇铃，第四种节奏型配所有乐器。

（2）教师帮助幼儿完善演奏方案。

（3）各组幼儿根据本组配器方案进行演奏。

（4）幼儿互评，说说理由。

3.学看指挥，试当指挥。

教师当指挥，幼儿看指挥演奏。

①请能力强的幼儿当指挥，带领其他幼儿进行演奏。

②换一种演奏方案，并让其他幼儿轮流当指挥，要求全体幼儿学习看指挥，进行演奏。

③幼儿自由选择交换乐器或角色，继续练习。

活动延伸建议

1.在社会活动中，了解佤族人们的生活习惯及民族风情。

2.可以根据音乐《阿佤人民唱新歌》创编佤族舞蹈，幼儿学习并表演。

区域活动

1.音乐区：为幼儿提供音乐图谱，幼儿继续尝试配器演奏。

2.表演区：准备录音机和磁带、各种乐器和音乐节奏图谱，幼儿在音乐区继续练习怎样当指挥、看指挥。

日常教育

在日常生活中可以引导幼儿了解我国各个民族的风俗习惯。

艺术与创造

家园共育

1.和幼儿一起欣赏军乐演奏、管乐演奏等。

2.请家长帮助幼儿了解佤族人们的生活习惯及民族风情。

环境创设

布置"我知道的阿佤族"墙饰,引导幼儿收集有关阿佤族的民族风俗、习惯、着装等知识,张贴在墙上。幼儿之间分享与交流自己获得的信息,拓展幼儿见闻,积累相关知识。

活动二 瑶族舞曲

扫码听音乐 7–13

活动目标

1.感受乐曲优美的旋律,并用身体动作表现。

2.尝试运用不同乐器表现强弱节奏。

3.体会创编身体动作表现节奏的乐趣。

活动准备

1.经验准备:有过用身体动作进行节拍演奏的经历。

2.物质准备:节奏图、各种乐器、音乐《瑶族舞曲》。

活动重点

感受乐曲优美的旋律,能用身体动作表现。

活动难点

能用不同的乐器表现乐曲的强弱节奏。

活动过程

1.介绍曲名,感受音乐。

(1)直接引题,教师:我国有许多少数民族,其中瑶族不仅山美、水美、人美,音乐也很美。我们一起来听听《瑶族舞曲》。

(2)出示节奏 | × ×× | 、| × × ×× | 请幼儿用不同的身体动作表现。

①教师:这首音乐好听吗?你听过之后有什么感觉?

②出示节奏图,引导幼儿再次欣赏音乐。

③引导幼儿用不同的身体动作表现节奏。

(3)教师带领幼儿边欣赏音乐边用身体动作表现音乐节奏。

(4)完整欣赏乐曲。

2.讨论主题,选配乐器。

(1)分析音乐,A段音乐速度较慢,旋律优美,B段音乐速度较快,旋律欢快。

(2)根据 | × ×× | 的强弱规律,引导幼儿用音量较大的乐器演奏强拍,用音量较小的乐器演奏弱拍。如鼓类乐器演奏强拍,金属类乐器演奏弱拍,并进行练习。引导幼儿探索除了这种乐器可以进行强拍或弱拍的演奏,还可以用哪种乐器进行演奏。

(3)认识音乐符号">"渐弱,讨论最后一句的渐弱音量怎样表现,幼儿尝试控制乐器音量。

3.变换方案,合作演奏。

艺术与创造

（1）幼儿分组协商配器方案。

（2）分组合作演奏。

（3）幼儿轮流做指挥，随时变换方案，指挥大家一起演奏，要求根据强弱规律，互相配合，协调一致，表现出音乐优美的感觉。

活动延伸建议

1.在表演区准备录音机和磁带、各种乐器和音乐节奏图谱。幼儿在音乐区继续练习怎样当指挥、看指挥。

2.根据音乐创编舞蹈组合，请幼儿学习并表演。

日常教育

利用谈话环节，向幼儿介绍有关瑶族的相关知识，引导幼儿了解瑶族的服饰特点和生活习俗。通过听音乐，了解瑶族的音乐特点，掌握其音乐节奏。

家园共育

和爸爸、妈妈一起查阅资料，了解瑶族的民族特色。

环境创设

在教室墙壁张贴瑶族风情、民俗图片，让幼儿欣赏与了解。

活动三　挤　奶　舞

扫码看视频7-18

活动目标

1.学会硬肩、硬腕、挤奶等蒙古族舞蹈的基本动作。

2.初步感受蒙古族舞蹈的风格。

3.学习舞蹈的同时，体验蒙古人豪放、热情、直爽的性格特点。

活动准备

1.经验准备：看过有关蒙古族人们生活、劳作的图片或视频。

2.物质准备：磁带、响板、彩带、蒙古族挤奶情节的挂图一张、音乐《我是光荣的小牧民》。

活动重点

学会硬肩、硬腕、挤奶等蒙古族舞蹈的基本动作，感受蒙古族舞蹈的风格。

活动难点

能大胆表现蒙古舞，并能掌握蒙古舞的特点。

活动过程

1.歌曲导入。

（1）请幼儿欣赏并感受蒙古族歌曲《我是光荣的小牧民》。

教师：歌词里都说了什么内容？听到这首歌后，好像看到了什么？（蓝蓝的天空飘着白云，好像看到牛羊、绿绿的草地等）

（2）出示蒙古族人挤奶的图片。

教师：图中的叔叔、阿姨是哪个民族的？他们在干什么？（让幼儿了解蒙古族人民在大草原上的生活状况，蒙古族人大多数过着放牧的生活，他们勤劳勇敢，能歌善舞，挤奶是蒙古族姑娘的一项劳动）谁来学学叔叔、阿姨的动作？

艺术与创造

2.幼儿自由创编舞蹈动作。

（1）播放律动音乐，启发幼儿边听音乐边看挂图自编动作，教师用眼神和手势充分肯定幼儿创编的动作。

（2）教师用欣赏的语气评价幼儿创编的动作，并完整地伴随音乐做示范动作表演。

①教师用图画的形式整理幼儿创编的动作进行。

②教师随音乐做示范动作。

（3）幼儿根据教师整理的动作进行表演，教师发现问题，分步解决。

重点指导幼儿挤奶、硬腕、骑马、硬肩等基本动作。

①幼儿学做各种基本动作。

②幼儿随音乐尝试表演。

③教师随时指导幼儿动作。

3.掌握蒙古舞动作特点。

（1）教师示范，幼儿模仿挤奶、骑马等动作。

（2）幼儿掌握硬腕、硬肩的动作要领，注意强拍下压、弱拍起，两手或两肩交换做动作。

（3）请表演能力强的幼儿头上扎上彩带，独立表演，其他幼儿用响板伴奏。启发幼儿用动作、表情表现出劳动时内心的自豪和喜悦。

活动延伸建议

1.可以坐着表演，也可以站着做，也可以编成邀请舞。做挤奶动作时，可以用弓箭步或跪蹲姿势。

2.了解蒙古族的生活特点。

日常教育

收集、整理资料，了解蒙古族的民俗特点。

家园共育

1.收集、整理资料，了解蒙古族的民俗特点。

2.欣赏蒙古族舞蹈，感受其特点。

环境创设

1.在教室墙壁张贴蒙古族风情和民俗图片。

2.音乐区投放道具、音乐，供幼儿表演。

活动四 圆 圈 舞

活动目标

1.在熟悉音乐结构的基础上学习两人跳集体舞的基本方法。

2.与同伴协调一致地随音乐舞蹈，体验合作舞蹈的快乐。

3.在表演舞蹈时，自由交换舞伴，提高合作表演的能力。

活动准备

1.经验准备：有过随着音乐进行舞蹈的经历。

2.物质准备：表示音乐每一乐句的标志图、手腕花、磁带、录音机、音乐《圆圈舞》。

扫码看视频7-19

艺术与创造

活动重点

在熟悉音乐结构的基础上，学习看图示尝试两人跳集体舞的基本方法；与同伴协调一致地随音乐舞蹈，体验合作舞蹈的快乐。

活动难点

能根据音乐特点姿态优美地表现舞蹈动作。

活动过程

1.熟悉音乐。

（1）教师出示表示音乐每一乐句的标志，幼儿倾听并熟悉音乐。

①请幼儿听音乐，教师出示标志。

②幼儿看标志，再次倾听音乐。

（2）教师带领幼儿随音乐做身体动作，每一乐句变换一种动作表示不同的乐句，进一步了解音乐结构。

2.学跳两人合作舞蹈。

（1）出示幼儿用书《艺术与创造》第35页右上角图片：幼儿根据图意，两人拉手，向前做跑跳步。

①教师：这幅图表示什么意思？

②请幼儿尝试根据图意做动作。

（2）出示幼儿用书《艺术与创造》第35页左上角图片：帮助幼儿理解符号"←"和"→"的意思，学习两人面对面合作向前跳、向后跳。

（3）出示幼儿用书《艺术与创造》第35页左下角图片：继续认识符号"←→"，学习两人合作，一人蹲下，另一人围着蹲下的幼儿转圈做跑跳步。

（4）出示幼儿用书《艺术与创造》第35页右下角图片：学习交换位置的方法，提醒幼儿换位置时两人不要正面碰撞。

（5）幼儿将舞蹈动作连起来，随音乐完整地表演。

①教师帮助幼儿整理4种基本动作，幼儿进行练习。

②幼儿听音乐尝试合作表演。

③教师根据幼儿出现的问题进行个别指导。

3.交换舞伴，加入姿态的要求完整练习。

（1）教师引导幼儿姿态优美地进行舞蹈表演。

（2）幼儿自由交换舞伴表演。

活动延伸建议

自由活动时，可以安排一定时间，让幼儿继续练习集体舞，变换舞伴，提高幼儿的合作能力。

日常教育

鼓励幼儿自由找舞伴跳舞。

家园共育

家长和幼儿听音乐，一起跳圆圈舞。

环境创设

将图谱投放到音乐表演区，便于幼儿根据图谱进行表演。

活动五　问　候　舞

活动目标

1.能随音乐合拍地做跑跳步及跑跳步转圈的动作。

2.在教师的提醒下，能控制自己的身体动作，尽量与音乐中的延长音保持一致。

3.感受与同伴合作交流的快乐。

活动准备

1.经验准备：有过找朋友做游戏的经验，会基本的舞蹈动作。

2.物质准备：录音磁带、场地及椅子。

活动重点

能随音乐合拍做跑跳步及跑跳步转圈的动作。

活动难点

在教师的提醒下，能控制自己的身体动作，尽量与音乐中的延长音保持一致。

活动过程

1.导入部分：师幼互相问好。

游戏"你的××在哪里"，让幼儿在教师的指令下迅速找出身体的某一部位。

2.学习问候舞。

（1）教师：我来到××很寂寞，没有朋友，没有快乐，我要去朋友家找朋友玩。

音乐起，教师随音乐做动作。幼儿自己听音乐的同时，观察教师动作。

（2）教师：我是怎么到朋友家的？（走：有节奏地双手拍腿）来到朋友家以后，先做了什么？（推门：双手伸展双臂，向前做推门状）最后，门有没有推开？

引导幼儿回忆舞蹈动作。

（3）教师：我们一起去找朋友吧！

教师和幼儿一起舞蹈。幼儿初步练习一次。

（4）教师：朋友在哪里呢？朋友在这里。（提醒幼儿找到一个朋友后，合作表演）和朋友一起游戏吧！（注意发现问题，及时纠正）

（5）教师：我的朋友搬家了。可是，我还想找朋友玩。请看我是怎么去找朋友的。（让幼儿跑跳步后站到椅子前面）

（6）幼儿做一次游戏，鼓励幼儿注意和朋友打招呼要表示诚意，即与音乐的节拍吻合。

（7）教师：我的朋友又搬家了，搬到更远的地方了，我们找不找？

观察教师是怎样做变向跑跳步的，幼儿练习。要求：幼儿之间不要相互碰撞。

（8）教师：朋友在外，我们在外面也能找到朋友。

教师请幼儿合作，表示怎样找朋友，幼儿练习变方向跑的同时找朋友。

（9）教师：和朋友表示友好的方式，除了手和手碰一碰，还有什么办法？

幼儿讲、幼儿试，教师给予鼓励，鼓励幼儿用多种方法与朋友表示友好，随音乐做一做相应的动作。

（10）请幼儿回到座位。教师：找到朋友和朋友一起玩是快乐的，一个朋友少不少？

再找几个朋友好不好?

教师尝试左边找一个朋友，右边找一个朋友。幼儿在教师启发下，静下来找朋友。

（11）教师：如果朋友想找很多，就要一次找一个朋友。

教师示范到位，要求清楚。幼儿完整地随音乐表演一次。

3.变换内容和形式，继续游戏。

（1）幼儿完整地表演舞蹈。

（2）鼓励幼儿变换形式进行游戏。

活动延伸建议

1.根据幼儿要求,提供时间和场地,幼儿尽情游戏。

2.社会活动中讲一讲自己的朋友。

日常教育

幼儿自由结伴游戏。

家园共育

家长和幼儿共同表演游戏。

环境创设

区域活动中，能根据幼儿要求，提供时间和场地，幼儿尽情游戏。

活动六　布　老　虎

活动目标

1.欣赏布老虎玩具，初步感受其造型美和色彩美。

2.加深对民间艺术作品布老虎的理解和认识。

3.引发热爱民间艺术的情感。

活动准备

1.经验准备：见过用布制作的玩具，或见过布老虎玩具。

2.物质准备：实物布老虎玩具，布老虎玩具图片。

活动重点

欣赏布老虎玩具，初步感受其造型美和色彩美；加深对山西民间艺术"布老虎"——黎侯虎的理解和认识，萌发对传统民间艺术的喜爱。

活动难点

1.能够从不同的角度欣赏布老虎，感受其造型美和色彩美。

2.大胆表达自己的想法和感受。

活动过程

1.出示实物布老虎玩具，引起幼儿兴趣。

教师：老师带来了一些东西，请你们仔细看看。看完后，告诉大家，你看到了什么?（布老虎）

2.引导幼儿欣赏布老虎的色彩与造型、神态。

教师：它是什么样子的? 谁来学一学?

教师：看看它身上的颜色? 这些颜色的搭配，让你有什么感觉?

教师：它的上面还有什么？

教师：你见过真的老虎吗？它给你什么感觉？

教师：布老虎是用什么材料做的？和真老虎相比，它给你什么感觉？你喜欢它吗？喜欢它的什么地方呢？

3.出示各种造型的布老虎，让幼儿观察并表达自己的想法。

教师：这些帽子、鞋是什么样子的？

教师：这些布老虎有一个特别的名字叫"黎侯虎"，是我们山西特有的一种民间艺术。虎被祖先视为神兽。"虎"与"福"谐音，故在民间有赐福、镇宅、生财等文化内涵。老虎是百兽之王，是坚强、勇敢的象征。因此，虎形器物常被人们用来避邪。我们中国有许多地方有布老虎，每个地方的布老虎都不一样。

4.教师演示操作，激发幼儿创作欲望。

教师：老师今天带来了许多材料，给你们装饰一顶老虎帽吧！

教师：刚才，我们一起看了许多我国山西省的各种面塑，又看了老师给你们捏面塑，你有什么感受或想说什么，想做什么。

教师：小朋友们也动手试一试吧！你想用什么做、做什么样子的布老虎玩具呢？

活动延伸建议

在区域中提供彩泥、手工纸、绘画纸，幼儿设计装饰布老虎玩具。

日常教育

组织幼儿欣赏更多的民间艺术作品。

家园共育

请家长和幼儿一起制作布老虎，并给幼儿讲述有关老虎的故事。

环境创设

在教室内布置"展示台"，摆放一些幼儿创作的泥塑作品，供幼儿互相欣赏与交流。

艺术与创造

生活与安全

一、领域说明

1.教育价值

安全教育是学前教育中不容忽视、不可缺少的重要课程，也是学前教育的重大课题。随着经济的发展和社会的进步，幼儿活动的领域越来越宽，接触的事物也越来越多。人为伤害（拐骗、火灾、交通事故等）、自然灾害等不断出现，时刻影响着儿童的生活质量和生命安全。幼儿园和家庭作为幼儿日常活动的两大场所，安全教育与自我保护教育就显得尤其突出，提升幼儿自我安全防范意识和自救能力很有必要。

2.教育策略

（1）树立安全意识，提升幼儿自我防范意识。

幼儿时期是人身体增长最快的阶段，孩子们缺乏安全意识。因此，保证幼儿安全、帮组幼儿树立相应的安全意识是教师工作的重中之重。教师应时刻关注身边的每位幼儿，甚至他们的一举一动，在一日生活中逐渐地摸索、积累经验，把安全教育工作通过有效的途径渗透到幼儿日常生活中，如：入园晨检、一日三餐、喝水、过渡环节、户外活动、上下楼梯等，都可以抓住机会对幼儿进行安全教育，及时发现问题并进行正确的引导，从细节入手，一点一滴地进行渗透。教师应通过一切教育途径引导幼儿，尽可能地减少安全事故的发生，尽量把伤害降到最低。

（2）通过环境创设、游戏活动让幼儿学习安全教育的常识，学会自救和求救的方法。

环境创设是最直观的教育方法，利用墙饰、走廊等做安全知识的展示，引导幼儿了解更多的安全常识。同时，创设安全的生活环境，提供必要的保护措施。教育活动是幼儿的主要活动，开展丰富多彩的主题教育活动，运用全方位、多领域的教学方法实施教育。通过活动使幼儿亲身体验整个过程，从而增强安全意识，提高了自我保护能力。教师为幼儿创设相应的情景表演，不仅满足幼儿好模仿的求知欲望，而且增强了安全意识。同时，让幼儿讨论遇到各种危险情形应该怎么办，引导幼儿设想出各种自救的方法并演习，培养幼儿临危不惧、机智勇敢的良好品质，提高自我保护的能力。

（3）家园安全教育保持一致，强化幼儿自我保护意识。

教师应向家长宣传安全教育的重要性，提高家长的安全教育意识，要家长配合班级安全教育工作的开展，如；让幼儿熟记自己家的详细地址、家长的电话号码等，告诉幼儿一些安全知识及防御措施。家园配合，使安全工作进一步得到完善。家长可以让幼儿做一些力所能及的事情，培养幼儿的自理能力，增强幼儿体能锻炼，这样身体才会更加健康，远离疾病。

3.教育目标与内容

（1）安全领域教育总目标。

①树立安全防范意识，注意安全隐患。

②具备基本的安全常识和自我保护能力。

③遇到危险情况时，懂得自救和求救的方法。

（2）大班安全领域教育目标。

◎未经大人允许不给陌生人开门。

◎能自觉遵守基本的安全规则和交通规则。

◎运动时能注意安全，不给他人造成危险。

◎知道一些基本的防灾知识。

（3）大班上学期安全领域教育内容。

◎初步了解鱼骨的结构，学习吃鱼剔刺的方法，了解取出卡在喉咙里鱼刺的方法。

◎主动关注食品包装上的信息，初步了解选择食品的方法，知道腐烂、变质的食物不能吃。

◎了解有些食物有毒，不能吃，误食有毒的食物会告知成人。

◎了解排队的意义，会自觉排队，知道安全玩滑梯的方法。

◎知道燃放鞭炮、烟花会发生危险，要远离燃放鞭炮的人。

◎知道运动时和运动后的安全常识，增强安全意识和自我保护意识。

◎了解冬天注意防冻伤的方法，雪天要注意的安全常识，知道冬天玩雪时的安全常识。

◎认识周围环境中的标志，知道保护自身安全，特别是在有安全标志的地方，不做危险动作。

◎知道闯红灯会发生危险，过马路要走人行横道，养成遵守交通规则的好习惯。

◎懂得外出游玩时要遵守规则，有初步的自我保护意识，了解走失后寻找家长的不同方法。

◎知道独自在家时不能给陌生人开门，不要轻易相信陌生人，遇到坏人撬门时有应对的方法。

◎了解可能发生火灾的原因，知道发生火灾时保护自己的简单方法，知道火警报警电话及报警的方法。

◎学习地震时简单的逃生方法，知道地震后被困时的自救及求救方法。

◎知道遇见流浪猫、狗时的应对方法，不伤害流浪猫、狗，也要学会保护自己。

◎认识一些常见的药物，知道生病了应该按医生的嘱咐吃药，不乱吃药。

二、主要内容

主题一 饮食安全

活动一 吃鱼要小心

扫码看视频8-1

活动目标

1.知道鱼肉有刺，初步了解鱼骨的结构。

2.学习吃鱼剔刺的方法，愿意大胆尝试自己吃鱼。

3.了解取出卡在喉咙里鱼刺的方法。

活动准备

1.经验准备：有过吃鱼的经验。

2.物质准备：吃鱼方法图片三张；实物鱼肉（最好用炸带鱼）若干段。

活动重点

学习吃鱼肉挑出鱼刺的方法。

活动难点

了解取出卡在喉咙里鱼刺的方法。

活动过程

1.谈话导入活动，了解吃鱼对身体的益处。

教师：小朋友们，你们爱吃鱼吗？为什么爱吃（不爱吃）？有些小朋友不爱吃鱼是因为他们怕鱼刺。爱吃鱼的小朋友们，你们会吃鱼吗？怎样吃鱼，才不会被鱼刺卡住呢？

幼儿回答提问，引出鱼肉有刺的话题。

2.认识鱼骨的结构。

教师：小朋友们都知道鱼肉有刺。谁能告诉我，鱼刺是什么？（鱼的骨头）有谁见过鱼刺，长的什么样儿？（鱼有头骨，鱼身中间有一根很长的鱼脊骨，两边都是一对一对排得很整齐的长刺，鱼的脊背和尾部也有一些细小的刺，有的分叉，有的是直的，短一些）

3.出示吃鱼挑刺的方法图片，请幼儿排序。然后，引导幼儿看图逐一讲述吃鱼剔刺的方法。教师在幼儿观察图片的基础上进行小结。

（1）先用筷子去除鱼肉两边的刺。

（2）用筷子将鱼肉从鱼脊骨上剥离。

（3）将鱼肉放进嘴里，细细地嚼，不要急着吞下去，把鱼刺儿吐净，再咽。

4.教师利用实物鱼演示挑鱼刺的方法。

教师：小朋友们，看看今天厨师叔叔给我们做了什么好吃的？（红烧鱼或红烧带鱼或炸带鱼）我先给大家演示一下挑鱼刺的步骤，小朋友们仔细看。

教师演示，幼儿观看。

教师：接下来，小朋友们就亲自试试挑鱼刺的方法吧？

幼儿用筷子夹鱼肉，挑净鱼刺，再吃，亲自尝试一下挑鱼刺的方法。教师巡回指导，遇到问题及时解决。

5.引导幼儿讨论吃鱼时的注意事项，了解取出卡在喉咙里鱼刺的方法。

教师：除了要学会挑鱼刺，我们吃鱼时，还应该注意什么呢？

小结：

（1）吃鱼时不说笑，不打闹，专心吃。

（2）不把鱼肉弄碎在装有米饭的碗里。先吃完嘴里的鱼肉，再吃饭，嘴里的饭吃完，再吃鱼肉，即"吃鱼不吃饭，吃饭不吃鱼"。

（3）如果鱼刺卡在嘴里能得见的地方，请成人帮忙取出，千万不能大口大口地吞咽食物，以免鱼刺扎得更深。如果不能轻易取出，也不要着急，不要害怕，要立刻到医院请医生帮忙取出。

超级链接

挑　鱼　刺

鱼刺藏在哪儿？

藏在鱼肉里。

有的长，有的短，

有的硬，有的软。

先挑刺，再吃鱼。

细嚼慢咽别着急。

活动延伸建议

收集更多有关剔除鱼刺的方法，并总结：如先把大鱼刺剔除干净，再用筷子拨一下鱼肉，把能看到的小刺也择掉，再把鱼肉放进嘴里。吃的时候，慢慢嚼，用舌头感觉一下，确认没有鱼刺再下咽。

日常教育

在日常生活用餐环节中，遇到吃鱼时，提醒幼儿注意挑净鱼刺再吃。

家园共育

家长在家为孩子示范挑出鱼刺的方法，并鼓励幼儿自己学习挑鱼刺，慢慢吃鱼。和孩子一起说说儿歌《挑鱼刺》。

环境创设

布置"小心鱼刺"的墙饰，引导幼儿画出挑鱼刺的步骤图，贴在墙上，供幼儿分享与交流，知道吃鱼肉的时候要小心，挑出里面的鱼刺再吃，吃的时候也要注意细嚼慢咽，避免被鱼刺扎到。

活动二　认识绿色安全食品

活动目标

1.愿意主动关注食品包装上的信息，初步了解选择食品的方法。

2.知道腐烂、变质的食物不能吃。

3.尝试选择一些有益身体健康的食品。

活动准备

1.经验准备：知道有些食物变质了不能吃。

2.物质准备：两袋食品（一包完整包装、一包漏气）、两瓶矿泉水（一瓶有包装，一瓶无包装）、QS标志、箭头若干、相应汉字、食品包装袋等，每人两个食品，供幼儿选择、购物小筐、印有钱币图案的钞票、小红花贴纸。

活动重点

通过查看食品包装上的信息，了解选购食品的方法。

活动难点

知道腐烂、变质的食物不能吃。

活动过程

1.观察食品的包装袋，初步了解选择食物的方法。

（1）出示一些带包装的小食品，教师：小朋友们，看看老师今天给你们带什么好吃的来了？（旺旺雪饼、蘑菇点点、菜园小饼等小食品）老师的这些好吃的，都是从超市里买回来的。超市里有许多好吃的食物。我们选择食品时应该怎样选择呢？（鼓励幼儿自由回答）

（2）了解包装袋上的信息。

①幼儿自由观察，教师：包装袋上有什么？你能猜出它们表示什么意思吗？

②引导幼儿认识质量安全QS标志、保质期、是否密封、生产日期等，并根据幼儿的回答出示相应的汉字与箭头，讲解其标志内涵。

（3）认识食品质量安全标志"QS"。

出示食品质量安全标志"QS"图标，介绍其名称及作用。

小结：这是质量安全标志，包装上印有这个标志的食品表明它是经过检验的、合格的安全食品，可以放心食用。

（4）认识保质期。

出示带有保质期的食品，向幼儿介绍食品保质期的内容。展示几种带保质期的食品，请幼儿判断，这些食品是否是安全的。

小结：带有生产日期的食品，上面一行显示的是生产日期，下面一行显示的保质期截止的日期。食品在这两个日期之间是可以食用的。如果超过下面一行的日期就说明食品已经过期了，不能食用了。

2.实践延伸活动。

教师：猪妈妈要为小猪选择一些食品，想请小朋友们来帮忙。我们桌子上也有一些食物，我们一起去看一看，看看你会发现什么。

教师：你看到了什么，请你告诉老师。然后你在老师带来的食品包装袋上也找一找。（每人准备两种食品，一种为绿色安全食品，一种为不安全食品，引导幼儿分辨有益于身体健康的食品）

小结：我们到超市买食品时，一定要买绿色安全食品，腐烂的食物、发霉的食物、变质的食物都不能吃，开盒、开袋的食物要先闻一闻，是否有异味，有酸味或馊味的不能吃。

3.布置小超市场景,幼儿开展"购物"游戏。

货架上整齐地摆放各种包装的食物,其中混有开袋的包装食品、变质的罐装食物、三无产品的食品等,请部分幼儿扮演顾客购物,安排两位幼儿当收银员,发给顾客一些印有钱币图案的钞票,每人一个购物小筐。玩法:每位顾客只能挑选两件食品。教师观察孩子在购物时会不会注意到包装袋上的相关信息,能不能买到绿色安全食品。游戏结束后,幼儿互查,看看哪位小朋友买到的食品都是安全食品,奖励其小红花贴纸。

活动延伸建议

引导幼儿思考并讨论:有包装的食品,可以通过生产日期等相关信息判断是否安全,那没有包装的食物应该怎样判断呢?

日常教育

日常生活中,在上、下午加餐时会给幼儿吃一些小点心或水果,请幼儿运用学到的知识判断一下加餐食物是否过期了,是否可以食用。

家园共育

家长带领孩子一起去超市购物。购物时,请幼儿帮忙判断一下要购买的食品是否是安全的。平时在家里,也可以让孩子闻一闻几天前放在冰箱里的食品是否变质了,能不能食用。

环境创设

在角色区设立"小超市",请幼儿进去购物,导购和收银员可以帮忙判断一下包装食品是否过期。

活动三 小心食物中毒

活动目标

1.了解有些食物有毒,不能吃。

2.知道土豆发芽、没炒熟的豆角都有毒,不能吃。

3.误食了有毒的食物,要尽快到医院就诊。

活动准备

1.经验准备:了解食物有毒不能吃。

2.物质准备:发芽和没发芽的土豆,变黄的花生米,明明肚子疼的图片,有毒的食物若干。

活动重点

了解食物有毒不能吃,会辨别方法。

活动难点

误食了有毒的食物知道如何处理。

活动过程

1.出示一颗发芽的土豆和一颗没发芽的土豆,引导幼儿讨论:这两颗土豆有什么不一样?哪个能吃,哪个不能吃?为什么?教师小结:土豆发芽后有毒,不能吃,即使是把芽清理干净也还有毒,不能吃。

2.教师:还有什么东西变质后有毒,不能吃呢?(变黄的花生米有黄曲霉素,不能

食用）

3.出示幼儿用书《生活与安全》第4页明明肚子疼的图片，引导幼儿观察并猜测明明为什么会肚子疼。

教师：你们吃过炒豆角吗？你吃炒豆角，会肚子疼吗？为什么明明吃炒豆角，会肚子疼呢？让我们一起听一听，医生是怎么说的吧！

教师扮演医生，告诉幼儿：明明是因为吃了没炒熟的豆角，中毒了，才会肚子疼，被送到医院的。

教师：在我们生活中，还有哪些食物没做熟后，吃了会中毒呢？（蘑菇、没煮熟的肉等）

4.教师：我们平常吃的食物中，还有哪些食物吃了会中毒呢？

5.教师小结：我们在吃食物时，一定要小心，不要吃有毒的食物。

区域活动

益智区：投放一些有毒食物和没毒食物的图片，上面写有编号。请幼儿在表格里做记录，看看谁记录得是对的。

日常教育

利用谈话环节，引导幼儿说一说哪些食物可能会引起中毒。通过幼儿间的相互学习，拓展幼儿有关食物安全的知识，让幼儿学会分辨与判断引起食物中毒的原因，在今后的生活中，多加注意。

家园共育

家长给孩子做饭时，注意不要吃来路不明的蘑菇，炒不熟的豆角不能吃，发霉、变质的花生和大米不能吃，还要注意有些食物不能搭配在一起吃，如荔枝和虾、海鲜类和西瓜、空腹不能吃柿子等。

环境创设

布置"小心食物中毒"的墙饰，引导幼儿收集哪些食物吃了会中毒及中毒的原因是什么、应该如何处理，将相关信息贴在墙上，方便幼儿之间相互交流与探讨，掌握防止食物中毒的方法。

主题二　游戏安全

活动一　谁对谁不对

活动目标

1.知道生活中有许多容易发生危险的情形，学会避免危险的发生。

2.能够根据生活中安全的做法判断在不同情形下的做法是否正确。

3.具有初步的安全意识，能针对不同的情形预先推测是否安全。

活动准备

1.经验准备：有一定的安全意识，了解生活中的一些安全做法。

2.物质准备：不同情形下各种做法的图片。

活动重点

知道生活中有许多容易发生危险的情形，学会避免危险的发生。

活动难点

能够根据生活中安全的做法判断在不同情形下的做法是否正确。

活动过程

1.导入活动，说说《安全儿歌》。

教师：小朋友们好！今天，老师给你带来了一首有关安全的小儿歌，咱们一起来学一学吧！

附儿歌：

安全儿歌

小宝宝，要注意，不玩电，不玩火。

上下楼，靠右走，排好队，不拥挤。

不爬窗台不上高，不从高处往下跳。

玩滑梯，不打闹，守规矩，不乱跑。

陌生人，要远离，流浪猫狗不去招。

过马路，左右瞧，红灯停，绿灯行。

安全知识很重要，一条一条要记牢。

教师：你们听了刚才的儿歌，说一说里面都说了哪些要注意的事情。

幼儿根据儿歌内容自由回答。

小结：我们在日常生活中，一定要注意安全，不论是在家里，还是走在马路上，都要遵守规则，避免出现危险的情形。

2.出示不同情形下各种做法的图片，引导幼儿判断正误。

教师：你们看，老师这里还有一些图片，上面是不同的做法，请你们说一说，你认为哪个做法是对的？哪个做法有危险，不能这么做？说一说你的理由。

幼儿仔细观察图片，逐一说出自己的想法。

小结：小朋友们说得都很对！这些图片中的做法有的是正确的，有的是错误的。错误的做法存在安全隐患，会给我们带来伤害。因此，当我们面对不同的情形时，一定要动脑筋想一想，这么做会有什么不好的事情发生或者会有什么后果，确实没有危险再做。

活动延伸建议

教师再说一说其他不同情形的做法，引导幼儿根据自己的经验判断这样做是否有危险，说一说正确的做法是什么。

日常教育

利用过渡环节，引导幼儿进行安全行为判断游戏。教师为幼儿提供不同情形做法的图片，请幼儿说一说这样做是正确的，还是错误的，并说明理由。

家园共育

家长可以为幼儿准备有关安全的绘本，亲子共读，引导幼儿了解更多有关安全的常识和正确的做法，丰富幼儿生活经验。

环境创设

布置"谁对谁不对"墙饰，引导幼儿收集各种不同情形做法的图片，张贴在墙上，供

生活与安全

283

幼儿分享与交流，说说这种行为的正误，提高风险防范意识。

活动二　大家来排队

活动目标

1.了解排队的意义，会自觉排队。

2.知道安全上、下楼梯的方法。

3.懂得遵守公共秩序，同时注意安全。

活动准备

1.经验准备：有排队的经验。

2.物质准备：错误与正确排队的图片、幼儿玩滑梯时不同玩法图片。

活动重点

了解排队的意义，会自觉排队。

活动难点

知道安全上、下楼梯的方法。

活动过程

1.谈话活动，激发幼儿参与活动的兴趣。

教师：小朋友们，你们在幼儿园最喜欢玩什么玩具？怎么玩的？

幼儿自由表述。

2.采用对比的形式帮助幼儿了解安全玩滑梯的方法。

（1）教师：老师认识两位小朋友，他们也喜欢玩滑梯。但是，你们看看，他们这么玩儿，对吗？会发生什么危险？

出示图片，教师引导幼儿说出图片上小朋友的玩法：推朋友、倒着滑、从上往下看、滑时不扶着扶手等，能说出这样滑不对，会发生危险。

（2）小结：滑滑梯是小朋友们最喜欢的游戏。但是，如果我们不会玩儿或采用的方法不正确就会发生危险。现在，就让我们一起看看，怎样玩儿，才是最安全的？

出示图片，引导幼儿讲述正确的玩法并小结：小朋友们玩滑梯时不能推，也不能挤，要一个一个排队玩。不能倒着滑，滑的时候，要扶住两边的扶手。这样，我们才会安全，才会玩得开心！

3.了解排队的意义及安全的做法。

教师：我们在干什么的时候，也像玩滑梯一样，要排好队，不推也不挤呢？

引导幼儿说出喝水、如厕、上下楼梯等都要排队，这样才安全。

上下楼梯的方法：

（1）两脚交替上下楼梯，一手扶好楼梯扶手。

（2）上、下楼梯时，要靠着右侧行走。

（3）上、下楼梯时，不推不挤，按顺序排好队。

活动延伸建议

组织幼儿分组练习上、下楼梯，教师在旁边指导并提醒幼儿注意安全。

日常教育

教师带领幼儿到户外玩滑梯，掌握玩滑梯的正确方法并体验快乐。

家园共育

1.家长带着孩子在公园或游乐场里玩的时候，也要注意提醒孩子排队，有秩序地进行游戏。不要推，也不要挤。同时，也提醒别的孩子遵守秩序。

2.家长应抽时间训练孩子练习上、下楼梯，发展身体的协调性，提高孩子上、下楼梯的能力。

环境创设

在饮水桶的前方地面上贴上一对对小脚印，引导幼儿养成排队喝水的好习惯。

活动三 安全的做法

活动目标

1.知道生活中有时会发生危险，懂得如何规避风险。

2.能根据画面中不同情形的做法分辨安全的做法。

3.有安全意识，知道一些基本的安全常识。

活动准备

1.经验准备：有一定的安全意识，了解生活中的一些安全做法。

2.物质准备：不同做法的图片。

活动重点

知道生活中有时会发生危险，懂得如何规避风险。

活动难点

能根据画面中不同情形的做法分辨安全的做法。

活动过程

1.讲述安全小故事，引起幼儿参与活动的兴趣。

教师：小朋友们好！今天，老师给你们带来了一个小故事，一起来听一听吧！

附故事：

独 自 在 家

这天，萌萌的爸爸、妈妈出去办事了，还没有回来。只有萌萌一个人在家，她正在看有趣的故事书。

突然，她听到门铃响。她心想：是不是爸爸、妈妈回来了？我去给他们开门吧！走到门口，她忽然想起来：爸爸、妈妈有钥匙，他们会自己开门，不会按门铃的。那现在按门铃的人是谁呢？她悄悄地搬了个小椅子，站在椅子上，透过门镜向外看，门口有一位叔叔，她不认识。这时，她想在幼儿园的时候，老师曾经告诉过他们，独自在家有人敲门时，一定要多加注意，不能给陌生人开门。于是，她悄悄地回到了沙发上，继续看她的故事书了。过了一会儿，门口的叔叔看没有人应门，就走了。

萌萌的爸爸、妈妈回来了，萌萌把这件事告诉了他们，爸爸、妈妈都夸她做得对，安全最重要。

教师：你们听了刚才的故事，说一说萌萌这么做对吗？为什么？

幼儿根据故事内容自由回答。

小结：当我们独自在家时，千万不要给陌生人开门。哪怕他是快递员、查水表的、物业的管理员、保安什么的，都不能给他们开门。在家里不要出声，就当让他们认为家里没有人，很快他们就会走的。还有一些人，比如爸爸或妈妈的同事，可以这个人你认识，但是爸爸、妈妈不在家，也不要给他开门。如果他们有急事找爸爸或妈妈，他会给他们打电话的。因此，我们小朋友一定要保护好自己，分清楚哪些人敲门可以开、哪些人敲门不能开。因为，安全最重要。

2.出示不同做法的图片，引导幼儿判断正误。

教师：你们看，老师这里还有一些图片，上面是不同的做法，请你们说一说，你认为哪个做法是安全的？哪个做法有危险？说一说你的理由。

幼儿仔细观察图片，逐一说出自己的想法。

小结：小朋友们说得都很对！这些图片中的做法有的是安全的，有的是危险的。危险的做法会给我们带来伤害。因此，当我们面对不同的情形时，一定要动脑筋想一想，这么做会有什么不好的事情发生或者会有什么后果，确实没有危险再做。

活动延伸建议

引导幼儿讨论什么是陌生人，哪些人可以相信，哪些人不能完全相信，哪些人在什么情况下可以相信。讨论后，教师帮助幼儿梳理、总结，提升幼儿相关经验。

日常教育

利用晨间谈话环节，引导幼儿讨论在户外活动中应该注意哪些安全问题，避免发生危险。

家园共育

家长和幼儿共同上网收集有关安全的小故事、小儿歌，讲一讲、说一说，强化幼儿的安全意识，引导幼儿掌握更多的安全小常识。

环境创设

布置"安全的做法"墙饰，引导幼儿收集各种不同情形做法的图片，张贴在墙上，供幼儿分享与交流，说说这种行为是否安全，加强安全意识，丰富幼儿相关经验。

活动四　鞭炮、烟花我不玩

活动目标

1.认识鞭炮的危险性，存放在安全的地方。

2.知道燃放鞭炮、烟花会发生危险，要远离燃放鞭炮的人。

3.认识鞭炮和烟花的危害性，注意安全。

活动准备

1.经验准备：过春节的时候，见过放鞭炮和烟花。

2.物质准备：烟花燃放视频：鞭炮、烟花燃放炸伤手、眼。人物图：燃放鞭炮对错四幅图。

活动重点

认识鞭炮的危险性，存放在安全的地方。

活动难点

知道燃放鞭炮、烟花会发生危险，要远离燃放鞭炮的人。

活动过程

1.观看视频，谈话引出活动。

教师播放烟花燃放视频，提问：小朋友们，刚才你们看到了什么？（在放烟花）我们在什么时候会燃放鞭炮、烟花呢？（过春节的时候）烟花、鞭炮点燃后是什么样子的？（烟花、鞭炮点燃后会喷出五彩的火花，会发出震耳的响声，会发生爆炸）

2.观察、比较，游戏中知道燃放鞭炮、烟花会发生危险要远离。

（1）幼儿看了视频后，自由表达烟花、鞭炮燃烧后的美丽景象。

（2）讨论：我们小朋友能放鞭炮吗？为什么？（可以放小孩子燃放的烟花，不能放，因为会炸伤我们）

（3）教师小结：对了，小朋友是不能燃放鞭炮的。如果要放，要有父母陪同，且选择危险性小的烟花，否则会发生危险。你知道会有什么危险吗？

（4）出示炸伤手、眼的人物图，引导幼儿观察，说说图上的人怎么了，为什么会发生这种事情。在讲述中，让幼儿明白鞭炮、烟花是易燃品，玩它容易发生爆炸，很危险，要远离。

（5）观看图片，判断对错，进一步引导幼儿了解燃放烟花、鞭炮的危险。

图1：几个幼儿无父母陪同，在路边堆放柴火的地方燃放鞭炮。

图2：一个孩子凑到点燃却没有响的鞭炮前察看。

图3：两名幼儿在离燃放地点很远的地方观看燃放烟花。

图4：幼儿一只手拿着鞭炮燃放。

活动延伸建议

游戏：放鞭炮。在游戏中让幼儿进一步体验燃放鞭炮、烟花会发生危险，要远离燃放鞭炮、烟花的人。

玩法：10人一组，自由选择扮演烟花、鞭炮及燃放鞭炮的人。扮演烟花、鞭炮的幼儿在空地蹲下，并念儿歌"放鞭炮、真热闹，噼里啪啦，噼里啪啦震天响"。儿歌念完后，放烟花的幼儿做点烟花状，幼儿集体倒数"5、4、3、2、1"，扮演烟花、鞭炮的幼儿在最后一秒发出响声并用动作表现烟花、鞭炮燃放后的形态，放烟花的幼儿在倒数完前跑到安全的地方，否则停玩一次。游戏可以反复进行。

日常教育

平时教育幼儿不要玩鞭炮、烟花等易燃物品，有危险，避免炸伤和火灾的发生。

家园共育

家长节日燃放鞭炮、烟花时，要注意孩子的安全，让孩子坐在车里，摇下车窗观看，或者离燃放的地方远一些的地方观看，捂住双耳、张开嘴巴，旁边要有成人陪同。

环境创设

布置"鞭炮、烟花我不玩"墙饰，引导幼儿收集有关燃放烟花爆竹的注意事项，以及燃放烟花爆竹可以发生的危险情况。通过展示相关知识和预防措施，让幼儿懂得不能玩烟花爆竹，以免出现危险。

活动五　运动安全要记牢

扫码看视频8-2

活动目标

1.结合自身运动经验，创编运动安全儿歌。

2.知道运动时和运动后的安全常识，增强安全意识和自我保护意识。

3.积极参与体育运动，体会互相学习的乐趣。

活动准备

1.经验准备：知道运动前要热身，把关节活动开，以免运动时受伤，有创编儿歌的经验。

2.物质准备：运动鞋、运动服、牛仔裤、皮鞋、轮滑鞋、护肘、护膝及护腕用具、小刀、运动时被硬物划伤的图片等。

活动重点

知道运动时的安全常识，增强自我保护意识。

活动难点

结合自身运动经验，创编运动安全儿歌。

活动过程

1.实物展示，提问导入，讨论以引起幼儿兴趣。

展示轮滑鞋、护具，提问：小朋友们，你们知道这是什么吗？（知道，轮滑鞋）

教师：你们有没有玩过轮滑，好不好玩？你们在玩轮滑的时候，有没有佩戴护具？这些护具都是保护哪里的？为什么要戴护具？

小结：因为这个轮滑鞋下面带有小轮子，不容易站稳，容易跌倒，小朋友的骨头还没有长好，容易受伤，所以要佩戴护具，保护好关节和头部。

逐一展示护具，教师：这个是头盔，这个是护肘，这个是护膝，这个是护腕。

2.观察图片，引发幼儿讨论。

教师：小朋友们，你们看一下，这些人在干什么？（在运动）这个阿姨为什么坐在椅子上揉脚？（因为她的脚踝受伤了）为什么会受伤呢？（因为她穿着高跟鞋做运动）

小结：在运动中，不能穿高跟鞋、皮鞋，只能穿轻便的运动鞋。

讨论：你们知道在运动中还要注意什么吗？（注意着装，口袋里不能有坚硬的东西）

小结：运动前要热身，把身体的关节活动开。这样，就不容易受伤了。还要穿运动服，穿的衣服或裤子太紧，运动时可能会撕坏衣服。口袋里不要有尖锐或硬的物品，以免扎伤。运动时，注意保持距离，不要靠得太近，以免发生撞碰。不要在不平整的地面上做运动。为了避免运动后感冒，运动时不要穿太厚的外套，以免出汗后，马上脱下，容易着凉。运动前要检查鞋带是否系紧，以免踩到鞋带跌倒。

教师：小朋友们在运动后应该怎么做？

幼儿讨论，教师小结：运动结束后，不要立即停下来，可以先做一些缓和的运动，慢慢停下来。出汗了，不要马上脱掉外套，可以先打开衣领凉快一下，擦干脸上、头上的

汗，不能扇扇子或吹空调，以免感冒。不能立即饮水。

3.创编运动安全儿歌。

教师：既然运动中的安全这么重要，那我们一起把它编成好听、好记的儿歌，好不好？请小朋友们选一种运动项目，分小组创编。注意儿歌里要把运动的名称、动作和要注意的安全问题说清楚，语言要简单好记。

幼儿自选一种运动项目，分组讨论，进行创编。

教师：你们组编的儿歌是什么呀？说给大家听听。

小组成员代表朗诵创编的儿歌。

教师：大家说一说，他们编得好不好？好在哪里？不好在哪里？我们一起帮他们改改吧！

引导幼儿评价，边讨论边修改，最后集体朗读。

4.教师：翻到幼儿用书《生活与安全》第9页，我们一起来做练习。

教师：请你们看看，下面哪些小朋友的做法是安全的？在他旁边的圆圈里画勾。

幼儿看图做练习。

5.去户外运动。

幼儿整理好服装，看看拉链、扣子、鞋带是否准备好了，检查有无携带硬物。教师带领幼儿去户外做运动。教师和幼儿先做热身运动，活动上肢、头部、腿部、腕部（手腕、脚腕）及腰部。开展户外体育活动。运动后，放慢速度走一走。

通过户外活动，再次巩固做好运动前热身和运动后整理的安全教育。

教师：刚才，你们在运动前做了哪些准备工作？运动后，你们又做了什么？为什么这么做？

幼儿回答，教师纠正并提醒。

活动延伸建议

可以引导幼儿将运动安全的内容用绘画的形式表现出来，展示在环境布置中，以提示幼儿在运动前和运动后应注意的安全事项，提高自我保护意识。

日常教育

运动环节时，提醒幼儿注意运动安全事项，逐项检查，避免发生危险。

家园共育

家长带领幼儿去打球、跳绳、滑旱冰时，也要注意提醒幼儿做好安全防护，注意运动安全。

环境创设

设立主题墙饰"我会保护我自己"，线索：（1）在游戏中：注意不把绳子套在脖子上；不压在同伴的身上；不推挤，按顺序排队玩滑梯，不头朝下玩滑梯；不拿树棍打闹等。（2）在生活中：不玩火；不翻护栏；不从台阶上往下跳；不摸开水壶；不按电源插座上面的小孔；不把手伸进电扇里。（3）在运动中：兜里不揣尖硬的东西；穿运动服、运动鞋；在平整的空地上活动；滑轮滑时戴好护具；跳绳时与同伴保持距离；别人投篮球入篮时，不要站在篮板下，以免被球砸伤。

活动六 下 雪 了

扫码看视频8-3

活动目标

1.了解冬天注意防冻伤的方法。

2.雪天要注意的安全常识。

3.知道冬天玩雪时的安全常识。

活动准备

1.经验准备：知道冬天天气寒冷，要注意防寒保暖。

2.物质准备：戴着帽子、手套打雪仗的图片，玩雪玩水摔伤的图片。

活动重点

了解冬天注意防冻伤的方法，雪天要注意的安全常识。

活动难点

知道冬天玩雪时的安全常识。

活动过程

1.谈话引入活动。

教师：小朋友，现在是什么季节？（冬天）在冬天，我们会看到什么？你喜欢雪吗？为什么？

2.知道冬天玩雪时的安全常识。

（1）幼儿自由表达。

冬天，我们可以看到雪。有雪，我们可以玩打雪仗、滚雪球、堆雪人的游戏，特别开心！

（2）教师：冬天很冷，我们怎样玩才是安全的呢？

（3）出示图片，引导幼儿观察并说出冬天玩雪时要戴上帽子，围上围巾，戴上手套，穿上厚厚的衣服。

（4）教师：雪可以给我们带来快乐，也会给我们带来不便。下雪了，会有什么事情发生呢？

出示图片，引导幼儿表述：下雪后路面会很滑，人们很容易摔倒。教育孩子在雪地上或雪融化成水的路面上行走要注意安全。

3.欣赏幼儿玩雪的视频，让幼儿从内心体验玩雪的乐趣并判断对错，如将雪球打在小朋友的脸上。在雪地上或冰上奔跑；穿着厚厚的衣服堆雪人等，进一步了解玩雪时的安全常识。

日常教育

提醒幼儿冬季外面寒冷，出门做户外运动时，注意防寒、保暖，小心不要冻伤。

家园共育

家长带着孩子冬季雪天外出，注意路面湿滑，防跌倒，还要注意孩子穿着保暖的衣物。

环境创设

布置"下雪天，注意点儿"墙饰，引导幼儿结合自己的生活经验，画出自己认为

下雪天应该注意的事项，贴在墙上。幼儿之间分享与交流，提升幼儿雪天自我保护的意识和方法。

主题三　出行安全

活动一　小标志　本领大

活动目标

1.认识周围环境中的标志，了解其用意。

2.知道生活中的标志和人的生命安全有着密切的联系，提高幼儿的安全意识。

3.知道保护自身安全，特别是在有安全标志的地方，不做危险动作。

活动准备

1.经验准备：见过一些标志，初步了解其意思。

2.物质准备：常见的当心触电的标志、禁止吸烟的标志、安全出口标志等。

活动重点

了解安全标志的意思，能看懂并遵守。

活动难点

看到安全标志的地方更要遵守，不做危险动作。

活动过程

1.情景导入。

教师：今天，莉莉与爸爸、妈妈去逛商场。她被一些奇怪的标志吸引住了。"这是什么呀？"她不停地问爸爸、妈妈。小朋友们，你们见过这些标志吗？它告诉了我们什么？

2.教师出示标志图片，请幼儿结合生活经验，讲述它的用意。

（1）出示当心触电标志。

教师：这是什么标志？你在哪里见过？它告诉我们什么？幼儿讲述自己对这些标志的认识。

小结：当心触电标志警示我们这里有电，危险，告诉我们小朋友不要用手摸，更不能进去玩，要远离这个地方。

（2）出示安全出口标志。

教师：这是什么标志？你在哪里见过？它告诉我们什么？幼儿讲述自己对这些标志的认识。

小结：安全出口即各种公共场所的逃生出口。当我们遇到危险时，可以从这里逃出去。

（3）出示照顾幼童标志。

教师：这是什么标志？你在哪里见过？它告诉我们什么？

幼儿讲述自己对这些标志的认识。

小结：这是照顾幼童标志，提醒小朋友要有大人带领才可以乘坐。

生活与安全

用同样的方法认识小心地滑标志、垃圾投放标志、禁止吸烟标志、乘坐扶梯标志和禁止携带食物和饮品进入标志。

3.幼儿讨论，得出结论。

（1）教师：你还见过哪些标志？它说的是什么意思？

幼儿说出一种，教师出示相应的标志图片。

（2）教师：在我们生活中为什么会有这么多的标志？它与我们的生活有什么关系？如果没有这些安全标志，行不行？为什么？

小结：每个人都生活在集体中，作为社会中的人，一定要按安全标志上的要求行动，才能既方便自己又不影响集体。如果不这样，会出现很多问题，人们的工作、生活、学习就不能正常进行。

活动延伸建议

引导幼儿想一想，在班里、幼儿园，哪些地方也需要有安全标记。幼儿自己设计标志，并找到需要安全标志的地方，悬挂上自己制作的安全标志。

日常教育

在幼儿园走廊、楼道、大门口等地方，张贴各种常见标志，方便幼儿理解、记忆，并懂得遵守。

家园共育

家长带领幼儿去商场、火车站、大街上，随时注意发现常见标志，引导幼儿认知，再让幼儿说一说标志所代表的意思。

环境创设

在建构区投放一些常见标志，帮助幼儿熟悉这些标志所代表的意思，如紧急通道、厕所、电梯、交通标志等。

活动二　横穿马路有危险

扫码看视频8-4

活动目标

1.知道闯红灯会发生危险，过马路要走人行横道。

2.养成遵守交通规则的好习惯。

3.形成初步的安全意识与自我保护意识，提高自我保护能力。

活动准备

1.经验准备：幼儿有与成人一起外出的经验。

2.物质准备：车辆飞速跑有人横穿马路图、翻越马路护栏图、红绿灯图；有关模拟游戏的情景创设，写有"交通警察"字样的胸牌。

活动重点

知道闯红灯会发生危险，过马路要走人行横道。

活动难点

养成遵守交通规则的好习惯，形成初步的安全意识与自我保护意识。

活动过程

1.出示红绿灯图。

教师：这是什么？干什么用的？在哪儿可以看到它？你们会过马路吗？说说你是怎么过马路的。

教师根据幼儿讲述进行小结：我们过马路时要走人行横道，还可以走过街天桥或地下通道。

2.教师：请小朋友来当交通警察，看看这样做对不对。

请一名幼儿站在前面，戴上写有"交通警察"字样的胸牌。

出示图片（或由教师出示，或由幼儿出示），有人横穿马路图、过马路闯红灯、在马路上猛跑图、过马路跨越护栏图，请幼儿判断这样做对不对，为什么。

小结：马路上，汽车开得快，看到有人过马路，司机来不及刹车，很容易碰在一起，撞倒了行人，引起交通事故，还会引起道路拥堵、撞车，影响正常的交通秩序。所以，我们在过马路时一定要遵守交通规则。

3.教师：十字路口有人行横道，行人是不是什么时候都可以走呢？什么时候可以走？如果红灯时过马路会发生什么事？

幼儿回答后，教师用自编儿歌进行归纳：

过马路走斑马线，

红灯停，绿灯行，

确保安全是第一，

小朋友们要牢记。

4.教师：我们在过马路时还应该注意些什么？

小结：我们在过马路时不能在马路上玩耍，也不能跨越护栏，这样不仅很危险，还会影响交通秩序。

5.在情景模拟游戏"去春游"中，巩固对交通规则的认识。

教师：今天，我们要一起去春游了，大家高兴吗？（高兴）小朋友们跟在老师的身后，咱们出发了。

到达场景一：人行道、汽车道、自行车道。

教师：前面有3种道路，我们行人应该走哪一种道路？（人行道）

教师：行人应该注意什么？（靠右边走，不能边走边玩，特别是不能到车行道上玩）

来到场景二：十字路口。

教师：要过马路了，我们应该怎么走？

小结：找到斑马线，看清红绿灯，红灯停，绿灯行。过马路的时候，注意右拐的车辆。

来到场景三：过街天桥。

教师：这是什么？（过街天桥）我们应该怎么走？

小结：走过街天桥就像走幼儿园的楼梯，要靠右侧一个跟着一个走，不能推，也不能挤。

教师：以后，我们再过马路，一定会做一个遵守交通规则的孩子，对吗？

超级链接

步 行 歌

手拉手，把路走。

人行道，靠右走。

过马路，斑马线。

生活与安全

293

红灯停，绿灯行，

遵守规则最安全。

活动延伸建议

1.引导幼儿自制"交通棋"，里面通过画面设置与安全出行有关的内容，设计有前进、后退、停玩等游戏规则，通过玩"交通棋"巩固幼儿对交通安全出行常识的了解。

2.请幼儿关注广播或新闻中发生的交通事件，利用"新闻播报"的形式与同伴分享，提高安全出行意识。

区域活动

表演区：我是小小交通警。投放交通警的服装或胸牌，各种与马路上行走安全有关的图片，画有红色对勾和叉子的圆形指示牌。一位幼儿扮演交通警察，其他幼儿出示图片，请警察判断对错，举起相应的圆形指示牌。

日常教育

在户外场地模拟马路上的情景，帮助幼儿熟悉交通规则，辨认交通标志，练习安全过马路。

家园共育

家长和孩子出行要遵守交通规则：家长拉着孩子的手走，让孩子在家长的右侧行走；走人行道；如果街对面遇到熟人或朋友，提醒孩子不要猛冲、猛跑，以免发生危险。过马路时，走斑马线、过街天桥或地下通道。

环境创设

布置"横穿马路有危险"墙饰，引导幼儿之间说一说过马路应该注意什么，哪些做法是有危险的，再把这些情形画出来，贴在墙上，强化幼儿过马路的安全意识及注意事项。

活动三 逛 公 园

扫码看视频8-5

活动目标

1.了解基本的生活常识，懂得外出游玩时要遵守规则。

2.知道自我保护的重要性，有初步的自我保护意识；了解走失后寻找家长的不同方法。

3.知道与家人外出时紧跟家长，不乱跑。

活动准备

1.经验准备：有过和家长一起逛公园的经历。

2.物质准备：配班教师和几名幼儿事先排练好情境表演《逛公园》；逛公园图4张。

活动重点

懂得外出游玩时，要注意安全。

活动难点

了解走失后寻找家长的不同方法。

活动过程

1.观看情境表演，引出活动主题。

引导幼儿观看情境表演并讨论。

生活与安全

教师：妈妈带小朋友去哪里玩啦？小朋友是怎样做的？他做错了什么事？

小结：出游可以让我们增长见识，但我们一定要注意安全，不能去的地方不去；不能因为贪玩而到处乱跑，要时时刻刻和大人在一起，也不能跟陌生人走或吃陌生人的东西。

2.结合幼儿生活经验，引导幼儿知道走丢后该怎么办。

教师：你和爸爸、妈妈出去玩的时候有没有走丢过？走丢以后，你是怎么做的？

教师结合幼儿的回答进行小结：如果在公园、商店等地方走丢了，就去找公共场所的管理人员，告诉他们自己的姓名，请他们用喇叭告诉家长你在什么地方；如果你在马路上或陌生的地方走丢了，千万不要着急，也不要到处乱跑，要找警察，尽快和家人取得联系。

3.出示逛公园图，请幼儿判断对错。

教师：小朋友们都喜欢逛公园，看看这几个小朋友做得对不对？

出示图片，幼儿判断对错，并说明理由。

活动延伸建议

幼儿在外出游玩的时候，督促指导幼儿一定要保护好自己。

日常教育

幼儿园组织幼儿春游、秋游的时候，提醒幼儿一些安全注意事项，避免发生意外。

家园共育

家长带领孩子去公园的时候，要提醒孩子注意安全，如果走失应该如何做的应对措施。

环境创设

布置"我去逛公园"墙饰，引导幼儿根据自己以往的经验，画出逛公园应该注意哪些问题、特别是安全问题。教师将幼儿画作贴在墙上，供幼儿之间交流，强化安全意识。

主题四　居家安全

活动一　不给陌生人开门

扫码看视频8-6

活动目标

1.知道独自在家时不能给陌生人开门。

2.不要轻易相信陌生人。

3.遇到坏人撬门时有应对的方法。

活动准备

1.经验准备：有独自一人在家的经历。

2.物质准备：情景表演陌生人敲门不开门的图片，警察图片，写有"安全"字样的不干胶胸贴。

活动重点

知道独自一人在家时不给陌生人开门。

活动难点

遇到坏人撬门时有应对的方法。

活动过程

1.情景表演，激发解决问题的欲望。

（1）情景表演：陌生人来敲门。

一位幼儿扮演独自在家，坐在椅子上玩玩具。教师扮演来的人敲门。

应对策略：开门。

①听到有人敲门，不问清楚就开门。

②听到有人敲门，问了对方是谁，对方回答说是远房亲戚，幼儿透过门镜看了，虽然不认识这个人，但听说是"大舅"或"大姨"，并且她的手里确实拎着许多东西，马上打开了门。

③听到有人敲门，问了对方是谁，对方回答说是邻居张叔叔或王阿姨，幼儿透过门镜看了，来的人不认识，马上打开了门。

④听到有人敲门，问了对方是谁，对方回答说是邻居张叔叔或妈妈的同事（或朋友）王阿姨，幼儿透过门镜看了，确实是自己认识的叔叔或阿姨，马上打开了门。

（2）情景表演：陌生人来敲门。

换另一位幼儿表演。

应对策略：不开门。

①听到有人敲门，问了对方是谁，对方回答说是远房亲戚"大舅"或"大姨"或"姥爷"等，或者回答说是邻居张叔叔或王阿姨，或者回答说是妈妈或爸爸的好朋友或同事。幼儿透过门镜看到来的人不认识或认识，告诉对方自己一人在家，门锁了，不能给开门，让他（她）先回去，其他时间再来，或者让他给自己的爸爸、妈妈打手机电话，或者告诉他自己爸爸、妈妈的手机号码等。

②听到有人敲门，不予理睬，假装家里没有人，继续玩自己的玩具。

讨论：你觉得谁的做法比较合适？为什么？

颁发"安全"的胸贴，教师：在这个表演中，×××小朋友表现得很出色，知道一个人在家不能给不认识的人开门，说什么也不开，自我防范意识很强哦！

2.探索应对陌生人敲门的方法。

（1）教师：什么是陌生人？来敲门的陌生人会是谁呢？（引导幼儿依据经验来进行假设）

小结：陌生人是指你不认识的人。来敲门的陌生人可能是好人（来找爸爸、妈妈的），也可能是坏人（骗子、小偷），如果开门，可能会发生危险。

（2）教师：如果你一个人在家，遇到陌生人敲门，你会怎么做呢？

教师要充分调动幼儿的积极性，发挥幼儿的想象力，依照幼儿已有经验，鼓励幼儿从多角度出发想办法。

小结：遇到陌生人敲门时，不要理会，继续做游戏、玩玩具，不要和陌生人交谈，更不能答应陌生人的请求，坚决不开门。如果来敲门的人你认识，是邻居或爸爸、妈妈的好朋友或同事，也不要开门，也不要与他（她）交谈，就假装家里没有人，继续玩玩具。如果他叫出了你的名字，也不要答应，也不要相信他说的话，更不能随便把门打开，要学会

自我保护。

（3）教师：如果透过门镜看到陌生人在撬自己家的门或邻居家的门时，应该怎么办？

小结：首先不要慌张，可以故意大声喊："爸爸！爸爸！爷爷叫你呢！"有意让门外的人听到，那么坏人可能一听家里有大人，会心虚地逃走了。如果这招不灵，他还在撬门，可以赶紧给爸爸、妈妈打电话（家长可以提前将自己的手机号码写在电话机旁），或者打电话报警（可以拨打110电话，也可以拨打片警或附近派出所的电话，这个电话，家长最好提前写在电话机旁），告诉警察自己家的位置（幼儿要提前知道自己家的详细住址），也可以打开临街的窗户大声呼救，请求邻居或外边的人帮助。一旦门锁被撬开，幼儿要尽快躲藏起来，不要发出声音，保护好自己，等待机会。

超级链接

独 自 在 家

爸妈出门我在家，

有人敲门不应答。

遇到坏人把门撬，

大声呼喊打电话。

吓跑坏人本领大。

活动延伸建议

制作安全日记。教师：小朋友们，请把我们今天发现的陌生人敲门时，保护自己安全的方法画下来，做成安全日记吧！

区域活动

美工区：制作安全日记本，进行"我独自在家"绘画活动。

日常教育

利用晨间谈话环节，引导幼儿说一说自己独自在家、遇到有人敲门时，应该怎么做。讨论这种做法的安全性。

家园共育

家长出门时，如果留下孩子独自一人在家时，叮嘱孩子不要给人开门，自己带钥匙了，会自己开。不要理睬敲门的人，玩自己的玩具。家长还要教会孩子使用门镜，告诉孩子如果发生紧急情况的处理方法。

环境创设

布置"我独自在家……"墙饰，引导幼儿将自己独自在家应该如何做好安全防护画下来，贴在墙上，供幼儿分享与交流，获得相关自我保护的方法。

活动二 火灾逃生

活动目标

1.了解可能发生火灾的原因。

2.知道发生火灾时保护自己的简单方法。

3.知道火警报警电话及报警的方法。

297

活动准备

1.经验准备：听说过或见过发生火灾的消息或视频。

2.物质准备：发生火灾时逃生的方法图若干，消防车的警声，火灾发生时的逃生录像。

活动重点

了解火灾可能发生的原因，知道发生火灾时逃生的方法。

活动难点

知道火警报警电话及报警的方法。

活动过程

1.播放消防车的警声，幼儿倾听。

（1）教师：这是什么声音？发生了什么事情？（这是消防车的警声，有地方发生了火灾，消防员叔叔正赶过去救火）

（2）教师：消防员叔叔救火时会用上哪些东西？（防火服、防火头盔、防火的靴子，消防铲等工具）

（3）教师：消防车与平时的汽车有什么不同？（消防车里有灭火用的水，高压水枪、灭火剂、云梯、扩音喇叭等）

2.学习自救逃生的本领。

（1）突发事故（配班教师运用烟雾发生器模拟火灾）：活动室某个角落着火了，幼儿在教师的指挥下迅速撤离现场。

（2）教师：刚才，小朋友们用什么办法逃离的？

（3）教师：一起看看消防员叔叔的介绍，逃生时怎样做才是又快又安全的？

播放逃生录像：重点了解要尽量蹲下，甚至匍匐前进；用湿毛巾捂住鼻子；寻找安全出口快速逃离。

（4）教师：遇到火灾应该怎样拨打"119"火警电话？

请几位幼儿用玩具手机模拟拨打"119"电话，其余幼儿评判是否正确。

小结：报警时，应该告诉接线员着火的详细地点，××区××路×号×号楼×单元×号房间着火了，火势的情况。

3.设计安全出口标志。

（1）从活动室出发到安全的地方——户外，一共有几条安全通道？

（2）这几条安全通道上有安全出口标记吗？

（3）你想怎么设计安全出口标志？

（4）幼儿设计安全出口标志。

（5）幼儿粘贴安全出口标志。提醒幼儿粘贴时，注意箭头的指示方向。

4.逃生演习活动。

（1）教师：我们要进行一次消防演习，你听到警笛声后怎么做？

小结：尽快撤离，不要乘坐电梯，要走楼梯。沿着紧急出口、紧急通道走，弯着腰，压低身体，用湿毛巾或其他湿布捂住口鼻，按顺序一个接一个下楼，不要推挤。

（2）通过录像、音响、烟雾等模拟场景，幼儿进行逃生自救演习。

活动延伸建议

室外集中：你在逃生过程中遇到了什么困难？你是用什么办法解决的？

日常教育

幼儿园不定期地开展消防演习活动。教师引导幼儿按照火灾逃生的正确方法，快速撤离"火场"。通过消防演习，让幼儿熟悉逃生路线，掌握火灾发生时正确的自救及求救方法。

家园共育

家长要提醒孩子不要玩火，不玩打火机、火柴等。发现火苗着起来了，要赶快告知成人处理。离着火点远一些。平时可以告诉孩子火灾发生时的应对方法。

环境创设

布置"火灾逃生"墙饰，引导幼儿画出正确的火灾逃生方法，贴在墙上，供幼儿之间分享与交流。

活动三　地震来了

扫码看视频8-7

活动目标

1.学习地震时简单的逃生方法。

2.知道地震后被困的自救及求救方法。

3.遇到地震发生时，不要慌乱，沉着应对。

活动准备

1.经验准备：看到过地震发生的视频，了解其危害性。

2.物质准备：床、卫生间、桌子躲避图、走楼梯有序逃生图、房屋倒塌图、地震形成的录像，遇到地震时自救的图片。

活动重点

学习地震发生时的逃生常识。

活动难点

知道地震后被困的自救及求救方法。

活动过程

1.出示房屋倒塌图，幼儿观看，了解地震造成的危害。

（1）教师：你看到了什么？这是怎么了？发生了什么事？

（2）教师：地震时，地面会怎么样？

小结：刚才录像中那样的地面剧烈震动、摇晃的现象叫"地震"。地震是一种很少见，但是危害却很大的一种自然灾害。地震时，地面剧烈震动，房屋倒塌，地面裂开大缝，公路扭曲断裂，汽车被砸扁了。房屋倒了，家里的东西都被压坏了，有时我们的生命也会受到威胁。有的人被压在房屋、石头、砖块下面，等待救援；被救出来的人也无家可归，只能先暂时住在帐篷里，药品、食品、水都是紧缺的物资，所以要注意保管好。

2.播放地震形成的录像，让幼儿初步了解地震是如何形成的。

小结：我们居住的地球表面叫地壳，地壳不是静止不动的。它像一个顽皮的孩子，总是在不停地运动。如果它运动的力气过猛，地壳上的岩层经受不住力的冲击，就会断开。

于是，就发生了地震。

3.讨论：地震来临时，我们应该怎么办？学习自救的方法。

（1）教师：地震这么可怕，如果发生地震，什么地方是最安全的？什么地方是不安全的？发生地震时，应该怎么办？

小结：发生地震时，会有15~18秒的黄金时间，这时，如果住在低的楼层，要尽快打开房门冲到楼下，跑到空旷的地方。如果住的楼层较高，来不及下楼，也不能使用电梯，要尽快用枕头包住头，蹲下身子，躲到结实的桌子下面，以免被掉落的物体砸伤，或是躲到较高的家具旁，或空间狭小的卫生间（有水）等地方，但不要躲到厨房，因为那里有煤气管道，很危险。正在厨房做饭的人，要尽快闭火，关闭阀门。如果发生地震时，就在街道上的行人要往空旷的地方跑，不要站在高楼等建筑物的旁边。汽车里的人要尽快从车里出来，往就近的广场或空地跑。如果来不及的话，可以蹲下身子，躲在两辆汽车中间位置的车门旁边。

（2）教师：万一你被困在建筑物的下面，压住了，该怎么办？

小结：被困在废墟底下，首先不要慌张，尽量保持冷静，不要哭或喊叫，保持体力，要利用身边的物品如石头敲击金属物品或其他能发出声音的物品，吸引救援人员注意。观察周围环境，尽量收集水、食物和药品。如果身体受伤，正在流血，可以把衣服或裤子撕成布条等在靠近心脏的位置包扎、止血，用干净的衣物包扎伤口，并保持伤口清洁，避免感染。回忆一下地震发生时，家人在什么位置，可以尝试呼喊两三次，注意保持体力。注意倾听周围的声音，有人呼喊时及时回应。心里如果觉得害怕或孤独，可以在心里默唱自己会唱的歌曲。

4.判断对错。

出示各种遇到地震时自救的图片，幼儿评价这些自救方法是否正确。

活动延伸建议

游戏：地震逃生。

教师：刚才，我们总结了那么多正确的躲避方法。现在，我们来玩一个"地震演习"的游戏。

（1）带领幼儿进入布置好的场地。

（2）教师讲述游戏规则。

（3）播放一段紧张的音乐，教师说声"地震来了"，幼儿开始有序疏散，注意一个跟着一个走，不要拥挤，不推搡，快速地疏散。

区域活动

益智区：制作"地震来了"游艺棋，设计好正确与错误自救的方法图片，设计前进、后退、停玩一次的游戏规则。做好棋盘后，可以投放在益智区，供幼儿游戏，从而巩固记忆地震自救常识。

日常教育

幼儿园可以不定期地进行紧急情况演习，以提高幼儿的应对能力。

家园共育

家长可以告诉孩子发生地震时，应该躲到哪里，平时家里可以预备一些应急的物品，统一放在一个旅行箱里，遇到紧急情况，可以随时拎起来就走。

环境创设

布置"地震来了"墙饰，引导幼儿将收集到的地震过后带来的严重损失图片张贴在墙上，同时，让幼儿画出当地震来时，应该如何开展自救和求救，再贴到墙上。幼儿之间分享与交流，说一说自己认为哪些做法是正确的，哪些做法是错误的。

主题五　自我保护

活动一　远离陌生小动物

扫码看视频8-8

活动目标

1.初步了解一些与小猫、小狗相处的方法，懂得保护自己。

2.知道遇见流浪猫、狗时的应对方法。

3.不伤害流浪猫、狗，也要学会保护自己。

活动准备

1.经验准备：见过流浪猫、狗。

2.物质准备：流浪猫、狗图片。

活动重点

初步了解一些与小猫、小狗相处的方法，懂得保护自己。

活动难点

知道遇见流浪猫、狗时的应对方法，不伤害流浪猫、狗，也要学会保护自己。

活动过程

1.谈话活动。

教师：谁家养了小动物？养了什么小动物？平时，你是如何照顾它的？你喜欢小猫、小狗吗？为什喜欢（不喜欢）？你是怎样与它们相处的？

2.通过观察图片，了解与自己家宠物相处的方法。

教师：你平时带小狗去散步的时候，有没有给它拴上链子？（有拴上狗链，怕它到处乱跑伤人或者走丢）如果小狗大便了，你是怎么处理的？（用随身带着的报纸或塑料袋把狗便便清理掉，扔进垃圾桶，保持公共环境卫生整洁）小狗能不能和我们一起去超市、一起乘坐公共交通工具？

小结：小狗会随地大小便，而且对待陌生人可能会比较凶，存在一定的安全隐患，所以很多公共场所不能带小狗出入。坐电梯时，可以把小狗抱起来，或者拴好小狗，避免影响到别的。

3.学会观察狗的动作与神情。

教师：如果小狗对你摇尾巴，那表示它很高兴见到你；如果狗的耳朵往下耷拉着，夹着尾巴，那表示它很害怕；如果它不停地低声吼叫，还龇着牙，竖起尾巴，那是它在警告你，你最好躲它远点。乘坐飞机时，小狗要用专门的笼子托运。

教师：你家养了小猫，平时给小猫洗澡吗？你会逗它玩吗？应该注意哪些问题？如果

不小心被小猫、小狗抓伤、咬伤应该怎么处理？

小结：要避免踩到小猫、小狗的尾巴，也不要去拎它们的尾巴，更不要把手伸进它们的嘴里。与宠物接触后要及时洗手。要定期给宠物洗澡，以免宠物身上的病菌传染到人身上。如果不小心被小猫、小狗抓伤或咬伤，要及时到医院注射狂犬疫苗及破伤风抗生素。平时要给小猫、小狗定期注射疫苗。

4.通过讨论，了解遇到陌生的小猫、小狗时，应该采取的方法。

（1）介绍流浪猫、狗。

教师：你见过流浪猫、狗吗？（见过）它们和我们家里养的猫、狗有什么不同？（身上脏脏的，没有主人跟着，没有戴狗链，容易被激怒）流浪猫、狗是从哪里来的？（有的是自己从家里跑出来的，找不到回家的路，走丢了；有的是被主人遗弃的）

小结：流浪猫、狗身上很脏，没有人照顾它，给它洗澡，而且它们总是喜欢围着垃圾桶转，什么脏东西都吃，所以身上可能会有很多病菌和跳蚤。但是，它们也很可怜，我们不要招惹、伤害它们，要远离它们。即使有一些看上去很可爱，也不要抱它们、亲它们，以免被它们咬伤或者传染疾病。

（2）遇到流浪猫、狗时应该怎么办？

教师：下面是几位小朋友遇到流浪猫、狗时的做法，请你们说一说，谁做得对？

教师：小明看到流浪猫、狗就跑，结果流浪狗在他身后追他。

教师：美美看到流浪猫、狗，只是静静地站在那里，不注视流浪狗，流浪狗自己就走开了。

教师：妞妞看到流浪狗，吓得大哭，结果流浪狗冲着她大叫。

教师：丁丁看到流浪猫、狗，用手拿着食物喂它们。

幼儿选择并回答，教师小结：遇到流浪猫、狗，不要大喊大叫或大哭，也不能转身就跑，不要用眼睛盯着它看。你不理它，它一会儿就自己走开了。

超级链接

被狗咬伤应如何处理伤口

1.用大量的清水和肥皂水冲洗伤口，冲洗时间不少于20分钟。

2.用干净的纱布轻轻地盖住伤口。

3.尽快到医院请医生处理伤口，并注射狂犬病疫苗和破伤风抗生素。

活动延伸建议

教师：现在你知道狗的动作与神情了，那你了解猫的吗？可以请家长帮忙上网查阅资料，请幼儿把资料带到幼儿园，和其他幼儿分享。

日常教育

利用晨间谈话环节，引导幼儿讨论有关"流浪猫、狗"的话题，说说遇到流浪猫和流浪狗应该怎么做，如何避免被它们抓伤、咬伤。通过讨论，学会正确、安全的做法。

家园共育

家长要提醒孩子，与家里养的宠物正确相处，防止孩子受到伤害。家长在日常生活中遇到此类现象时，及时对幼儿进行教育，教育幼儿远离陌生小动物。

环境创设

布置"远离陌生小动物"墙饰，引导幼儿收集有关流浪猫、狗伤人事件的图片，以及

生活与安全

如何避免被流浪猫、狗抓伤、咬伤的方法图片，贴在墙上，方便幼儿之间分享并讨论这个话题。

活动二　药物不能随便吃

活动目标

1.认识一些常见的药物，知道"是药三分毒"。

2.知道生病了，应该按医生的嘱咐吃药，不乱吃药。

3.有些药虽然是甜的，但也不能当作糖豆吃。

活动准备

1.经验准备：有过生病、吃药的经历。

2.物质准备：常见的药物若干。

活动重点

认识一些常见的药物，知道"是药三分毒"，不乱吃药。

活动难点

知道生病了，应该按医生的嘱咐吃药，不乱吃药。

活动过程

1.通过谈话，让幼儿了解药物的种类和用途。

教师：小朋友们，你们生过病吗？生过什么病？吃过什么药？

教师根据幼儿的回答，出示一些常见的药物，对典型的药物着重介绍。

小结：药物的种类很多，有的是药片，有的是药粉，有的是药水，有的是药丸，还有的是药膏。有的是吃下去的口服药，有的是注射到身体里的药水。药物是用来治病的，每一种药都有不同的用法，不能乱吃药、乱用药，用错了药，不但治不好病，反而会引起更大的麻烦。

2.讲述故事《东东中毒了》，使幼儿知道乱吃药的危害。

出示幼儿用书《生活与安全》第24页画面，引导幼儿观察并讨论：哪个小朋友做得对，哪个小朋友做得不对？为什么？

区域活动

美工区：画出"药物不能随便吃"的图片，请幼儿判断哪些小朋友的行为是对的。

日常教育

在日常生活中对幼儿进行"水果洗干净再吃""不把杀虫剂喷在食物上"等防止药物中毒的教育。

家园共育

家长要告诉孩子，放在药瓶里的彩色小药丸和小药片不能随便吃，会对身体造成伤害。生病了，只能吃家长或医生给的药。

环境创设

在美工区制作《药物不能随便吃》的画册。幼儿将收集的相关信息画出来，将作品装订成册，方便其他幼儿翻阅，获得相关安全常识。

图书在版编目（CIP）数据

幼儿园多元智能游戏活动教师指导用书．大班．上/
学前教研中心编．—北京：中国农业出版社，2013.7（2021.8 重印）
ISBN 978-7-109-18145-8

Ⅰ．①幼…　Ⅱ．①学…　Ⅲ．①智力游戏－学前教育－
教学参考资料　Ⅳ．①G613.7

中国版本图书馆 CIP 数据核字（2013）第 165220 号

幼儿园多元智能游戏活动教师指导用书　大班（上）
**YOUERYUAN DUOYUAN ZHINENG YOUXI HUODONG
JIAOSHI ZHIDAO YONGSHU DABAN（SHANG）**

中国农业出版社出版
地址：北京市朝阳区麦子店街 18 号楼
邮编：100125
责任编辑：孙利平
版式设计：张青梅　李　亮　　责任校对：吴丽婷
印刷：北京通州皇家印刷厂
版次：2013 年 8 月第 1 版
印次：2021 年 8 月北京第 2 次印刷
发行：新华书店北京发行所
开本：787mm×1092mm　1/16
印张：19.75
字数：474 千字
定价：60.00 元